国家"十三五"重点图书

当代经济学系列丛书

Contemporary Economics Series

主编 陈昕

精通计量

从原因到结果的探寻之旅

[美] 乔舒亚·安格里斯特　约恩-斯特芬·皮施克　著

郎金焕　译

当代经济学
教学参考书系

格致出版社
上海三联书店
上海人民出版社

主编的话

上世纪80年代,为了全面地、系统地反映当代经济学的全貌及其进程,总结与挖掘当代经济学已有的和潜在的成果,展示当代经济学新的发展方向,我们决定出版"当代经济学系列丛书"。

"当代经济学系列丛书"是大型的、高层次的、综合性的经济学学术理论丛书。它包括三个子系列:(1)当代经济学文库;(2)当代经济学译库;(3)当代经济学教学参考书系。本丛书在学科领域方面,不仅着眼于各传统经济学科的新成果,更注重经济学前沿学科、边缘学科和综合学科的新成就;在选题的采择上,广泛联系海内外学者,努力开掘学术功力深厚、思想新颖独到、作品水平拔尖的著作。"文库"力求达到中国经济学界当前的最高水平;"译库"翻译当代经济学的名人名著;"教学参考书系"主要出版国内外著名高等院校最新的经济学通用教材。

20多年过去了,本丛书先后出版了200多种著作,在很大程度上推动了中国经济学的现代化和国际标准化。这主要体现在两个方面:一是从研究范围、研究内容、研究方法、分析技术等方面完成了中国经济学从传统向现代的转轨;二是培养了整整一代青年经济学人,如今他们大都成长为中国第一线的经济学家,活跃在国内外的学术舞台上。

为了进一步推动中国经济学的发展,我们将继续引进翻译出版国际上经济学的最新研究成果,加强中国经济学家与世界各国经济学家之间的交流;同时,我们更鼓励中国经济学家创建自己的理论体系,在自主的理论框架内消化和吸收世界上最优秀的理论成果,并把它放到中国经济改革发展的实践中进行筛选和检验,进而寻找属于中国的又面向未来世界的经济制度和经济理论,使中国经济学真正立足于世界经济学之林。

我们渴望经济学家支持我们的追求;我们和经济学家一起瞻望中国经济学的未来。

陈昕

2014年1月1日

目 录

专栏目录

引 言

失明的宝师傅说:闭上眼睛。你听到了什么?

年轻的金贵祥说:我听到了水的声音,我听到了鸟的声音。

宝师傅说:你听到自己的心跳了吗?

金贵祥说:没有。

宝师傅说:你是否听到小蚱蜢在脚边?

金贵祥说:老人家,您是怎么听到这些东西的?

宝师傅说:年轻人,你怎么就听不到呢?

《功夫》,试播集

经济学家背负着沉闷的恶名。实际上,经济学可以像任何一门科学那样令人兴奋:世界是我们的实验室,在其中,各类形形色色的人都是我们的研究对象。我们在工作中感到兴奋,因为我们有机会研究人类事务的原因和结果。如今,重大的问题都归我们研究:宽松货币政策是否能够刺激经济增长,抑或它只会为通货膨胀煽风点火? 艾奥瓦州的农民和美联储主席都想知道这个问题的答案。强制性医疗保险真能让美国人变得更加健康吗? 这类政策敏感性话题会在电台访谈节目中引发激烈辩论。然而,经济学家会冷静地探讨这些问题,我们靠的不是激情,而是数据。

经济学家使用数据回答的那些因果问题,构成了应用计量经济学的研究领域,又被学生和计量高手们简称为计量(Metrics)。计量经济学的工具就是有条理的数据分析,同时辅之以统计推断。我们的工作也有神秘一面:我们在追寻真理,但是真理尚未得到充分揭示,而且数据传达的信息也需要诠释。从这个意义上讲,我们可以从金贵祥的经历中得到启发,他是经典电视连续剧《功夫》中的主角。金贵祥是 19 世纪的一位混血的少林寺和尚,在美国西部寻找出生于美国的同父异母兄弟。在寻找的旅程中,金贵祥对他看到的所有人类事务提出了质疑,揭示了其中隐藏的关系和更深层次的含义。与金贵祥的旅程一样,计量经济学方法也是受问题启发而产生的。

其他条件相同

你可能听说过一种令人不安的趋势,在美国的大学生中,按时完成学业的学生比例在急剧下降。政治家和政策分析家纷纷将大学毕业率的下降归咎于学费上涨，以及许多学生用贷款付学费形成的高额学生贷款。也许，不断上升的学生贷款确实导致一些原本可以正常毕业的学生偏离了正轨。最有可能辍学的学生往往背负着沉重的助学贷款压力，这一事实似乎证明了这一假说。

如果可能的话，你更愿意用父母的钱而不是用借来的钱支付学费。不过，我们等下会详细讨论，教育可能足以将大学生的收入提高到大多数毕业生都能偿还贷款的水平。那么，我们应该如何解读债务负担和大学毕业率之间表现出的负相关性？真的是负债导致借贷人退学吗？在这场合，要问的第一个问题是谁借得最多。因为较富裕家庭有更多的储蓄，所以大幅举债的学生通常来自中低收入家庭。出于很多原因，无论学生是否已经负债累累，与来自高收入家庭的学生相比，来自低收入家庭的学生都更加不可能完成学业。因此，当仅仅比较负债较高和负债较低的大学生的毕业率时，我们应该对高负债导致较低毕业率的这个论断提出质疑。鉴于家庭背景和大学生债务负担之间存在的相关性，对有贷款学生和无贷款学生的毕业率直接进行比较，并不符合"其他条件不变"的要求。

作为主修经济学的大学生，我们第一次从拉丁文 ceteris paribus 中学到"其他条件相同"的思想。当满足其他条件相同时，我们可以为相应的比较赋予一个因果解释。考虑有两位各方面都相同的学生，他们的家庭拥有同样的财富，他们的父母受过同等教育。在这两位简直就像双胞胎的学生中，其中一位靠贷款上大学，另外一位靠储蓄上大学。因为这两个人在其他每个方面都相同（他们的奶奶会同时给每个人一笔小钱），所以，这两人在教育水平上的差异，只能归结于其中一个人借钱上大学这一事实。直到今天我们还在想，为什么如此多的经济学专业学生要通过拉丁语第一次接触这个核心思想，也许这是个阴谋，存心要阻止这些学生思考这个问题。因为，正如这个假想的比较所表明的，人们很难去设计真正做到其他条件相同的比较，有些人甚至会说 impossibile（这是个意大利语而非拉丁语，但是至少人们还念得出这个词）。

也许，虽然很难设计真正做到其他条件相同的比较，但也不是绝对不可能。尽管在将原始数据转化为可靠的因果结论的过程中会遇到障碍——我们称其为选择偏误或遗漏变量偏误，计量方法还是可以使用数据实现其他条件相同的假设。探寻因果关系的道路上充满着崎岖和阴影，因为到处都隐藏着选择偏误。计量经济学高手会带着自信但谦虚的心态来穿越这条路，成功地将原因和结果联系起来。

我们对因果关系问题发动的第一波攻击是随机实验，经常也被称作随机试验。在随机实验中，研究人员通过掷硬币之类的方法挑选出一组人，然后改变他们感兴趣的原因变量（比如，大学为学生提供的助学贷款的可得性）。通过随机改变所处环境，我们有极大可能让感兴趣的变量与决定实验结果的很多其他因素无关。随机分配不同于保持其他条件不变，但它能产生相同效果。随机操纵能够在"平均"意义上让受到操纵和未受操纵的组别保持其他条件相同。正如我们将在第 1 章中解释的，"平均"通常就足够好了。

随机实验也在我们的计量工具包中占据最重要的地位。不过,随机的社会实验太昂贵了,出成果也比较慢,而我们的研究经费是稀缺的,时间也是有限的。因此,计量大师往往使用不那么强大但却更可行的实验设计。即使随机化并不可行,我们也能想象出一个想要做的随机实验。理想实验(ideal experiment)这个概念能够规范我们的计量研究方法。本书阐述了巧妙地运用最常用的五种计量经济学工具会如何让我们尽可能逼近真实实验那种揭示因果关系的力量。

本书将通过一系列精心设计而且重要的计量研究,演示我们最喜爱的五种计量工具。这些因果效应研究都经过了《功夫熊猫》中翡翠宫掌门乌龟大师的检验,它们都是极棒的。这些研究所使用的方法——随机实验、回归、工具变量、断点回归设计和双重差分——组成计量经济学研究的"盖世五侠"(Furious Five)。受启发于当今美国人对医疗保险问题进行的争论,作为本书的开篇,第1章描述了两个社会实验,这些实验想要揭示,是否如许多政策制定者认为的那样,医疗保险真的有助于让获得保险的人保持健康。第2章至第5章是对其他工具的使用,它们为一系列重要问题探寻答案,这些问题包括就读私立大学和选拔性高中带来的收益、青少年饮酒的成本以及中央银行注入流动性带来的影响。

在本书最后一章,我们会再次回到教育领域,在这个领域中对"盖世五侠"进行检验。平均来看,大学毕业生的收入水平约为高中毕业生的两倍,而且这个收入差距看上去还在增加。第6章考察的问题是,这种差距究竟是教育能产生很大回报的因果证据,还是反映了受教育多的人可能拥有其他很多优势(例如父母的受教育水平高)。我们可以在保持其他条件相同的基础上评估教育水平与收入之间的关系吗?选择偏误的巨石会永久地阻挡我们实现这个目标吗?对教育水平和收入之间的因果联系进行量化分析时遇到的挑战,对各类计量工具以及使用这些计量工具的人们而言,是一场充满悬念的测试赛。

▶ 1

随机实验

金祥贵：人这一生中发生的事情都是注定的。一个人必须按照命运的意志前行。

老人：然而，每个人都可以自由地依照他的选择去生活。这似乎和你说的正好相反，但两种说法都是对的。

《功夫》，试播集

本章内容结构

我们的探讨始于实验性随机分配，它既可以成为研究因果问题的一个框架，也可以成为对其他方法所得结论进行判断的一个基准。通过两个对医疗保险效果的随机评估，我们将说明随机分配能够发挥的强大作用。本章附录还使用实验的框架考察了与统计推断有关的概念和方法。

1.1 生病和健康（保险）

事实证明，美国平价医疗法案（Affordable Care Act，ACA）是我们见过的最具争议性和最有趣的政策创新之一。美国平价医疗法案强制美国人购买医疗保险，并用税收惩罚那些不愿购买医疗保险的人。可以从很多视角考察政府在医疗卫生市场中是否发挥恰当作用。其中一个视角便是医疗保险对健康产生的因果效应。美国人花在健康上的 GDP 要高于其他发达国家，但美国人的健康状况却糟糕得让人吃惊。例如，美国人比加拿大人更容易超重，死亡年龄也更小，而加拿大人在健康方面的花费大约只有美国人的三分之二。美国没有全民医疗保险计划，这在发达国家中也很不同寻常。也许，这里存在某种因果关系。

美国的老年人可以享受一种名叫老年医疗保险（Medicare）的联邦保险计划，同时，美国的一些穷人（其中包括大多数单身母亲、她们的孩子，以及许多其他类型的贫困儿童）也可以享受公共医疗补助（Medicaid）。然而，很多已经参加工作、正值壮年的穷人却长期得不到保险。事实上，许多没有保险的美国人有意选择不参加雇主提供的保险计划。①这些工人们的决定或许没错，因为他们可以依靠医院急诊室这类不能将他们拒之门外的机构，满足其医疗卫生需求。但是，医院急诊室可能不是治疗流感的最佳地点，可能也不是管理糖尿病和高血压等美国贫困人口普遍患有的慢性病的最佳地点。医院急诊室没有义务提供长期护理。因此，有理由认为，政府强制医疗保险可能会产生健康红利。人们对带有政府补贴的全民医疗保险的推动，部分源自这种可能带来健康红利的信念。

在上述背景下，其他条件相同的问题就转化为：针对同一个人，比较他在拥有保险和没有保险（但可以去急诊室）时的健康水平。这个比较反映了一个根本性的实证难题：人们要么拥有保险要么没有保险。我们不可能同时看到这两种情况，或者，至少无法同时在完全相同的条件下看到这两种情况。

在罗伯特·弗罗斯特（Robert Frost）的著名诗作《一条没有走的路》（*The Road Not Taken*）中，他使用十字路口的隐喻描述个人选择产生的因果效应*：

> 金黄色林中有两条路各奔一方，
> 可惜，我是一个人独自旅行
> 不能两条都走，我站在岔道上
> 向其中一条，长时间凝神眺望
> 直到它弯进灌木丛失去踪影。

弗罗斯特在结尾处写道：

> 树林中曾经有两条歧路，当初——
> 我选择了其中人迹稀少的一途，
> 这就造成了此后的全部差异。

这位旅行者声称他的选择确实起了作用，但是，因为只有他一个人，所以并不能确定自己的选择是否真的起了作用。在此之后的旅行或其他旅行者给出的报告也无法让他弄清这个问题。在第二次踏上相同旅程时，我们的讲述人可能变得更加年长、更加睿智；而其他旅行者在同一条路上可能又会产生不同的体验。所以，包括医疗保险（没有保险但却罹患心脏病的人，如果有保险的话是否可以不患这个疾病？）在内的任何选择都会出现这个问题。在小说《光年》（*Light Years*）中，作者詹姆斯·索尔特（James Salter）塑造的那位优柔寡断的讲述人观察到："作出选择，也就放弃了可选择的余地，这是个悖论。"我们不知道没去选择的那条路的尽头是什么。

虽然无从得知相应结果，但我们还是可以用证据回答这个问题。本章会带你看看与医疗保险相关的一些证据。首先，我们看看国家健康访谈调查（National Health Interview Survey，NHIS），它是针对美国人口进行的一项年度调查，其中包含了健康状况和医疗保险的详细信息。在众多询问事项中，国家健康访谈调查

---

① 欲知与此相关的更多令人惊讶的事实，可见 Jonathan Gruber, "Covering the Uninsured in the United States," *Journal of Economic Literature*, vol.46, no.3, September 2008:571—606.

* 此处译文节选自外语教学与研究出版社 2012 年出版的《弗罗斯特诗选》，译者为江枫。——译者注

包括一个问题:"你认为总体而言你的健康水平是优秀、很好、好、一般还是差?"在一个由 2009 年国家健康访谈调查中已婚受访者(有些受访者拥有医疗保险、有些则没有)组成的样本中,我们对这个问题的答案进行从 5 到 1 的赋值分配,将健康水平优秀赋值为 5,将健康水平差赋值为 1。[①]这个指数就是我们的结果(outcome):也即我们有兴趣研究的一项度量指标。在这里,我们感兴趣的因果关系由表征私人医疗保险覆盖水平的变量决定。我们将这个变量称为处理(treatment),这个称呼借用了医学实验文献中的用法,不过,我们感兴趣的处理未必是药物或手术治疗那样的处理。在本例中,拥有保险的人可被认为是处理组(treatment group);没有保险的人可被认为是控制组(comparison group/control group)。一个好的控制组可以揭示受到处理的那些人在反事实世界中不受处理产生的结果。

表 1.1 的第一行比较了拥有医疗保险和没有医疗保险的美国人的平均健康指数,这张统计表分别针对丈夫和妻子报告了相关数据。[②]拥有医疗保险的人要比没有医疗保险的人更加健康一些,对于男性,平均健康指数的差异是 0.3,对于女性,平均健康指数的差异是 0.4。当与健康指数的标准差(大约为 1)比较后,你会发现这个差别相当大(标准差报告在表 1.1 的方括号中,度量了数据的变异性。本章附录回顾了相关公式)。这么大的差距可能就是我们正在寻找的健康红利。

无效比较和有效比较

在表 1.1 中,人们往往认为 A 部分进行的简单比较是存在因果效应的证据。然而,这种比较经常是误导性的。这里的问题同样是其他条件相同,或者说不满足其他条件相同。对拥有医疗保险和没有医疗保险的人直接进行比较,并不是苹果与苹果这种同类事物间的比较,这种比较实际上是在对苹果和橙子进行比较,或者可能更糟。

表 1.1　在国家健康访谈调查中,拥有和没有医疗保险的夫妻的健康状况和人口统计学特征

	丈　夫			妻　子		
	拥有医疗保险(1)	没有医疗保险(2)	差别(3)	拥有医疗保险(4)	没有医疗保险(5)	差别(6)
			A. 健康状况			
健康指数	4.01 [0.93]	3.70 [1.01]	0.31 (0.03)	4.02 [0.92]	3.62 [1.01]	0.39 (0.04)
			B. 人口统计学特征			
非白人	0.16	0.17	−0.01 (0.01)	0.15	0.17	−0.02 (0.01)

① 我们的样本个体都是年龄介于 26 到 59 岁的人,因此不符合享受老年医疗保险计划的条件。

② 书最后的经验研究注释中,我们给出了这张表以及本书其他表格和图片的详细说明。

	丈　夫			妻　子		
	拥有医疗保险(1)	没有医疗保险(2)	差别(3)	拥有医疗保险(4)	没有医疗保险(5)	差别(6)
年龄	43.98	41.26	2.71	42.24	39.62	2.62
			(0.29)			(0.30)
教育水平	14.31	11.56	2.74	14.44	11.80	2.64
			(0.10)			(0.11)
家庭规模	3.50	3.98	−0.47	3.49	3.93	−0.43
			(0.05)			(0.05)
受雇佣	0.92	0.85	0.07	0.77	0.56	0.21
			(0.01)			(0.02)
家庭收入	106 467	45 656	60 810	106 212	46 385	59 828
			(1 355)			(1 406)
样本规模	8 114	1 281		8 264	1 131	

注：本表针对 2009 年国家健康访谈调查中的已婚受访者,按照拥有医疗保险和没有医疗保险分别报告受访者的平均特征。列(1)、(2)、(4)和(5)给出了各组别中个体的平均特征。列(3)和列(6)报告了拥有医疗保险和没有医疗保险的受访者在平均特征上表现出的差异。方括号中给出的是标准差;圆括号中给出的是标准误。

在这些差异之中,相比于没有医疗保险的人,拥有医疗保险的人往往受过更好的教育,有更高的收入,他们有工作的概率也更高。这些信息可见表 1.1 的 B 部分,这部分报告了拥有医疗保险和没有医疗保险的人的平均特征。这张表显示,很多方面的差别是巨大的(例如,教育水平相差大约 3 年);这些差别中大部分都具备足够的统计精确性,可以排除这些差异只是一种巧合的假设(可见本章附录中有关统计显著性的复习材料)。显然,这张表给出的大部分变量都既与健康水平高度相关,也与是否拥有医疗保险高度相关。例如,教育水平更高的人一般更加健康,在拥有医疗保险的那个组别中的比例也更高。这种情况的出现,或许是因为教育水平更高的人运动更多、吸烟更少,更可能系好安全带。有理由认为,在国家健康访谈调查中,拥有医疗保险和没有医疗保险的人所表现出的健康水平差异,至少部分反映了拥有医疗保险的人所接受的额外教育。

在试图理解医疗保险和健康水平之间因果关系时,我们可以借用弗罗斯特关于十字路口的隐喻。我们使用字母 Y 表示健康水平,它是我们感兴趣的因变量。为了清楚表明我们在讨论的是具体某个人,使用下标标示:Y_i 是个体 i 的健康水平。在我们的数据中,因变量 Y_i 是有记录的。对于是否购买医疗保险,个体 i 有两个潜在结果(potential outcome),但是,我们只能观察到其中的一个结果。为了将两类潜在结果区分开来,我们增加第二个下标:没有医疗保险时个体 i 走上的那条路以 Y_{0i} 表示,拥有医疗保险时个体 i 走上的那路,可以标记为 Y_{1i}。潜在结果出现在每条可选道路的尽头。医疗保险对健康产生的因果效应就是二者之差,记为

$Y_{1i} - Y_{0i}$。①

为了进一步说清问题,考虑最近从哈萨克斯坦前往麻省理工学院做访问的学生 Khuzdar Khalat 的故事。哈萨克斯坦拥有全民医疗保险制度,这个制度自动为所有公民提供医疗保险(当然,你不会单单因为医疗保险而去哈萨克斯坦)。在到达马萨诸塞州的剑桥后,Khuzdar 惊讶地发现麻省理工学院的学生必须做出是否加入大学医疗保险计划的决定,因为麻省理工学院收取高额保险费用。经过一番考虑,Khuzdar 认为麻省理工学院的医疗保险计划值得购买,因为他害怕在气候寒冷的新英格兰患上上呼吸道感染。假定 $Y_{0i} = 3$、$Y_{1i} = 4$,$i =$ Khuzdar。对他来说,医疗保险产生的因果效应是使国家健康访谈调查指数增加 1:

$$Y_{1,\text{Khuzdar}} - Y_{0,\text{Khuzdar}} = 1$$

表 1.2 总结了上述信息。

表 1.2　**Khuzdar 和 Maria 得到的处理以及相应结果**

	Khuzdar Khalat	Maria Moreño
没有医疗保险时的潜在结果:Y_{0i}	3	5
拥有医疗保险时的潜在结果:Y_{1i}	4	5
处理(对保险状态的选择):D_i	1	0
实际的健康水平:Y_i	4	5
处理效应:$Y_{1i} - Y_{0i}$	1	0

值得强调的是,表 1.2 是一个假想的表:它描述的信息中有一部分必然是隐藏的。Khuzdar 要么购买保险,要么不购买保险,两种情况下他表现出的取值分别是 Y_{1i} 和 Y_{0i}。Khuzdar 可能在哈萨克斯坦漫长的、尘土飞扬的道路上走了很多遍,但是即使如此,他也不知道那些没有选择的道路的终点是什么。

在同一年,Maria Moreño 也来到了麻省理工学院,她来自智利的安第斯高地。精力充沛的 Maria 不是很容易生病的那种人,她一点也不担心波士顿的冬天。因此,她没有理会麻省理工学院的医疗保险计划,计划用这部分钱外出旅行。因为对于 Maria 而言,$Y_{0,\text{Maria}} = Y_{1,\text{Maria}} = 5$,所以医疗保险对她产生的因果效应就是

$$Y_{1,\text{Maria}} - Y_{0,\text{Maria}} = 0$$

Maria 的相应数据也出现在表 1.2 中。

因为 Khuzdar 和 Maria 在购买医疗保险时做出了不同选择,所以他们为我们

---

① 虽然包含罗伯特·弗罗斯特的洞见,但计量经济学毕竟不是诗歌。使用少量数学符号可以让我们精确描述和讨论一些微妙关系。我们还会反复使用"潜在结果"这类术语,对于计量大师而言,它们具有特殊含义。

提供了一个有趣的对照。Khuzdar 的健康水平是 $Y_{\text{Khuzdar}}=Y_{1,\text{Khuzdar}}=4$，Maria 的健康水平是 $Y_{\text{Maria}}=Y_{0,\text{Maria}}=5$。二者的区别就是

$$Y_{\text{Khuzdar}}-Y_{\text{Maria}}=-1$$

从表面上看，我们观察到的这个差值意味着 Khuzdar 购买医疗保险的决策产生了适得其反的结果。加入麻省理工学院的医疗保险计划后，得到保险的 Khuzdar 的健康水平反而不如没有投保的 Maria。

事实上，在虚弱的 Khuzdar 和精力充沛的 Maria 之间进行的比较，无法揭示这两人的选择产生的因果效应。通过将观测到的结果和潜在结果联系起来，我们能够看出这一点：

$$
\begin{aligned}
Y_{\text{Khuzdar}}-Y_{\text{Maria}} &= Y_{1,\text{Khuzdar}}-Y_{0,\text{Maria}}, \\
&= \underbrace{Y_{1,\text{Khuzdar}}-Y_{0,\text{Khuzdar}}}_{1} + \underbrace{\{Y_{0,\text{Khuzdar}}-Y_{0,\text{Maria}}\}}_{-2}
\end{aligned}
$$

通过同时加上和减去 $Y_{0,\text{Khuzdar}}$，我们就能得到这个方程的第二行，由此产生两项看不到的比较，它们决定了我们看到的结果。第一项比较 $Y_{1,\text{Khuzdar}}-Y_{0,\text{Khuzdar}}$ 就是医疗保险对 Khuzdar 产生的因果影响，等于1。第二项比较 $Y_{0,\text{Khuzdar}}-Y_{0,\text{Maria}}$ 是两位学生都不投保时表现出的健康水平之差。这一项等于 -2，反映出 Khuzdar 相对虚弱的体质。在我们努力揭示因果效应的过程中，第二项捕捉到的缺乏的可比性结果就被称为选择偏误（selection bias）。

你可能会认为，当我们将关注点放在特定个人而不是某个组时，选择偏误才会产生影响，也许，无关的差异将会被"平均"掉。但是，在组之间进行比较时，选择偏误这个难题依然存在，只不过我们将关注点从个体因果效应转移到平均因果效应（average causal effect）上。在一个 n 人的组中，平均因果效应可以记为 $\text{Avg}_n[Y_{1i}-Y_{0i}]$，在这里，我们用传统方法进行平均（也就是说，将个体的结果加起来除以 n）：

$$
\begin{aligned}
\text{Avg}_n[Y_{1i}-Y_{0i}] &= \frac{1}{n}\sum_{i=1}^{n}[Y_{1i}-Y_{0i}] \\
&= \frac{1}{n}\sum_{i=1}^{n}Y_{1i}-\frac{1}{n}\sum_{i=1}^{n}Y_{0i}
\end{aligned}
\tag{1.1}
$$

符号 $\sum_{i=1}^{n}$ 表示将 $i=1$ 到 $i=n$ 的每个人的结果都加起来，这里 n 是我们进行平均的这个组的规模。注意到，方程（1.1）中出现的两个连加符号都是对感兴趣的组中每个个体逐一加总。医疗保险的平均因果效应就等于比较组中每个个体都拥有医疗保险和都没有医疗保险两种假想情形下的平均健康水平。从计算来看，这就是 $Y_{1,\text{Khuzdar}}-Y_{0,\text{Khuzdar}}$ 以及 $Y_{1,\text{Maria}}-Y_{0,\text{Maria}}$ 等我们数据中每个学生的个体因果效应的平均值。

探讨医疗保险的平均因果效应，自然要从比较拥有医疗保险和没有医疗保险

的组的平均健康水平开始,这类似于表1.1。可以通过构造一个虚拟变量 D_i 来实施这个比较,虚拟变量 D_i 的取值是 0 和 1,分别表示两种投保状态:

$$D_i = \begin{cases} 1,\text{如果 } i \text{ 投保} \\ 0,\text{其他情况} \end{cases}$$

现在,我们可以用 $\mathrm{Avg}_n[Y_i \mid D_i = 1]$ 表示拥有医疗保险的人的平均健康水平,用 $\mathrm{Avg}_n[Y_i \mid D_i = 0]$ 表示没有医疗保险的人的平均健康水平。这些数字都是给定保险状况下的平均值。①

对于拥有医疗保险的人,Y_i 的平均值必然是 Y_{1i} 的平均值,但是它并未包含相应 Y_{0i} 的信息。类似的,对于没有医疗保险的人,Y_i 的平均值必然是 Y_{0i} 的平均值,但是这个平均值不包含相应 Y_{1i} 的信息。换言之,拥有医疗保险的人所选择的道路,最终都指向 Y_{1i},而没有医疗保险的人所选择的道路,最终都指向 Y_{0i}。这就为投保状态不同导致的健康差异提供了一个简单且重要的结论:

组间均值之差
$$= \mathrm{Avg}_n[Y_i \mid D_i = 1] - \mathrm{Avg}_n[Y_i \mid D_i = 0]$$
$$= \mathrm{Avg}_n[Y_{1i} \mid D_i = 1] - \mathrm{Avg}_n[Y_{0i} \mid D_i = 0] \tag{1.2}$$

这个表达式强调了一个事实,即表 1.1 中的比较告诉我们的是潜在结果的相关信息,但未必是我们想要知道的。我们寻找的是 $\mathrm{Avg}_n[Y_{1i} - Y_{0i}]$,它是将所有人的 Y_{1i} 和 Y_{0i} 都包含进来后计算出的平均因果效应,但是,我们只看到拥有医疗保险的人群 Y_{1i} 的平均值和没有医疗保险的人群 Y_{0i} 的平均值。

为了加深我们对方程(1.2)的了解,想象医疗保险使每个人的健康水平都提高了一个常数值 κ。这里使用希腊字母表示参数(parameter),使之与变量或数据区分开来;这里的字母是"kappa"。常数因果效应假设允许我们写出如下方程:

$$Y_{1i} = Y_{0i} + \kappa \tag{1.3}$$

或者等价地,$Y_{1i} - Y_{0i} = \kappa$。 换言之,κ 既是医疗保险对健康水平产生的个体因果效应,也是医疗保险对健康水平产生的平均因果效应。随之而来的问题是,表 1.1 中 A 部分所示的这类比较,与 κ 存在什么样的联系。

使用常数因果效应模型(方程(1.3))替换方程(1.2)中的 $\mathrm{Avg}_n[Y_{1i} \mid D_i = 1]$,我们可以得到:

---

① 对 Y_i 的 n 个观察值进行排序,使得前 n_0 个观察值来自 $D_i = 0$ 组,后 n_1 个观察值来自 $D_i = 1$ 组。条件均值

$$\mathrm{Avg}_n[Y_i \mid D_i = 0] = \frac{1}{n_0}\sum_{i=1}^{n_0} Y_i$$

是 $D_i = 0$ 组中 n_0 个观察值的样本均值。$\mathrm{Avg}_n[Y_i \mid D_i = 1]$ 是用类似方法对另外 n_1 个观察值进行的计算。

$$
\begin{aligned}
\text{Avg}_n & \left[Y_{1i} \mid D_i = 1\right] - \text{Avg}_n\left[Y_{0i} \mid D_i = 0\right] \\
& = \{\kappa + \text{Avg}_n[Y_{0i} \mid D_i = 1]\} - \text{Avg}_n[Y_{0i} \mid D_i = 0] \\
& = \kappa + \text{Avg}_n[Y_{0i} \mid D_i = 1] - \text{Avg}_n[Y_{0i} \mid D_i = 0] \quad\quad (1.4)
\end{aligned}
$$

这个方程指出,拥有医疗保险的人和没有医疗保险的人表现出的健康水平差异,就等于感兴趣的因果效应(κ),再加上拥有医疗保险的人和没有医疗保险的人在 Y_{0i} 的平均值上表现出的差别。与 Khuzdar 和 Maria 的故事中出现的情况类似,这里的第二项描述了选择偏误。具体而言,根据不同医疗保险状况计算的平均健康水平之差可以写作:

组间均值之差＝平均因果效应＋选择偏误

这里,选择偏误被定义为进行比较的两个群体中 Y_{0i} 的平均值之差。

我们如何知道根据不同医疗保险状况计算出的均值差确实受到选择偏误的干扰?因为 Y_{0i} 代表与第 i 个人的健康水平有关,但与医疗保险状况无关的任何因素。表 1.1 中 B 部分表明,拥有医疗保险的人和没有医疗保险的人之间存在一些重要的、与保险无关的差异,意味着此处很多方面的条件都不同。在国家健康访谈调查中,拥有医疗保险的人所表现出的更高健康水平可能源于一系列原因,其中也许包括医疗保险产生的因果效应。但是,拥有医疗保险的人所表现出的更高健康水平,也可能源自他们受过更多教育,等等。为了说明为什么这是重要的,想象一个医疗保险没有因果效应的世界(也就是 $\kappa = 0$)。在这个世界中,仅仅因为国家健康访谈调查中包含的拥有医疗保险的个体具有更高教育水平、更加富裕或其他什么原因,我们也会预期这类受访者会拥有更高的健康水平。

最后我们想指出表 1.1 中 B 部分信息发挥的微妙作用。B 部分数据指出,在我们可以观察的很多方面,进行比较的两个组都很不同。我们在下一章会看到,如果选择偏误的唯一来源是我们可观察、可度量的特征上表现出的一系列差异,那么这种选择偏误(相对)容易得到解决。例如,假设根据不同医疗保险状况比较相应结果时,造成选择偏误的唯一原因是教育水平。通过聚焦于具有相同教育水平的人,比如说只关注大学毕业生,就可以将这种偏误消除。因为这个样本中每个人的教育水平都相同,所以样本中拥有医疗保险的人和没有医疗保险的人各自组成的组也会具有相同的教育水平。

表 1.1 的微妙之处在于,当可观察的差异增加时,我们会怀疑不可观察的差异是否也在增加。在很多可观察的方面,拥有医疗保险的人和没有医疗保险的人都是不同的,这个事实意味着,即便我们保持可观察的特征不变,在很多我们看不到的方面,拥有医疗保险的人和没有医疗保险的人也可能存在差异(毕竟,我们多少只是碰巧能观察到这些变量)。换句话说,对于样本中拥有医疗保险和没有医疗保险的人,即使他们在教育水平、收入和就业状况等方面都相同,拥有医疗保险的人也有可能具有更高的 Y_{0i}。计量高手们面临的主要挑战就是消除因不可观测的差

异造成的选择偏误。

打破僵局：随机化就行了

> 我的医生说我还能活6个月……但是，当我付不起医药费时，他说我还能再活6
> 个月。
>
> Walter Matthau

实验性随机分配能够消除选择偏误。随机实验（有时也叫随机试验）的流程可以很复杂，但其逻辑是简单的。为了在随机实验中研究医疗保险产生的影响，我们从一些没有医疗保险的人组成的样本开始。然后，我们为随机抽取的一个样本子集提供医疗保险，让剩下的人在需要就诊时去急诊室。然后，就可以比较拥有医疗保险的组和没有医疗保险的组的健康水平。随机分配使这个比较满足了"其他条件相同"：通过随机分配得到的拥有医疗保险的组和没有医疗保险的组，其唯一差别在于他们的医疗保险状态不同，以及由此产生的任何后果。

假设麻省理工学院的医疗服务部门决定不再让学生付钱购买医疗保险，而是通过扔硬币的方式决定新生 Ashish 和 Zandile 的医疗保险参保状况（就这一次，就当是帮他们著名的经济学系一次忙吧）。如果硬币正面朝上，Zandile 获得医疗保险，否则 Ashish 获得医疗保险。这是个好的开头，但还不够好，因为针对两个受试者进行随机分配的做法，并不能使拥有医疗保险和没有医疗保险的人具有可比性。首先，Ashish 是男性，Zandile 是女性。规律显示，女性往往比男性更健康。如果 Zandile 表现得更健康，也许是因为她运气比较好，碰巧是位女性，而与她获得医疗保险无关。这里的问题是，当进行随机分配时，两个受试者往往不足以进行分析。我们必须在一个足够大的样本中进行随机分配，以确保性别之类的个体差异都被抹平。

当样本规模足够大时,被随机选择的两个组确实是可比的。这个事实来自被称为大数定律(Law of Large Numbers,LLN)的统计特性所具有的强大威力。大数定律描述的是样本均值与样本规模之间的关系。具体地说,大数定律指出,当样本规模不断增加时,样本均值会越来越接近我们从中抽样的总体(例如,美国大学生总体)的均值。

可以通过玩骰子来看看大数定律是如何发挥作用的。①具体来说,掷一次公平骰子然后保存结果。然后再掷,并将两次结果进行平均,继续掷骰子并求平均值。因为数字 1 到 6 的出现机会都一样(这就是为什么称之为公平骰子),如果玩骰子的次数足够多,我们预期每个数字的出现次数都会相同。这里有 6 种结果,出现每个结果的可能性都相同,那么预期结果就是对每个结果赋予相同权重并进行平均,这里的权重都是 1/6:

$$\left(1 \times \frac{1}{6}\right) + \left(2 \times \frac{1}{6}\right) + \left(3 \times \frac{1}{6}\right) + \left(4 \times \frac{1}{6}\right) + \left(5 \times \frac{1}{6}\right) + \left(6 \times \frac{1}{6}\right)$$
$$= \frac{1+2+3+4+5+6}{6} = 3.5$$

这个平均值 3.5 被称为数学期望(mathematical expectation);在这种情况下,它是我们掷无限次公平骰子后得到的平均值。在我们的工作中,期望概念发挥了重要作用,因此,我们在这里对它进行正式定义。

数学期望 一个变量 Y_i 的数学期望可以记为 $E[Y_i]$,它是这个变量的总体均值。如果 Y_i 由掷骰子之类的随机过程产生,那么,$E[Y_i]$ 就是无限次重复这个过程后得到的均值。如果 Y_i 是来自抽样调查的变量,$E[Y_i]$ 就是穷举样本所在的总体中每个个体产生的平均值。

如果只是少数几次掷骰子,得到的平均值可能与相应的数学期望相差很远。例如,掷两次骰子,你可能得到两个 6 或两个 2。它们的平均值与期望值 3.5 相去甚远。但是,随着掷骰子的次数越来越多,不同次掷骰子得到的结果的平均值会越来越趋向 3.5。这是大数定律在发挥作用(这就是赌场的获利方式:在大多数赌博游戏中,你不可能长期战胜庄家,因为参与人的预期收益是负的)。更重要的是,为了让样本均值接近期望值,我们无需掷太多次骰子或抽取过大的样本。本章附录回答了掷骰子次数或样本规模如何决定统计精度的问题。

在随机实验中,我们不是重复某个游戏,而是针对研究的总体进行抽样以形成样本。不过,大数定律仍然发挥着相同作用。当抽样对象被随机划分(类似于掷硬币)为处理组和控制组时,它们都来自同一个总体。因此,大数定律认为,如果样本规模足够大,随机抽取的处理组和控制组将是类似的。例如,在随机分配的处理组和控制组中,我们预期能够看到类似的男女比例。随机分配还能产生具有相同年

---

① 六面体骰子的每个面上都刻有数量为一到六不等的点。你的智能手机中就有这类应用。

龄和相似教育水平的组。事实上，随机分配的组应该在每个方面都类似，其中包括我们难以度量或难以观察的那些方面。这是随机分配具有消除选择偏误这一强大能力的根源所在。

使用如下定义，我们可以对随机分配具有的强大威力进行精确描述，这个定义与数学期望的定义密切相关。

条件期望　给定虚拟变量 $D_i=1$，变量 Y_i 的条件期望可以记为 $E[Y_i \mid D_i=1]$。这是总体中 D_i 等于 1 的那些 Y_i 的平均值。类似的，给定 $D_i=0$，变量 Y_i 的条件期望可以记为 $E[Y_i \mid D_i=0]$，它是总体中 D_i 等于 0 的那些 Y_i 的平均值。如果 Y_i 和 D_i 都是不同环境下掷硬币这类随机过程产生的变量，那么 $E[Y_i \mid D_i=d]$ 就是令表征环境的 D_i 固定在 d 处时，无限次重复这个过程后得到的平均值。如果 Y_i 和 D_i 来自抽样调查，$E[Y_i \mid D_i=d]$ 就是总体中所有 $D_i=d$ 的那些人都被抽样到后计算出的均值。

因为随机分配的处理组和控制组都来自同一个总体，所以他们在每个方面都是相同的，其中包括 Y_{0i} 的期望值。换句话说，条件期望 $E[Y_{0i} \mid D_i=1]$ 和 $E[Y_{0i} \mid D_i=0]$ 相同。这反过来意味着：

随机分配消除了选择偏误　当 D_i 是随机分配时，$E[Y_{0i} \mid D_i=1] = E[Y_{0i} \mid D_i=0]$，由不同处理状态引起的期望值之差，就是处理产生的因果效应：

$$
\begin{aligned}
& E[Y_i \mid D_i=1] - E[Y_i \mid D_i=0] \\
&= E[Y_{1i} \mid D_i=1] - E[Y_{0i} \mid D_i=0] \\
&= E[Y_{0i} + \kappa \mid D_i=1] - E[Y_{0i} \mid D_i=0] \\
&= \kappa + E[Y_{0i} \mid D_i=1] - E[Y_{0i} \mid D_i=0] \\
&= \kappa
\end{aligned}
$$

只要手头的样本规模大到能让大数定律发挥作用[因此我们可以用条件期望替换方程(1.4)中的条件均值]，随机实验就能让选择偏误消失。随机分配发挥作用的方式不是消除个体差异，而是确保被比较的个体所形成的组是类似的。可以将这种做法认为是比较两个桶，这两个桶中装的苹果和橙子的比例都相同。我们在后面章节中会解释，在比较的过程中随机化并不是确保"其他条件相同"的唯一方法，但是大部分计量高手都认为这种方法是最好的。

对来自随机实验或其他研究设计的数据进行分析时，计量高手们几乎都会从检查处理组和控制组是否真的看起来相似开始。这个过程被称为平衡性检查（checking for balance），这类似于表 1.1 中 B 部分对样本均值的比较。B 部分的平均特征看上去不相似或不平衡，这暗示了一个事实，即这个表中的数据并非来自随机实验。一旦你要估计因果效应，就应该用这种方式检查平衡性。

对医疗保险进行随机分配，看起来有点异想天开。但到目前为止，医疗保险已经两次被随机分配给大规模具有代表性的美国人样本。兰德医疗保险实验

（RAND Health Insurance Experiment，简写为 HIE）从 1974 年一直持续到 1982 年，是科研史上最具影响力的社会实验之一。兰德医疗保险实验从美国的六个地区选择了 3 958 位年龄在 14 岁到 61 岁之间的人。兰德医疗保险实验排除了享受老年医疗保险计划的人，以及大部分享受医疗补助计划和军队医疗保险的人。兰德医疗保险实验的参加者被随机分配了 14 项不同的保险计划中的某一项。参与者无需缴纳保险费，但是这些保险计划都有一系列与成本分担相关的条款，从而使这些保险计划能够提供的保险效果产生了很大差异。

最慷慨的兰德医疗保险实验计划能够免费提供全面的医疗护理。但是，在保险水平的另一个极端存在三类"重大疾病险"计划，这些计划要求家庭支付 95％的医疗护理费用，不过，实验的设计者按照收入的某个比例为这些费用设置了上限（或 1 000 美元，取其中较低者）。"重大疾病险"计划接近于无保险状态。第二类保险计划（"个人垫底"计划）需要家庭支付 95％的门诊费，但是，上限仅设为每人 150 美元或每个家庭 450 美元。另外九个保险计划则由一系列共同保险条款构成，要求参与者支付 25％到 50％的医疗护理费用，不过，这些计划往往将收入的某个比例或者 1 000 美元设为上限，取其中较低者。参与实验的家庭要持续参与这些保险计划三至五年，还要同意放弃实验之前参加的所有保险计划，作为交换，他们每个月可以获得一笔与医疗使用无关的固定收入。[1]

进行兰德医疗保险实验的主要目的在于，人们对经济学家所说的医疗需求的价格弹性感兴趣。具体而言，兰德公司的研究人员想知道，当医疗价格上升时，医疗的使用是否会下降，以及下降多少。参加免费医疗保险计划的家庭面对的价格是零，共同保险计划将价格下降到保险成本的 25％或 50％，在"重大疾病险"计划和"个人垫底"计划中，家庭提供的支付接近于医疗的完全成本，或者说，在触及价格上限之前是这样的。但是，研究人员还想知道，提供更全面和更慷慨的医疗保险的做法，是否真能带来更高的健康水平。第一个问题的答案是明确的"肯定"：医疗消费对价格高度敏感。第二个问题的答案则模糊不清。

随机化的结果

随机的田野实验要比掷硬币更为复杂，有时也会因此产生遗憾。兰德医疗保险实验的复杂之处在于，有很多小规模的处理组，这些处理组分布在十几个保险计划中。每个计划对应的处理组往往规模太小，在这些处理组之间很难进行具有统计意义的比较。运用兰德医疗保险实验数据进行的大部分分析都将接受类似保险

---

[1] 我们对兰德医疗保险实验的描述来自 Robert H. Brook et al.，"Does Free Care Improve Adults' Health? Results from a Randomized Controlled Trial，" *New England Journal of Medicine*，vol.309，no.23，December 8，1983：1426—1434；也可见 Aviva Aron-Dine，Liran Einav，and Amy Finkelstein，"The RAND Health Insurance Experiment，Three Decades Later，" *Journal of Economic Perspectives*，vol.27，Winter 2013：197—222，这是最近进行的一个评估。

计划的受试者归为同一组。在此处，我们也采取相同的处理办法。①

一个自然而然的分组方法就是按照成本分担要求合并各类保险计划。三类重大疾病险计划需要使用者在某个相当高的上限内承担几乎所有的费用，接近于无保险状态。个人垫底计划提供了更多保险，但不过是降低了参与人承担的费用上限。通过将参与人的一部分医疗成本划分给保险人，参与人花费的每一美元医疗成本都能得到分担，所以九类共同保险计划能够提供更多的保险。最后，免费保险计划构成一类激进的处理措施，人们预期这个计划能够最大幅度提升医疗的使用水平，也许，还能够最大程度提高健康水平。这种分类带给我们的不再是最初的14个保险计划，而是4类保险计划，它们分别是：重大疾病险计划、垫底计划、共同保险计划和免费保险计划。重大疾病险计划提供了一个（近似）不存在保险的控制组，垫底计划、共同保险计划和免费保险计划都不同程度地提高了保险水平。

类似于比较非随机实验结果时采取的做法，我们分析随机实验的第一步是检查平衡性。被随机分配到处理组和控制组——在本例中就是从几乎不提供保险到提供完全保险的那些医疗保险计划——的受试者看起来的确类似吗？通过比较他们的人口统计学特征，以及在随机实验开始前收集的健康数据，我们可以检查是否具有平衡性。因为人口统计学特征是不变的，而且，在随机分配之前，所考察的健康变量就已经测度完成，所以我们预期，在分配到不同保险计划的组别之间，这些变量只会出现一些微小差异。

与表1.1中按照保险状态对国家健康访谈调查受访者的特征所作的比较相反，对兰德医疗保险实验中随机分配的处理组之间的特征的比较表明，不同类型保险计划的参与人都是类似的。可以在表1.3的A部分看到这个结果。列（1）针对重大疾病险计划的参与人报告了相关均值，其他各列数字是分配了更加慷慨的保险计划的组与分配了重大疾病险计划的组之间的比较。列（5）将垫底计划、共同保险计划和免费保险计划的受试者合并为一个样本，然后与重大疾病险计划的受试者进行比较得到了一个概括性的结果。相比于重大疾病险计划中的受试者，分配了更加慷慨的保险计划的受试者是女性的概率稍小一些，受教育水平也稍低一些。我们看到，在收入方面也存在一些差异，但是不同保险计划之间的差异往往很小，

① 让兰德医疗保险实验变得复杂的另外一些因素还包括，兰德公司的研究人员没有使用抛硬币（或类似的电脑程序）的方法分配处理，而是使用了一个复杂的分配机制，这会影响相应分析的统计特性（欲知细节，可见 Carl Morris, "A Finite Selection Model for Experimental Design of the Health Insurance Study," *Journal of Econometrics*, vol.11, no.1, September 1979:43—61）。这么做的本意是好的，因为实验者希望处理组之间不出现任何偏离完美平衡性的情况。兰德医疗保险实验的大部分分析者都忽略了由此产生的统计复杂性，尽管很多人可能都对这种为随机实验画蛇添足的行为感到惋惜。一个更为严重的问题是兰德医疗保险实验的大量受试者都中途退出了实验，而且不同处理组的损耗率差异很大（例如，几乎没有人退出免费的保险计划）。正如 Aron-Dine, Einav, and Finkelstein, "The RAND Experiment," *Journal of Economic Perspectives*, 2013 这篇文章注意到的，损耗率的差异可能使实验的可信度打折扣。在今天，在这种基本的设计问题上，"随机实验者"做得更好了（例如，可见 Abhijit Banerjee and Esther Duflo, *Poor Economics: A Radical Rethinking of the Way to Fight Global Poverty*, Public Affairs, 2011 一书对实验的描述）。

013

1 随机实验

符号也不一定。与表 1.1 中的比较结果相比，这里表现出的特征差异没有那么大而且不是系统性的。

在表 1.3 的 A 部分，不同组别间表现出的微小差异是对偶然变异的反映，这在抽样过程中会自然出现。任何统计抽样都存在偶然的差异，因为被抽样的总体中存在许多种可能的抽样结果，我们只是针对其中的某一个结果进行了考察。应该可以预期，当对同一个总体重新做一次抽样时，得到的结果与本表应该类似——但是不会完全相同。使用统计推断工具，我们可以解决一次抽样与另一次抽样之间可能存在多大变异的问题。

本章附录简要解释了如何使用正式的统计检验来量化分析抽样变异。这个检验等于是考察经标准误（standard error）调整后的均值的差异，在表 1.3 的列（2）至

表 1.3　兰德医疗保险实验中的人口统计学特征与基准健康水平

	均值	不同保险计划组别表现出的差异			
	重大疾病险计划（1）	垫底计划－重大疾病险计划（2）	共同保险计划－重大疾病险计划（3）	免费保险计划－重大疾病险计划（4）	所有其他保险计划－重大疾病险计划（5）
		A. 人口统计学特征			
女　性	0.560	−0.023	−0.025	−0.038	−0.030
		(0.016)	(0.015)	(0.015)	(0.013)
非白人	0.172	−0.019	−0.027	−0.028	−0.025
		(0.027)	(0.025)	(0.025)	(0.022)
年　龄	32.4	0.56	0.97	0.43	0.64
	[12.9]	(0.68)	(0.65)	(0.61)	(0.54)
教育水平	12.1	−0.16	−0.06	−0.26	−0.17
	[2.9]	(0.19)	(0.19)	(0.18)	(0.16)
家庭收入	31 603	−2 104	970	−976	−654
	[18 148]	(1 384)	(1 389)	(1 345)	(1 181)
上一年度住院情况	0.115	0.004	−0.002	0.001	0.001
		(0.016)	(0.015)	(0.015)	(0.013)
		B. 基准健康变量			
总体健康指标	70.9	−1.44	0.21	−1.31	−0.93
	[14.9]	(0.95)	(0.92)	(0.87)	(0.77)
胆固醇水平（单位：mg/dl）	207	−1.42	−1.93	−5.25	−3.19
	[40]	(2.99)	(2.76)	(2.70)	(2.29)
收缩血压（单位：mm Hg）	122	2.32	0.91	1.12	1.39
	[17]	(1.15)	(1.08)	(1.01)	(0.90)
心理健康指标	73.8	−0.12	1.19	0.89	0.71
	[14.3]	(0.82)	(0.81)	(0.77)	(0.68)
参与人数	759	881	1 022	1 295	3 198

　　注：本表描述了兰德医疗保险实验中受试者的人口统计学特征和基准健康水平。列（1）给出的是被分配了重大疾病险计划的受试者的均值。列（2）至列（5）比较了垫底计划、共同保险计划、免费保险计划以及非重大疾病险计划的受试者与列（1）中重大疾病险计划受试者的均值。标准误报告在列（2）至列（5）的圆括号中；标准差报告在列（1）的方括号中。

列(5)中,均值差下面的圆括号里出现的数字就是标准误。均值差的标准误是对统计精度的一个测度:当样本均值差小于两倍标准误时,这种差异往往被认为是偶然造成的,这个结果也与这些样本来自同一个总体的假设相符。

大于两倍标准误的差异被认为是统计显著(statistically significant)的:在这种情况下,这么大的差异很难(虽然不是不可能)单纯由偶然性引起。统计不显著的差异可能源于抽样过程中出现的变异。统计显著性这个概念有助于我们解释表 1.3 的比较。这个表中的差异绝大部分都很小,只有两个地方(列(4)和列(5)中给出的女性比例)大于相应标准误的两倍。在有着很多比较的表中,几个孤立的、具有统计显著性的差别往往也都可以归结于偶然性。这个表中的标准误也不是很大,意味着不同计划之间的差异得到了较为精确的度量,这进一步消除了我们的担心。

表 1.3 的 B 部分是对 A 部分比较的一个补充,表明各处理组之间在处理前的各种结果上也体现出较好的平衡性。这部分数据指出,处理之前的总体健康指标并未表现出具有统计显著性的差异。类似的,在接受处理之前测量的胆固醇、血压和心理健康指标也在很大程度上与处理的分配无关,只有几个指标比较接近统计显著。此外,尽管免费保险计划组中更低的胆固醇水平意味着这个计划的受试者的健康水平似乎要比重大疾病险计划的受试者高,但是这两个组别在总体健康指标上的差异又表现出相反的情况(总体健康指标越低,标志着健康水平越低)。差异的方向缺乏一致性,进一步证明这种差异来自偶然性。

表 1.4　兰德医疗保险实验中的医疗支出和健康水平

	均值	不同保险计划组别表现出的差异			
	重大疾病险计划(1)	垫底计划－重大疾病险计划(2)	共同保险计划－重大疾病险计划(3)	免费保险计划－重大疾病险计划(4)	所有其他保险计划－重大疾病险计划(5)
A. 医疗使用					
当面就医	2.78	0.19	0.48	1.66	0.90
	[5.50]	(0.25)	(0.24)	(0.25)	(0.20)
门诊支出	248	42	60	169	101
	[488]	(21)	(21)	(20)	(17)
收治入院	0.099	0.016	0.002	0.029	0.017
	[0.379]	(0.011)	(0.011)	(0.010)	(0.009)
住院支出	388	72	93	116	97
	[2 308]	(69)	(73)	(60)	(53)
总支出	636	114	152	285	198
	[2 535]	(79)	(85)	(72)	(63)
B. 健康水平					
总体健康指标	68.5	−0.87	0.61	−0.78	−0.36
	[15.9]	(0.96)	(0.90)	(0.87)	(0.77)
胆固醇水平 (单位:mg/dl)	203	0.69	−2.31	−1.83	−1.32
	[42]	(2.57)	(2.47)	(2.39)	(2.08)

	均值	不同保险计划组别表现出的差异			
	重大疾病险计划(1)	垫底计划—重大疾病险计划(2)	共同保险计划—重大疾病险计划(3)	免费保险计划—重大疾病险计划(4)	所有其他保险计划—重大疾病险计划(5)
收缩血压（单位：mm Hg）	122 [19]	1.17 (1.06)	−1.39 (0.99)	−0.52 (0.93)	−0.36 (0.85)
心理健康指标	75.5 [14.8]	0.45 (0.91)	1.07 (0.87)	0.43 (0.83)	0.64 (0.75)
参与人数	759	881	1 022	1 295	3 198

注：本表报告了在兰德医疗保险实验中的医疗支出和健康水平的均值和处理效应。列(1)给出的是被分配了重大疾病险计划的受试者的均值。列(2)至列(5)比较了垫底计划、共同保险计划、免费保险计划以及非重大疾病险计划的受试者与列(1)中重大疾病险计划受试者的均值。标准误报告在列(2)至列(5)的圆括号中；标准差报告在列(1)的方括号中。

从兰德医疗保险实验中得到的第一个重要发现是，被分配了更加慷慨的保险计划的受试者，他们对医疗的使用水平会大幅提高。这个发现可见表1.4的A部分[1]，它证明了经济学家认为物品变便宜导致需求上升的观点。不出意料，相比于门诊治疗，收治入院的住院病人对价格不那么敏感，也许这是因为收治入院决定往往由医生做出。另一方面，相对于重大疾病险计划参与人，得到免费保险计划的参与人将门诊支出提高了三分之二(169/248)，同时，总医疗费用支出增加了45%。这些大的差距既具有重要的经济学意义，也是统计显著的。

对于那些不必担心医疗费用的受试者，他们显然在医疗上花费更多。这种额外的照料和花费使他们变得更健康了吗？表1.4中B部分比较了兰德医疗保险实验中不同处理组的健康指标，结果表明，免费保险计划并未让人变得更健康。不同计划中的胆固醇水平、血压值、表征总体健康水平和心理健康水平的指标看起来都是类似的（这些指标都是在随机分配结束后的3至5年里度量的）。正式的统计检验也没有显示出具有统计显著的差异，这个结果可见具体的组间比较（在列(2)至列(4)报告），以及重大疾病险计划参与人和非重大疾病险计划（更加慷慨的保险计划）参与人的健康水平的差异（在列(5)报告）。

兰德医疗保险实验得到的结论让很多经济学家相信，慷慨的医疗保险可能带来一种预期之外的、不如人意的后果，它会提高医疗护理的使用水平和成本，却并未让健康水平变得更高，没有产生健康红利。[2]

---

[1] 这里报告的兰德医疗保险实验，来自我们对该实验可供公开使用的文件进行的重新计算，在本书最后给出的经验研究注释中，会对这个过程进行描述。最初的兰德医疗保险实验结果在 Joseph P. Newhouse et al., *Free for All? Lessons from the RAND Health Insurance Experiment*, Harvard University Press, 1994 一书中有总结。

[2] 相比其他类型保险计划的参与人，免费保险计划的参与人得到的结果稍微变好了，细节可见 Brook et al., "Does Free Care Improve Health?" *New England Journal of Medicine*, 1983。

1.2 在俄勒冈州进行的实验

康师傅:真相是很难理解的。

金贵祥:这是事实,却并非真相。真相就像黑暗中的影子,它往往被隐藏。

《功夫》,第一季第14集

兰德医疗保险实验是一项雄心勃勃的尝试,它试图评估医疗保险对医疗成本和健康水平产生的影响。然而,就当代有关医疗保险的辩论而言,兰德医疗保险实验可能没有抓住重点。一方面,兰德医疗保险实验中每个处理组都至少获得一个重大疾病险计划,因此,在每个处理组中,医疗护理成本的财务负担水平都存在上限。更重要的是,如今没有医疗保险的美国人,已经和兰德医疗保险实验中的受试者有了很大不同:绝大多数没有医疗保险的美国人都更年轻、教育程度较低、更贫穷,而且也不太可能有工作。为这类人群提供额外医疗护理所能产生的价值,可能与参加兰德医疗保险实验的中产阶层家庭得到的价值非常不同。

在当代医疗政策领域中,最有争议的观点之一便是将公共医疗补助(Medicaid)的覆盖面扩大到目前还没有医疗保险的那些人(有趣的是,在实施兰德医疗保险实验前夕,人们谈论的是扩大老年医疗保险计划(Medicare)的覆盖范围)。如今,公共医疗补助主要覆盖了受救济的家庭、部分残疾人、一些贫困儿童以及贫穷的怀孕妇女。假设我们要扩大公共医疗补助的范围,去覆盖那些当前规则下无法享受公共医疗补助的人。这种扩大将如何影响医疗护理支出?扩大公共医疗补助覆盖范围的行为,能够将成本高昂且拥挤的急诊室治疗转移到可能更具效率的社区医疗(primary care)体系中吗?这能改善健康水平吗?

因为联邦政府可以支付大部分费用,所以美国的很多州都同意扩大公共医疗补助的资格范围,并且开始用"实验"的方式实施。不过,这些都不是真正的实验,因为符合公共医疗补助扩大覆盖范围资格的那些人最终都获得了公共医疗补助。了解扩大公共医疗补助覆盖范围行为所产生后果的最令人信服的方式,是为目前还没有资格获取公共医疗补助的人随机提供公共医疗补助。对公共医疗补助进行随机分配的想法似乎不切实际。然而,在一项极好的社会实验中,通过公开的医疗保险抽签活动,俄勒冈州最近向成千上万个随机选择的人提供了公共医疗补助。

我们可以认为,在俄勒冈州进行的医疗保险抽签,等同于从注册者形成的集合中随机选择能够获得公共医疗补助和不能获得公共医疗补助的人,不过,人们即使中签,也未必自动获得公共医疗补助。中签人只是获得了申请使用州政府运营的俄勒冈州医疗计划(Oregon Health Plan, OHP)的机会,这是俄勒冈州版的公共医疗补助计划。然后,州政府对这些申请进行审查,为俄勒冈州居民中年龄在19—64岁之间、尚不符合公共医疗补助条件、至少有6个月没有保险、收入低于联邦贫困线,而且几乎没有金融财产的美国公民或合法移民提供保险。为了启动这个保险,中签者必须提供证明其贫困状况的文件,并在45天内提交所需文本。

在 2008 年进行的俄勒冈州医疗保险抽签活动,并非出于科研的需要,而是在于实践公平,但是,这并未掩盖它成为一项成功实验的光芒。它为我们寻求当前没有医疗保险的人在获得医疗保险后产生的成本和收益提供了可期望的最好证据,这个事实启发了麻省理工学院的计量大师 Amy Finkelstein 及其合作者的研究。[①]

大约有 75 000 名申请抽签的人注册了俄勒冈州医疗计划推行的扩大公共医疗补助覆盖范围的活动。在这些人里,有大约 30 000 人被随机选中,得到了申请邀请,这些中签人就构成俄勒冈州医疗计划的处理组。剩下 45 000 人构成俄勒冈州医疗计划的控制组。

在这个活动中出现的第一个问题是,俄勒冈州医疗计划的中签人最终是否更有可能获得保险。之所以这么问,是因为一些未中签的申请者后来也满足了正常的公共医疗补助计划的资格。表 1.5 中的 A 部分指出,在俄勒冈州医疗计划抽签后的第一年里,控制组(未中签的那些人)中大约 14% 的人得到了公共医疗补助。与此同时,列(2)报告了处理组和控制组之间的差异,指出中签者获得公共医疗补助计划的概率增加了 26 个百分点。列(4)指出,对于俄勒冈州最大城市波特兰附近的人组成的子样本,也出现了类似的概率上升。这里的要点是,相比于未中签者,俄勒冈州医疗计划的中签人得到保险的概率高很多,这个差别可能会影响他们对医疗的使用,并进而影响其健康水平。[②]

表 1.5　俄勒冈州医疗计划对保险覆盖和医疗使用情况产生的影响

结　果	俄勒冈州		波特兰地区	
	控制组均值 (1)	处理效应 (2)	控制组均值 (3)	处理效应 (4)
A. 来自行政管理机构的数据				
获得医疗补助	0.141	0.256 (0.004)	0.151	0.247 (0.006)
收治入院	0.067	0.005 (0.002)		
接受急诊室治疗			0.345	0.017 (0.006)
急诊室治疗次数			1.02	0.101 (0.029)

[①] 可见 Amy Finkelstein et al., "The Oregon Health Insurance Experiment: Evidence from the First Year," *Quarterly Journal of Economics*, vol.127, no.3, August 2012:1057—1106; Katherine Baicker et al., "The Oregon Experiment—Effects of Medicaid on Clinical Outcomes," *New England Journal of Medicine*, vol. 368, no. 18, May 2, 2013:1713—1722;以及 Sarah Taubman et al., "Medicaid Increases Emergency Department Use: Evidence from Oregon's Health Insurance Experiment," *Science*, vol.343, no.6168, January 17, 2014:263—268。

[②] 为什么俄勒冈州医疗计划的所有中签人未必都能得到保险? 因为其中一些人没能按时提交所需的文件;同时,在按时完成必要程序的人里,大约有一半人在进一步的审查中被认为不符合条件。

结　　果	俄勒冈州		波特兰地区	
	控制组均值 (1)	处理效应 (2)	控制组均值 (3)	处理效应 (4)
样本规模	74 922		24 646	
B. 调查数据				
门诊就医次数 （在过去 6 个月内）	1.91	0.314 (0.054)		
是否开过处方药	0.637	0.025 (0.008)		
样本规模	23 741			

019

注：本表报告了抽中俄勒冈州医疗计划后，对保险覆盖和医疗使用情况产生的影响的估计。奇数列报告了控制组均值。偶数列报告了中签虚拟变量对应的回归系数。括号里报告的是标准误。

相比没有中签的情况，俄勒冈州医疗计划的处理组（即中签人）会使用更多的医疗服务。这个结果可见表 1.5，在报告了俄勒冈州医疗计划对公共医疗补助覆盖产生的影响之后，这个表还报告了对医疗服务使用情况产生的影响。住院率提高了大约 0.5%，这是个相对温和但却统计显著的影响。接受急诊室治疗、门诊就医次数和使用处方药的情况都出现了明显增加。急诊室治疗次数上升了 10% 左右，这是一个得到精确估计的效应（这个估计值对应的标准误报告在列（4）中，为 0.029），这个事实特别值得一提。许多政策制定者希望并期待医疗保险能够将之前没有医疗保险的患者从医院急症室治疗疏导至低成本的医疗机构。

最后，表 1.6 给出了医疗保险产生的效果：在全州层面的样本中，中签者评估自己的健康状况好或更好的概率略有提升（这个效应是 0.039，可以和控制组均值 0.55 进行比较；这里用一个虚拟变量表示健康状况好）。在波特兰进行的面对面访谈中得到的结果表明，这种改善主要源于心理健康的改善，而不是身体健康的改进，这个结果可见列（4）中第二行和第三行（在波特兰的样本中，健康变量是从 0 到 100 取值的一个指标）。与兰德医疗保险实验中得到的结果类似，在波特兰，胆固醇和收缩血压等有关身体健康的指标几乎没有因为获得俄勒冈州医疗计划而发生变化。

俄勒冈州医疗计划只能产生微弱的健康效应，这让那些为美国低收入人群寻求公共保险，并希望因此实现健康红利的政策制定者感到失望。医疗保险不仅没有降低昂贵的急诊室治疗频次，反而有所提高，这个事实也特别让人沮丧。与此同时，表 1.6 的 B 部分指出，医疗保险提供了某种程度的财务保障，这正是医疗保险的设计初衷。具体而言，中签家庭发生大的医疗支出的概率更低，或者，也不太会为了支付医疗护理费用而积累债务。也许，正是这种财务健康水平的改善，带来了处理组心理健康水平的改进。

表 1.6　俄勒冈州医疗计划对健康指标和财务健康水平的影响

结　　果	俄勒冈州		波特兰地区	
	控制组均值 （1）	处理效应 （2）	控制组均值 （3）	处理效应 （4）
A. 健康指标				
健康状况好	0.548	0.039		
		(0.008)		
身体健康指标			45.5	0.29
				(0.21)
心理健康指标			44.4	0.47
				(0.24)
胆固醇水平			204	0.53
				(0.69)
收缩血压（单位：mm Hg）			119	−0.13
				(0.30)
B. 财务健康状况				
医疗支出＞收入的 30％			0.055	−0.011
				(0.005)
是否因就医而负债？			0.568	−0.032
				(0.010)
样本规模	23 741		12 229	

注：本表报告了抽中俄勒冈州医疗计划对健康指标和财务健康状况的影响。奇数列报告了控制组均值。偶数列报告了中签虚拟变量对应的回归系数。括号里报告的是标准误。

　　此外还应强调的是，表 1.6 中看到的财务效应和健康效应很可能来自样本中抽中签并获得保险的 25％ 的人。鉴于很多中签人的保险状况并未改变这一事实，据此进行调整后得到的结果指出，相比于简单比较中签者和未中签者的结果，因为中签而最终获得保险的那四分之一的申请人，其财务安全和心理健康水平得到的提高大得多。在第 3 章讨论工具变量法时，我们会对这个调整的本质做更为详尽的说明。你很快会看到，此处合理的调整方式是用中签/未中签者在结果上的差异，除以中签/未中签者最终获得保险的概率之差。这意味着，获得保险所产生的效应，是俄勒冈州医疗计划中签所产生的效应的四倍（这种调整并不会改变统计显著性）。

　　兰德医疗保险实验和俄勒冈州医疗计划中得到的结果具有惊人的相似性。这两个雄心勃勃的实验的对象是存在极大不同的两类人群，但是其结果指出，扩大保险覆盖范围能够大幅提高人们对医疗服务的使用水平，但是，两个实验都没有发现医疗保险对身体健康产生了什么大的作用。2008 年俄勒冈州医疗计划的中签者在心理健康方面享受到较小但却不可忽略的改善。重要而且并非巧合的是，俄勒冈州医疗计划成功让很多中签人避免承受健康状况不佳产生的大额财务负担，这也是一个好的医疗政策应该做的事情。与此同时,这些研究也表明,不要期望能从受补贴的公共医疗保险中获得明显的健康红利。

大师Joshway:小蚱蜢,总结一下我们所学的内容。

小蚱蜢:因果推断比较的是潜在结果,潜在结果描述了所有可选路径上的世界。

大师Joshway:我们是对走上一条路和走上另一条路的人做比较吗?

小蚱蜢:这种比较往往受到选择偏误的干扰,也就是说,即使不存在处理效应,处理对象和控制对象本身也存在着差异。

大师Joshway:能消除选择偏误吗?

小蚱蜢:对处理条件和控制条件进行随机分配,就能消除选择偏误。不过,即使在随机实验中,我们也还是要检查平衡性。

大师Joshway:是否存在所有随机研究都能揭示的唯一因果真理?

小蚱蜢:大师,现在我认为可能存在很多因果真理,其中一些是相互兼容的,另外一些则相互矛盾。因此,当两个或更多个实验中得到的结果类似时,我们应对这种情况给予特别关注。

计量大师:从但以理到 R.A.费希尔

《旧约》揭示了控制组的价值。《但以理书》(*The Book of Daniel*)讲述了巴比伦王尼布甲尼撒(Nebuchadnezzar)决定训练但以理(Daniel)和其他以色列俘虏以便侍奉国王。正如奴隶们所说,这是件好事,因为国王命令拿"国王桌上的食物和酒"招待这些俘虏。然而,但以理对如此丰富的御用酒膳感到不安,他宁愿选择适度的素食。国王的侍从们一开始拒绝了但以理的特别餐食的要求,觉得对一个要去服务国王的人而言,这种餐食恐怕是不够的。但以理大胆地提出了一个控制实验:"在我们身上实验十天。除了吃蔬菜和喝水,别的什么都不要给我们。然后比较我们与那些享用御用酒膳的年轻人的表现,并根据你看到的结果再来决定如何对待我们"(*Daniel 1*,12—13)。《圣经》讲述了这个实验如何支持了但以理对相对健康的素食的猜想,不过,据我们所知,但以理并没有从这个控制实验中做出一篇学术论文。

营养问题是寻求饮食平衡的过程中反复出现的主题。坏血病是一种因为缺乏维生素C而造成不适的疾病,它曾经是英国海军的天敌。在1742年,萨利斯伯里号(HMS Salisbury)上的外科医师詹姆斯·林德(James Lind)实验了治疗坏血病的办法。林德选择12名患上坏血病的船员,在开始时为他们提供相同的饮食。然后,他将这些船员分成六对,在日常饮食之外,还为每对船员提供不同的食物补充。其中一类食物补充是每天额外提供两个柑橘和一个柠檬(林德认为酸性饮食可能治疗坏血病)。虽然林德并未使用随机分配,而且按照我们的标准,他的样本规模也很小,但是,他在选择12个研究对象时的做法却很有开创性:在我能找到的范围内做到尽可能相同。吃柑橘的人——英国的第一代海军——迅速且无可辩驳地治好了病,从林德的数据中出现了一个改变人类生活的经验研究,尽管他提出的理论是错误的。①

大约在林德的实验过去了150年后才出现第一个有记录的随机实验。一位名叫查尔斯·皮尔斯(Charles Peirce)的美国哲学家和科学家对受试者感知微小重量差异的能力进行实验。在1885年出版的一本写得并不生动但却具有重要方法论意义的书中,皮尔斯和他的学生约瑟夫·贾斯特罗(Joseph Jastrow)解释了他们如何根据一堆扑克牌的抽签结果改变实验条件。②

罗纳德·艾尔默·费希尔爵士真正热情满怀地献身于科学真理。他将所有他认为在传播错误的人视为死敌。
(约翰·阿尔德里奇)

20世纪初才真正出现随机对照实验的想法。统计学家和遗传学家罗纳德·艾尔默·费希尔(Ronald Aylmer Fisher)爵士对农业实验数据进行了分析。在费希尔于1925年出版的《研究者用统计方法》(*Statistical Methods for Research Workers*)中,他描述了随机分配实验的特点,在1935年出版的标志性著作《实验设计》(*The Design of Experiment*)中,他对这个方法进行了详细说明。③

费希尔有很多非常好的想法,但是也有几个糟糕的主意。除了解释随机分配的价值之外,他还发明了极大似然统计法。他还与计量大师休厄尔·赖特(Sewall Wright)(以及霍尔丹(J.B.S.Haldane))一起开创了人口遗传学理论这个领域。但是,他也是一位热心的优生学家和强制绝育的拥护者(他和创造了回归的计量大

---

① 关于林德进行的实验,可见 Duncan P. Thomas, "Sailors, Scurvy, and Science," *Journal of the Royal Society of Medicine*, vol.90, no.1, January 1997:50—54。

② 可见 Charles S.Peirce and Joseph Jastrow, "On Small Differences in Sensation," *Memoirs of the National Academy of Sciences*, vol.3, 1885:75—83。

③ 可见 Ronald A. Fisher, *Statistical Methods for Research Workers*, Oliver and Boyd, 1925, and Ronald A.Fisher, *The Design of Experiments*, Oliver and Boyd, 1935。

师弗朗西斯·高尔顿(Francis Galton)爵士持有相同观点,高尔顿创造了"优生学"这个词)。费希尔是一位终生抽烟斗的人,在吸烟和健康之间关系的问题上他也站在了错误一方,这部分是因为他坚定认为,吸烟与肺癌有着共同的遗传起源。在如今,吸烟对健康产生负面影响的观点似乎已经得到广泛支持,但是,费希尔对医疗研究中出现的选择偏误问题有所担忧是正确的。使用随机分配进行的研究已经指出,很多低脂肪饮食和维生素摄入等生活方式的选择,都与健康结果无关。

附录:掌握统计推断

年轻的金贵祥:我感到困惑。

宝师傅:这就是智慧的开启。

《功夫》,第二季第 25 集

这是对计量经济学和统计学的关键性细节进行补充说明的附录系列中的第一个。你可以穷尽一生学习统计推断,很多计量大师都是这么做的。在这里,我们提供基本思想的概要和基本的统计工具,这些内容足以让你理解本章出现的那些表格。

兰德医疗保险实验所基于的参与者样本,是从符合实验条件的参与人总体中大致随机抽取的。从相同的总体中抽取另外一个样本,我们也许会得到稍有不同的结果,但是,如果样本规模足够大,符合大数定律,两次抽样得到的总体情况应该是类似的。我们如何确定统计结果提供了强有力的证据,或者统计结果无法在重复抽样中重复出现,只是偶然一次抽中的结果?我们应该希望出现多大程度的抽样变异?正式的统计推断工具可以回答这些问题。这些工具适用于我们考虑的所有计量经济学手段。对抽样中存在的不确定性进行量化,是任何经验研究都必须要有的步骤,也是理解其他人给出的统计判断的一种方法。我们在这里以兰德医疗保险实验中的处理效应为例解释基本的推断思想。

首先,我们的任务是对特定样本均值(特别是不同组别的均值及其差异)的不确定性进行量化。例如,我们想知道,兰德医疗保险实验的处理组之间存在的医疗成本的巨大差别,是否是一次偶然的发现。兰德医疗保险实验样本是从一个相当大的数据集中抽取的,我们认为这个样本覆盖了我们感兴趣的总体。兰德医疗保险实验的总体包括符合实验资格的所有家庭(比如年龄不满足老年医疗保险计划的人等)。我们没有去研究符合这个条件的数以百万计的家庭,而是随机抽取了大约 2 000 个家庭(大约 4 000 人),然后为他们随机分配了 14 个保险计划中的某一个,或者说构造了处理组。注意到,这里有两种随机性在发挥作用:第一个随机性涉及对所研究样本的构建,第二个随机性涉及如何将处理分配给样本中的人。随机抽样(random sampling)和随机分配(random assignment)有着密切联系,但是它们是两种不同的思想。

不存在偏误的世界

我们首先对随机抽样产生的不确定性进行量化分析,先从单个样本均值出发,比如说,从样本中所有人的平均健康水平(用健康指数来度量)出发。我们的目标是相应的总体中的健康指标平均值,也就是说,将感兴趣的总体中的每个人都纳入计算后得到的平均值。类似于我们在 1.1 节说明的,一个变量的总体均值被称为数学期望(mathematical expectation),或者可以简称为期望。变量 Y_i 的期望可以记为 $E[Y_i]$。期望与概率(probability)的正式定义紧密相关。期望可以记为变量 Y_i 的所有可能取值的一个加权平均值,取值的权重来自其在总体中出现的概率。在我们掷骰子的例子中,这些权重都相等,都等于 1/6(可见 1.1 节)。

与平均值的记号不同,期望的记号与样本规模无关。因为期望是一个总体变量,在定义时没有涉及特定样本中的个体。对于一个给定的总体,只会有一个 $E[Y_i]$,但是会有很多个 $\text{Avg}_n[Y_i]$,这依赖于你如何选择 n,以及哪些个体入选你的样本。因为 $E[Y_i]$ 是特定总体的一个固定特征,所以我们将其称为参数(parameter)。像样本均值这类随着样本不同而不同的量,就被称为样本统计量(sample statistics)。

在此时,有必要从 $\text{Avg}_n[Y_i]$ 转向另一个更加紧凑的均值符号 $\overline{Y}$。注意到,为了简便起见,我们在这里隐去了下标 n——因此,你要记住样本均值是根据某个特定规模的样本计算出来的。样本均值 $\overline{Y}$ 是 $E[Y_i]$ 的一个好的估计量(在统计学中,估计量(estimator)是用来估计参数的样本数据的函数)。一方面,大数定律告诉我们,在大样本中,样本均值很可能非常接近相应的总体均值。一个相关的性质是,$\overline{Y}$ 的期望也是 $E[Y_i]$。换句话说,如果我们抽取无穷多个随机样本,在不同抽样中得到的 $\overline{Y}$ 的平均值,就等于潜在总体的均值。当样本统计量的期望等于相应的总体参数时,就说它是该参数的无偏估计量(unbiased estimator)。这里,我们对样本均值的无偏性给出一个正式说明:

$$\text{样本均值的无偏性 } E[\overline{Y}] = E[Y_i]$$

不能指望样本均值和相应的总体均值完全相等:在一个样本中的样本均值可能会过大,在另一个样本中的均值可能会过小。无偏性告诉我们,这种偏差不会系统性地偏大或偏小;相反,在重复抽样中,这些偏差的均值应该趋于 0。这种无偏性与大数定律不同,大数定律是说,随着样本规模增加,样本均值会越来越接近于总体均值。样本均值的无偏性则是对任何规模的样本都成立。

度量变异性

除了平均值之外,我们还对变异性感兴趣。为了衡量变异性,比较方便的做法是考察相对均值偏差的平方的平均值,在这种方法中,正向偏差和负向偏差的权重都相同。由此得到一个对变异性的概括性度量,被称为方差(variance)。

在一个规模为 n 的样本中,Y_i 的样本方差(sample variance)就是

$$S(Y_i)^2 = \frac{1}{n} \sum_{i=1}^{n} (Y_i - \overline{Y})^2$$

相应的总体方差(population variance)就是用期望代替均值,由此得到:

$$V(Y_i) = E[(Y_i - E[Y_i])^2]$$

类似于 $E[Y_i]$,变量 $V(Y_i)$ 也是总体的一个固定特征——一个参数。因此,可以方便地用希腊字母表示:$V(Y_i) = \sigma_Y^2$。[①]

因为方差要进行平方,所以这个值可能非常大。把一个变量乘以 10,其方差就会变大 100 倍。因此,我们往往用方差的平方根来描述变异性:它被称为标准差(standard deviation),记为 σ_Y。对一个变量乘以 10,其标准差也会变大 10 倍。与之前一样,总体的标准差 σ_Y 也有一个样本的值 $S(Y_i)$ 与之对应,即 $S(Y_i)^2$ 的平方根。

方差描述了 Y_i 的分布情况。(一个变量的分布(distribution),是指这个变量的取值范围,以及在总体中或在随机过程中,每个取值被观察到的频率。)有些变量(如表征家庭是否有保险的虚拟变量)的取值范围很窄,有些变量(如收入)则倾向于在很大范围内取值,这类变量有时取值很大,也有很多时候取值很小。

说明待研究变量的变异性是很重要的。然而,在这里我们的目标还不止于此。我们感兴趣的是在重复样本中量化样本均值的变异性。既然样本均值的期望是 $E[Y_i]$(从无偏性中得到的),那么样本均值的总体方差就可以写为

$$V(\overline{Y}) = E[(\overline{Y} - E[\overline{Y}])^2] = E[(\overline{Y} - E[Y_i])^2]$$

样本均值之类的统计量的方差,与基于数据描述目的给出的方差存在区别。我们将样本均值的方差记为 $V(\overline{Y})$,用 $V(Y_i)$(或者 σ_Y^2)表示数据的方差。因为 $V(\overline{Y})$ 度量了重复抽样中样本统计量的变异性,而不是原始数据的离散性,所以 $V(\overline{Y})$ 有个独特的名字:抽样方差(sampling variance)。

抽样方差与描述性方差有联系,但是不同于描述性方差,抽样方差也由样本规模决定。我们通过简化 $V(\overline{Y})$ 的公式来说明这一点。从抽样方差表达式中替换 $\overline{Y}$ 开始:

$$V(\overline{Y}) = V\left(\left[\frac{1}{n} \sum_{i=1}^{n} Y_i \right] \right)$$

---

① 样本方差倾向于低估总体方差。因此,有时样本方差被定义为

$$S(Y_i)^2 = \frac{1}{n-1} \sum_{i=1}^{n} (Y_i - \overline{Y})^2$$

也就是说,用 $n-1$ 而不是 n 去除。这个修正过的公式,为相应的总体方差提供了一个无偏估计。

为了简化这个表达式，我们首先注意到，随机抽样确保了在样本中某个个体观测值与另一个个体观测值不存在系统性联系，换言之，它们是统计独立的。这个重要性质让我们可以利用另一个性质，即一组统计独立的观察值之和的方差，就等于这组统计独立的观察值的方差之和，在这里，这些变量都是从相同总体中随机抽取的。更进一步，因为每个 Y_i 都是从相同总体中抽取的，所以每次抽样都具有相同的方差 σ_Y^2。最后，常数（如 $1/n$）乘以 Y_i 后的方差，就等于常数的平方乘以 Y_i 的方差，使用这个性质，我们得到

$$V(\overline{Y}) = V\left(\left[\frac{1}{n}\sum_{i=1}^{n} Y_i\right]\right) = \frac{1}{n^2}\sum_{i=1}^{n}\sigma_Y^2$$

进一步简化后，我们有

$$V(\overline{Y}) = \frac{1}{n^2}\sum_{i=1}^{n}\sigma_Y^2 = \frac{n\sigma_Y^2}{n^2} = \frac{\sigma_Y^2}{n} \tag{1.5}$$

我们已经指出，样本均值的抽样方差依赖于观察值的方差 σ_Y^2，以及样本规模 n。也许你已经猜到，数据越多，意味着重复抽样中样本均值的离中趋势就越小。事实上，当样本规模非常大时，几乎不再出现离中趋势，因为当 n 很大时，$\frac{\sigma_Y^2}{n}$ 会很小。这里，大数定律开始发挥作用：随着 n 趋向于无穷，样本均值接近于总体均值，抽样方差消失了。

在实践中，我们往往要使用样本均值的标准差，而不是使用它的方差。类似样本均值这类统计量的标准差又被称为标准误。样本均值的标准误可以记为

$$SE(\overline{Y}) = \frac{\sigma_Y}{\sqrt{n}} \tag{1.6}$$

在本书中讨论的每个估计值都有一个与之相关的标准误。这些估计值包括样本均值（它的标准误公式出现在等式（1.6）中）、样本均值差（在本附录后面部分会讨论这个概念）、回归系数（在第 2 章讨论）、工具变量以及其他更加复杂的估计值。标准误公式可能会很复杂，但是其思想很简单。标准误总结的是估计值因为随机抽样而产生的变动状况。再次强调，我们要避免混淆变量的标准差和统计量的标准误；这两个量有着密切联系，但它们度量的是不同的事情。

理解标准误的最后一步是：包括公式（1.6）中处于分子位置的标准差在内，大部分总体参数都是未知的，必须对它们进行估计。因此，在实际中，当对样本均值的抽样方差进行量化时，我们实际使用的是估计的标准误（estimated standard error）。通过在 $SE(\overline{Y})$ 的计算公式中用 $S(Y_i)$ 代替 σ_Y，就可以得到这个估计值。具体而言，样本均值的估计标准误可以写为

$$\widehat{SE}(\overline{Y}) = \frac{S(Y_i)}{\sqrt{n}}$$

当讨论统计量及其标准误时，我们往往会忽略"估计"这个限定词，但是，我们在心里必须牢记这一点。例如，表 1.4 圆括号中的数据，都是关于相应均值差的估计标准误。

t 统计量与中心极限定理

在给出用标准误度量变异性的简单方法后，还需要对这个指标给出解释。最简单的解释是使用 t 统计量。假设数据来自于一个分布，我们认为相应总体的均值 $E[Y_i]$ 取特定值 μ（这个希腊字母可以读作"mu"）。这个值可以构成一个工作假设（hypothesis）。在 $E[Y_i] = \mu$ 这个工作假设下，样本均值的 t 统计量可以构造如下

$$t(\mu) = \frac{\overline{Y} - \mu}{\widehat{SE}(\overline{Y})}$$

工作假设是个参考点，它往往被叫做零假设（null hypothesis）。当零假设是 $\mu = 0$ 时，t 统计量就是样本均值和估计的标准误之比。

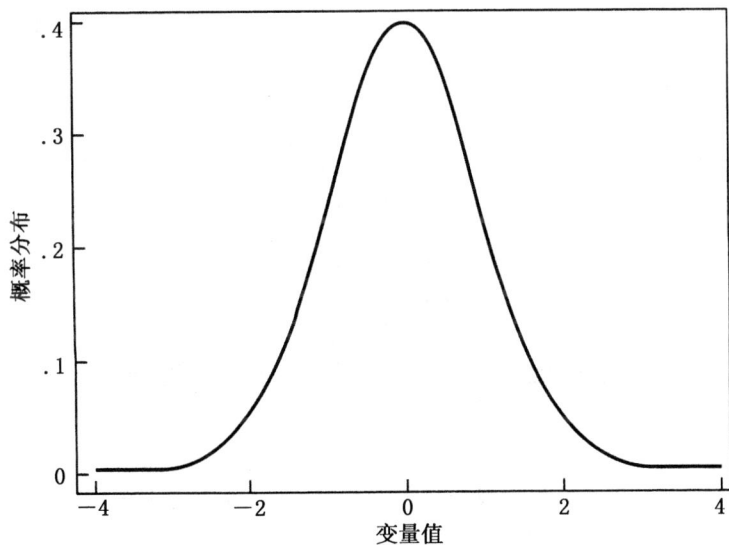

图 1.1　标准正态分布

很多人认为统计推断科学很无聊，但事实上它很精彩。一个精彩的统计学事实是，如果 $E[Y_i]$ 确实等于 μ，那么——只要样本规模足够大——$t(\mu)$ 值的抽样分布就会非常接近于钟形的标准正态分布，这个分布大致如图 1.1。无论 Y_i 本身是否是正态分布，这个性质都是成立的，这被称为中心极限定理（Central Limit Theorem，CLT）。中心极限定理允许我们就可得数据支持还是不支持 $E[Y_i]$ 等于 μ 的假设进行经验决策。

中心极限定理是一个惊人且强大的结果。具体而言,它意味着 t 统计量的(大样本)分布与计算这个统计量的数据的分布无关。例如,假设你想用虚拟变量度量健康状况,希望用这个变量来区分健康的人与生病的人,在总体中,有 20% 的人是生病的。这个虚拟变量的分布是两个尖顶,在取值为 1 的时候,其高度是 0.8;在取值为 0 的时候,其高度是 0.2。中心极限定理告诉我们,只要数据足够多,即便原始数据的分布只有两个取值,其 t 统计量的分布也是平滑的、钟形的。

我们可以通过一个抽样实验来考察中心极限定理是如何起作用的。在抽样实验中,使用计算机的随机数生成器,我们可以一而再、再而三地抽取不同规模的随机样本。我们针对一个虚拟变量做如上抽样,这个虚拟变量在 80% 的时间里等于 1,样本规模分别是 10、40 和 100。对于每个样本规模,我们使用 50 万次随机抽样构造 t 统计量,μ 值为 0.8。

针对我们实验中的三类样本规模,图 1.2 至图 1.4 绘出了 500 000 个 t 统计量的分布,并叠加了标准正态分布图。在只有 10 个观察值时,抽样分布会出现"刺头",不过,钟形曲线的轮廓已经出现。随着样本规模的增加,它和正态分布的匹配程度有所改进。当有 100 个观察值时,已经非常接近标准正态分布。

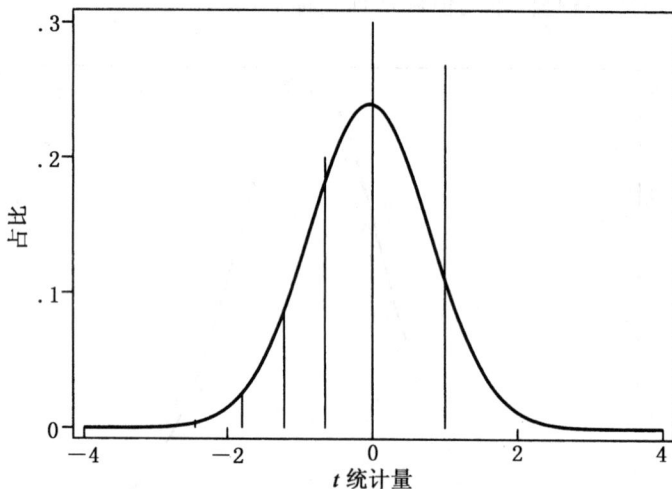

注:本图给出了等于 1 的概率为 0.8 的虚拟变量的样本均值的分布。

图 1.2　在规模为 10 的样本中均值的 t 统计量分布

标准正态分布的均值为 0,标准差为 1。对于任何符合标准正态分布的变量,取值超出 ±2 都是极不可能的事情。事实上,只有大约 5% 的时间会出现绝对值大于 2 的情形。因为 t 统计量接近于正态分布,所以相应地,我们认为,这个变量在大多数时间的取值都会介于 ±2。因此,一般认为,任何(绝对值)大于 2 的 t 统计量都几乎不可能与构造这个 t 统计量的零假设相符。当零假设是 $\mu = 0$,t 统计量的绝对值大于 2 时,我们认为样本均值显著不等于 0(significantly different from zero)。否则,就是与 0 无显著差异。当 μ 取其他值时,我们也可以进行类似的描述。

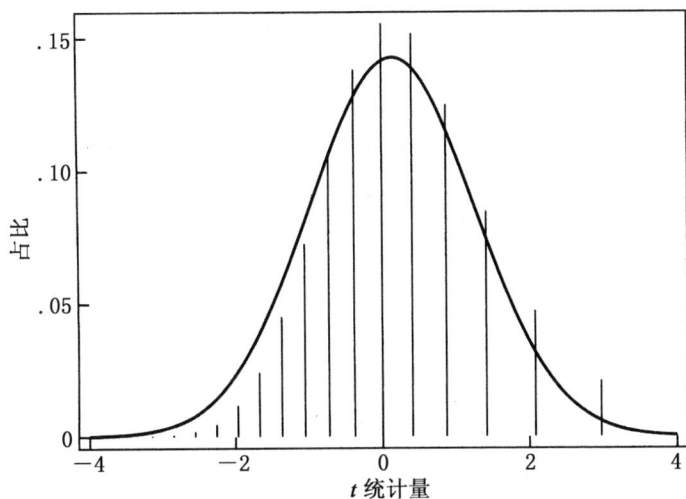

注:本图给出了等于1的概率为0.8的虚拟变量的样本均值的分布。

图 1.3 在规模为 40 的样本中均值的 t 统计量分布

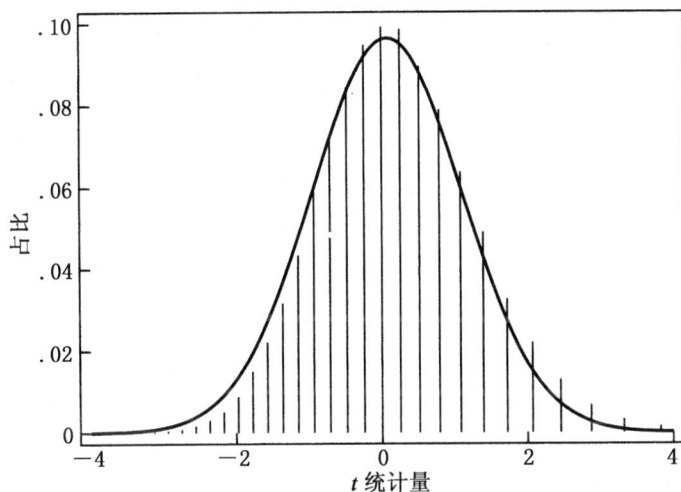

注:本图给出了等于1的概率为0.8的虚拟变量的样本均值的分布。

图 1.4 在规模为 100 的样本中均值的 t 统计量分布

我们也可以转向统计显著性问题的另一方面:除了检查样本是否与 μ 的特定取值一致之外,我们还可以构造与数据相一致的所有可能的 μ 的取值。取值的集合就被称为 $E[Y_i]$ 的置信区间(confidence interval)。当在重复抽样中计算时,这个区间

$$\left[\overline{Y} - 2 \times \widehat{SE}(\overline{Y}), \overline{Y} + 2 \times \widehat{SE}(\overline{Y})\right]$$

应该在 95% 的时间里都能包含 $E[Y_i]$。因此,这个区间被称为总体均值 95% 的置信区间。通过描述与数据一致的参数值集合,置信区间为这些数据中包含的关于总体的信息给出了一个简洁的概括。

成双结对

  单一样本均值可能是你曾经计算过的最孤单的数字。幸运的是,我们往往会考察两个均值。我们特别热衷于比较实验的处理组和控制组的受试者的均值。首先,用简化的符号来表示这些均值,记 $\mathrm{Avg}_n[Y_i \mid D_i = 1]$ 为 $\overline{Y}^1$,记 $\mathrm{Avg}_n[Y_i \mid D_i = 0]$ 为 $\overline{Y}^0$。处理组均值 $\overline{Y}^1$ 是 n_1 个属于处理组的观察值的平均值,$\overline{Y}^0$ 的定义类似。样本总规模是 $n = n_0 + n_1$。

  我们的目的是,$\overline{Y}^1$ 和 $\overline{Y}^0$ 之间的差别既可以是对处理产生的因果效应的估计值(如果 Y_i 是处理结果),也可以是对样本平衡性的一个检查(如果 Y_i 是协变量)。但为了让讨论更加聚焦,我们假设是前一种情况。在这个背景下,最重要的零假设就是处理没有产生效应,那么构造处理组和控制组的两个样本就来自相同总体。相反,如果处理能够改变结果,处理组和控制组就必然从不同的总体中抽取。具体而言,它们有不同的均值,我们分别记为 μ^1 和 μ^0。

  通过考察相应样本均值的差异的统计显著性,我们可以知道得到的证据是否支持 $\mu^1 = \mu^0$ 这个假设。结果具有统计显著性,就为存在处理效应提供了强有力的证据;结果缺乏统计显著性,则意味着观察到的处理组和控制组之间差异可能只是一个偶然发现。在此上下文背景下,"偶然发现"意味着,在包含了大样本——样本规模非常大,以至于任何抽样差异都得到了有效消除——的假设性实验中,我们发现处理组和控制组的均值实际上是一样的。

  合适的 t 统计量决定了统计显著性。处于 t 统计量比值分母位置的标准误,是任何 t 统计量中都必须存在的一个关键组成部分。均值差的标准误就是 $\overline{Y}^1 - \overline{Y}^0$ 的抽样方差的平方根。两个统计独立的变量之差的方差,就等于两个变量各自方差之和。利用这个性质,我们得到

$$V(\overline{Y}^1 - \overline{Y}^0) = V(\overline{Y}^1) + V(\overline{Y}^0)$$
$$= \frac{\sigma_Y^2}{n_1} + \frac{\sigma_Y^2}{n_0} = \sigma_Y^2 \left[\frac{1}{n_1} + \frac{1}{n_0} \right]$$

  第二个等号使用了等式(1.5),这个等式为单个均值给出了抽样方差。因此,我们需要的标准误就等于

$$SE(\overline{Y}^1 - \overline{Y}^0) = \sigma_Y \sqrt{\frac{1}{n_1} + \frac{1}{n_0}}$$

  在推导这个表达式时,我们假设在处理组和控制组中个体观察值的方差都相等。这个假设让我们可以使用符号 σ_Y^2 表示共同方差。一个稍加复杂的公式允许不同组别在均值相同的时候方差不同(在第 2 章附录中讨论回归的稳健标准误时,

我们会再次考虑这个想法）。[1]

σ_Y^2 必须通过估计得到。在实际中，我们用估计的标准误

$$\widehat{SE}(\overline{Y}^1 - \overline{Y}^0) = S(Y_i)\sqrt{\frac{1}{n_1} + \frac{1}{n_0}} \qquad (1.7)$$

其中，$S(Y_i)$ 是混合样本标准差（pooled sample standard deviation），这是将处理组和控制组中数据放在一起计算得到的样本标准差。

在零假设下，$\mu^1 - \mu^0$ 等于 μ，均值差的 t 统计量就是

$$t(\mu) = \frac{\overline{Y}^1 - \overline{Y}^0 - \mu}{\widehat{SE}(\overline{Y}^1 - \overline{Y}^0)}$$

我们使用这个 t 统计量考察有关 $\mu^1 - \mu^0$ 的工作假设，并为这个差值构造置信区间。当零假设是均值相等（$\mu=0$），统计量 $t(\mu)$ 就等于样本均值差除以这个均值差对应的标准误。当 t 统计量大到足以拒绝差值为零的假设时，估计出的差值是统计显著的。均值差的置信区间就是样本均值差加上或减去两个标准误。

请记住，t 统计量以及置信区间几乎没有告诉我们得到的结论是很大还是很小。当我们感兴趣的效应的估计值很大，同时相应标准误较小时（大样本中会出现的情况），得到的 t 统计量就会比较大。类似地，置信区间的大小取决于由标准误所反映的统计精确性，而不取决于你尝试揭示的关系的大小程度。相反，估计出的均值差太小，或者均值差的标准误过大，都会造成 t 统计量偏小。估计出的均值差不显著异于零，并不一定意味着所考察的关系过小或不重要。缺乏统计显著性往往反映了缺乏统计精度，也就是，存在抽样方差过大的问题。当讨论计量结果时，计量大师们往往会留意这个事实。

---

[1] 使用处理组观察值和控制组观察值的不同方差，我们有

$$SE(\overline{Y}^1 - \overline{Y}^0) = \sqrt{\frac{V^1(Y_i)}{n_1} + \frac{V^0(Y_i)}{n_0}}$$

其中，$V^1(Y_i)$ 是处理组观察值的方差，$V^0(Y_i)$ 是控制组观察值的方差。

▶2

回归

金贵祥：工具定义了工种。铁锹定义了掘地工。斧头定义了伐木工。计量经济学家使用的是回归。

《功夫》，第一季第 8 集

本章内容结构

当随机分配这条路走不通时，我们只能另寻因果之路。若能操弄得心应手，其他计量工具也能获得像真实实验那样彰显因果的威力。这些工具中最基本的是回归（regression），也就是比较具有相同可观测特性的处理组和控制组。回归概念是基础性的，为后面章节使用更复杂的工具铺平了道路。基于回归进行因果推断的前提假设是，当处理组和控制组在可观察的关键变量上都一样时，我们看不见的因素造成的选择偏误几乎都能得到消除。通过考察一项关于就读精英私立大学经济回报的经验研究，我们来阐述回归。

2.1 双校记

在 2012—2013 学年，进入美国四年制私立大学的学生平均每年要支付大约 29 000 美元的学费。那些进入自己所在州公立大学的学生，支付的学费则不到 9 000 美元。精英式私立教育可能在很多方面更好：班级规模更小、体育设施更新、教师更加杰出，学生也更加聪明。但是，每年学费高出 20 000 美元也令人咋舌。你也许会好奇，是否值得花这么多学费去上私立大学。

在这个例子中，可比性问题是，在马萨诸塞州出生的，已经年届 40 岁的哈佛大学毕业生，如果他当年上的是马萨诸塞州立大学（University of Massachusetts, U-Mass），他现在会赚多少钱。金钱不是万能的，但格劳乔·马克思（Groucho Marx）指出："金钱可以让你不用做不喜欢的事。因为我几乎什么都不想干，所以钱确实能派上用场。"因此，当我们提出为私立学校支付的额外学费是否值得这个问题时，我们关注的是那些进入精英私立大学的人士毕业后可能获得的收入。不过,更高的收入可能并不是你选择精英私立大学而非公立大学的唯一原因。很多学生在大学期间遇到了未来的配偶,或与同学保持了持久的友谊。尽管如此,当家庭在决定是否要额外进行 100 000 美元或更多的人力资本投资时,更高的预期收益回报似乎可能是需要考虑的一个因素。

仅比较不同类型学校的学生之间的收入差距,必然得出精英大学的校友们收入奇高的结论。然而,略加思考,就可以看出为什么比较哈佛大学和马萨诸塞州立大学的毕业生收入,并不能揭示哈佛大学学位所带来的收益。这种比较反映出的事实在于,哈佛大学的学生一般具有更好的高中学习成绩和更高的 SAT 分数,做事更有动力,或许还具备其他一些技能和天赋。在这里我们无意冒犯就读于马萨诸塞州立大学的学生,但是进入哈佛大学实在是太难了,因此,被哈佛录取的学生就构成了一个特别的、存在选择性的组别。相比之下,对于十年级考试分数还过得去的马萨诸塞州入学申请人,马萨诸塞州立大学几乎可以全盘接受他们入学,并且还能提供奖学金。因此,我们应该想到在不同学校的学生之间比较收入,很可能会受到选择偏误的影响,这正好类似于我们在前一章对不同保险状况的人所具有的健康水平进行的讨论。我们也已经看到,这类选择偏误可以通过随机分配来消除。遗憾的是,哈佛大学录取办公室并不想用随机数生成器代替录取决策过程。

我们必须使用各种类型的大学和学生在常规的申请、录取和入学考试决策中产生的数据来回答大学的选择是否会产生影响。可以用这些数据来模拟我们想在这个背景下进行的随机实验吗? 当然,我们不会达到完美状态,但可能会很接近。这项工作的关键在于一个事实,即包括上大学在内的许多决定和选择,都会涉及因财务考量、个人环境和时机等因素造成的某些偶然变化。

可以从处在转折点附近的申请人组成的样本中发掘偶然性,这个样本中的申请人可以轻易地走向另外一条道路。被哈佛大学录取的申请人真的会去本地公立大学读书吗? 我们的朋友,曾经的麻省理工学院博士生南希(Nancy)就做了这种选择。南希在得克萨斯州长大,得克萨斯州立大学(University of Texas,UT)是她对应的公立学校。在 Barron 的排名中,得克萨斯州立大学的旗舰校区奥斯汀分校(Austin)被认为是"极具竞争力",但它还是比不上哈佛大学。然而,得克萨斯州立大学奥斯汀分校的学费比哈佛大学便宜很多(最近,《普林斯顿评论》将得克萨斯州立大学奥斯汀分校评为"性价比最高的大学")。南希同时被哈佛大学和得克萨斯州立大学奥斯汀分校录取,最终南希选择了得克萨斯州立大学奥斯汀分校,没有选择哈佛大学,因为得克萨斯州立大学奥斯汀分校的招生办急于提高该校区的平均 SAT 成绩,为此,它向南希以及其他一些优秀的申请人提供了特别慷慨的财务援助,南希对此欣然接受。

南希接受得克萨斯州立大学奥斯汀分校录取并拒绝哈佛大学录取的决策,会对她产生什么影响? 虽然南希选择了得克萨斯州立大学奥斯汀分校而不是哈佛大学,她还是做得很出色:如今,她已经是新英格兰地区另一所常春藤盟校的经济学教授。但是，这只是一个例子。嗯，实际上，这里还有第二个例子：我们的朋友曼迪（Mandy）从她家乡的州立学校弗吉尼亚大学获得学士学位，当时她拒绝了杜克大学、哈佛大学、普林斯顿大学和斯坦福大学的录取。如今，曼迪在哈佛大学教书。

对于可靠的因果推理来说，两个样本还是太少了。我们想用很多类似南希、曼迪这样的人去与很多选择私立大学的人进行比较。通过在更大规模的组别之间进行比较，我们有望获取具有一般性的结论。然而，获取大规模样本也还不够。要从学校选择决策中分离偶然性，最重要的第一步是，使进入私立大学和公立大学的学生之间最明显、最重要的差别保持不变。通过这种方式，我们希望（虽然不能保证）做到其他条件不变。

这里用一个小样本数值例子来说明其他条件不变（当面对真正的经验研究时，我们会有更多的数据）。假设生活中唯一重要的事，至少对收入而言，是你的 SAT 分数和你在哪里上学。考虑乌玛（Uma）和哈维（Harvey）两个人，这两人在阅读和数学方面获得的 SAT 总分①都是 1 400。乌玛去了马萨诸塞州立大学，哈维去了哈佛大学。我们从比较乌玛和哈维的收入开始。因为我们已经假设，除了学校因素之外，影响收入的唯一因素是 SAT 分数。因此，乌玛和哈维的比较符合其他条件不变假设。

当然，现实情况更加复杂。这个简单例子存在一个重大的干扰：乌玛是位年轻女性，哈维是位年轻男性。具有相同教育资质的女性往往比男性赚得少，也许这是因为存在歧视，或者是因为女性要离开劳动力市场生育孩子。哈维比乌玛多赚20％，也许是因为哈佛大学优越的教育产生的影响，但是，也许仅仅反映了其他因素造成的男女工资差距。

我们想从其他事情中分离出单纯由哈佛大学引起的效应。如果产生影响的其他因素只有性别，那么这种分离就很简单：用 SAT 总分也是 1 400 分的哈佛女学生汉娜（Hannah）代替哈维，然后在乌玛和汉娜之间进行比较。最后，因为我们寻求的是超越个体的一般性结论，所以，要在两个学校中具有同性别、同 SAT 分数的很多个体之间进行比较。也就是说，我们在具有相同性别、相同 SAT 分数的哈佛大学学生和马萨诸塞州立大学学生之间计算平均收入差别。所有这些特定组别中表现出的哈佛大学学生和马萨诸塞州立大学学生的平均收入差别的均值，构成我们估计哈佛大学教育的因果效应的第一步。这就是控制性别和SAT 分数——也就是保持这两个因素不变——的计量经济学的匹配（matching）估计。假设在给定性别和 SAT 分数后，进入哈佛大学和马萨诸塞州立大学的学生有着类似的收入潜力，那么这个估计就捕捉到了哈佛大学学位对收入产生的平均因果效应。

---

① 这里的 SAT 分数是指 2005 年以前的 SAT 分数。当时，SAT 分数是数学和阅读得分之和，这两个学科的分数分布范围都是 0 到 800 分，所以，SAT 总分最高可以是 1 600 分。

匹配者、匹配者

除性别、学校和 SAT 成绩之外,还有更多因素影响收入。由于大学入学的决定并不是随机分配的,所以我们必须对决定入学决策和后续收入的所有因素进行控制。这些因素包括学生的特点,例如写作能力、勤勉水平、家庭关系以及更多因素。对范围如此广泛的因素进行控制似乎是件很困难的事情:此类可能性几乎无穷无尽,而且还存在许多难以量化的特征。但是,斯泰西·戴尔(Stacy Berg Dale)和阿兰·克鲁格(Alan Krueger)给出了一种聪明且令人信服的捷径。[1]他们没有去识别所有可能影响大学选择和收入的因素,相反,他们使用一个关键的概括性指标:学生提交申请和获得录取的学校分别具有的特征。

再次考察乌玛和哈维的故事:他们都向哈佛大学和马萨诸塞州立大学提交了入学申请,而且也都获得录取。乌玛向哈佛大学提交申请的事实说明,她有动力去那所学校学习,她获得哈佛大学录取的事实则说明,与哈维一样,她有能力在哈佛大学获得成功。至少哈佛大学招生办公室是这么想的,这个办公室可不那么好忽悠。[2]然而,乌玛选择去更便宜的马萨诸塞州立大学接受教育。她的选择可能源自那些与自身收入潜力关系不大的因素,例如她可能有个很成功的叔叔也在马萨诸塞州立大学学习过,有个最好的朋友去了马萨诸塞州立大学,或是因为乌玛错过了截止日,没能拿到原本可以轻松获得的 Rotary 俱乐部奖学金,从而未能获得进入常春藤盟校的资助。如果这种偶然事件对乌玛和哈维具有决定性影响,那么这两人就是一组很好的匹配。

戴尔和克鲁格分析了一个被称为"大学内外"(College and Beyond,C&B)的大型数据集。C&B 数据集包含数以千计的学生信息,这些学生有的进入了竞争不那么激烈的大学,有的则进入了具有高度选拔性的大学,同时,这个数据集还收集了这些学生在进入大学一年前参加 SAT 考试时的调查信息,以及 1996 年大部分学生从大学毕业时收集的信息。分析着重于在 1976 年进入大学,并在 1995 年仍在工作的那部分人(大部分成年大学毕业生都在工作),涉及的大学包括宾夕法尼亚大学、普林斯顿大学和耶鲁大学等著名的私立大学,也包括斯沃斯莫尔(Swarthmore)、威廉姆斯(Williams)和欧伯林(Oberlin)等一系列规模较小的私立大学,还有四所公立大学(密歇根大学、北卡罗来纳州立大学、宾夕法尼亚州立大学和俄亥俄州迈阿密大学)。这些学校的平均 SAT 分数(1978 年)从杜兰大学最低

---

[1] 可见 Stacy Berg Dale and Alan B. Krueger, "Estimating the Payoff to Attendinga More Selective College: An Application of Selection on Observables and Unobservables," *Quarterly Journal of Economics*, vol.117, no.4, November 2002, pages 1491—1527.

[2] 并不是说哈佛大学招生办公室没有被欺骗过。在 2007 年,Adam Wheeler 用篡改过的成绩单和委员会分数骗进了哈佛大学。尽管依靠骗术进入哈佛,在造假被发现之前,Adam 在哈佛大学的成绩基本上都是 A 和 B。(见 John R. Ellement and Tracy Jan, "Ex-Harvard Student Accused of Living a Lie," *The Boston Globe*, May 18, 2010)

的 1 020 分到布林茅尔学院(Bryn Mawr)最高的 1 370 分不等。在 1976 年,数据集中既包括学费最低的北卡罗来纳州立大学(540 美元),也包括学费最高的塔夫茨大学(3 850 美元)。

表 2.1 详细介绍了戴尔和克鲁格提出的匹配策略的一个精简版,我们将其称为"大学匹配矩阵"。这个表针对一组(假想的)九名学生列出了申请、录取和入学的决策,这里,每位学生都向假想的六所大学中的三所提交了入学申请。在这个表中,有三所学校是公立大学(分别是 All State、Tall State 和 Altered State),还有三所学校是私立大学(分别是 Ivy、Leafy 和 Smart)。在九名学生中,有五名(用数字 1、2、4、6 和 7 表示)学生进入私立大学,其平均收入是 92 000 美元。另外四名同学进入公立大学的学生,其平均收入是 72 500 美元。两组学生接近 20 000 美元的收入差距,表明私立大学具有很大的收入优势。

表 2.1   大学匹配矩阵

申请人组别	学生	私立大学			公立大学			1996 年的收入
		Ivy	Leafy	Smart	All State	Tall State	Altered State	
A	1		拒绝	录取		录取		110 000
	2		拒绝	录取		录取		100 000
	3		拒绝	录取		录取		110 000
B	4	录取			录取		录取	60 000
	5	录取			录取		录取	30 000
C	6			录取				
	7			录取				
D	8	拒绝			录取	录取		90 000
	9	拒绝			录取	录取		60 000

注:阴影标示了最终的入学结果。

按照申请和录取的学校不同,表 2.1 中的学生被分为四组。每组中的学生大致会有相同的职业抱负,而且他们也被各自申请的学校的招生官判定为具有类似能力。因此,相比于包含所有学生的那种不受控制的比较,我们应该认为每组内部的比较要更具可比性。

组 A 中的三名学生向两所私立大学提出入学申请,这两所大学分别是 Leafy和 Smart,他们还向一所公立大学提出入学申请,这所学校是 Tall State。虽然这几位学生都被 Leafy 拒绝,但是他们得到了 Smart 和 Tall State 的录取通知。学生 1 和学生 2 选择进入 Smart,学生 3 选择进入 Tall State。组 A 中的学生有着高收入,他们很可能来自上层中产阶级家庭(他们来自上层中产阶级家庭的一个信号是他们申请了更多私立大学)。学生 3 虽然也得到 Smart 的录取,但他还是选择进入更加便宜的 Tall State,也许他是为了帮助家里省钱(类似我们的朋友南希和曼迪)。虽然组 A 中的学生都做得很好,有着较高的平均收入和较高的私立大学入学率,但是在组 A 内部,私立学校产生的收入差异为负:$(110+100)/2-110=$ -5,换句话说,差距是$-5\,000$ 美元。

在组 A 中进行的比较,是表 2.1 中一系列可能的匹配比较中的一个。组 B 包含两名学生,他们都向一所私立大学和两所公立大学提交了入学申请(分别是 Ivy、All State 和 Altered State)。相比于组 A,组 B 里学生的平均收入更低。他们申请的三所大学都录取了他们。第 4 名学生进入了 Ivy,第 5 名学生选择进入 Altered State。在这里,收入差距是 30 000 美元($60-30=30$)。这个差距意味着私立大学有相当大的收入优势。

组 C 包含两名学生,他们只向一所大学(Leafy)提出入学申请,得到这所大学的录取,并且也选择进入这所大学学习。组 C 的收入不能揭示就读私立大学的效应,因为这一组的两个学生都进入了私立大学。组 D 中的两位学生向三所大学提出入学申请,被其中两所学校录取,他们分别做出不同的入学选择。由于这两位学生分别选择了 All State 和 Tall State,这两所学校都是公立大学,所以他们的收入同样不能揭示出私立大学教育的效应。组 C 和组 D 都不含有信息量,因为,我们希望估计的是私立大学产生的处理效应,但是,这两组学生要么都属于处理组,要么都属于控制组。

在我们的例子中,组 A 和组 B 是起作用的,因为这两组都包含了向公立学校和向私立学校提出入学申请的学生,这些学生也被同一组学校录取。为了获得使用所有可得数据计算出的单一估计值,我们对每组学生对应的估计值进行平均。组 A 中平均收入之差是$-5\,000$ 美元,组 B 中平均收入之差是 30 000 美元,二者的平均值是 12 500 美元。这是私立大学教育对平均收入产生影响的一个好的估计值,因为它从很大程度上控制了申请人的选择和能力。

对组 A 和组 B 中得到的处理组—控制组之差简单平均,并不是可从这两组学生身上估计出的唯一一个具有良好控制的比较值。例如,我们可以构造一个加权平均值,反映组 B 包含两名学生、组 A 包含三名学生的事实。在这个例子中,加权平均值可以计算如下

$$\left(\frac{3}{5}\times(-5\,000)\right)+\left(\frac{2}{5}\times30\,000\right)=9\,000$$

通过强调规模更大的组别,这种加权平均方式能够更有效地利用数据,而且,也可能因此给出在统计上更精确的私立学校—公立学校毕业生收入差异估计值。

这里最重要的一点是,匹配比较的本质是要做到苹果和苹果比、橘子和橘子比。组 A 中的苹果只与组 A 中的其他苹果进行比较,组 B 中的橘子只与组 B 中的其他橘子进行比较。相比之下,如果使用表中所有九位同学的数据简单比较私立大学和公立大学的学生收入差距,这种幼稚的计算方式会产生一个大得多的差值,达到 19 500 美元。即使将范围限制在组 A 和组 B 中的五位同学,不加控制的比较所产生的收入差异也会达到 20 000 美元($20=(110+100+60)/3-(110+30)/2$)。不加控制的比较所得差值如此之大,反映出的是选择偏误:向私立大学提出入

学申请并被录取的学生,无论去哪里上学都会有更高的收入水平。

存在选择偏误的证据来自于在组 A 和组 B 之间(而不是分别在组 A 和组 B 内部)平均收入的比较。组 A 中有三分之二的申请面向私立大学,平均收入大约是107 000 美元。组 B 中三分之二的申请面向公立大学,平均收入只有 45 000 美元。我们的组内比较揭示出,这种差别在很大程度上与学生选择上哪所大学无关。相反,组间差异由学生的抱负和能力决定,这反映在学生申请大学的决策上,也反映在录取学生的学校上。

2.2 给我做个匹配,给我跑次回归

回归是计量大师们首先拿起的工具,即便只是为了给更加精细的经验研究策略提供一个基准。

虽然回归是件相当了不起的事情,但是我们将它视为一种自动配对器。具体来说,回归估计值是在我们简化的匹配矩阵中针对各类构造出的组别进行多种匹配比较后计算出的加权平均值(本章附录讨论了回归和数学期望之间的密切联系)。

回归方法中的关键元素是:

- 因变量(dependent variable),在这个例子中就是学生 i 毕业后赚取的收入,也被称为结果变量(记为 Y_i);
- 处理变量(treatment variable),在这个例子中就是表征学生进入私立大学的虚拟变量(记为 P_i);

- 一组控制变量(control variable),在这个例子中就是表示学生申请和录取的大学的不同组合的变量。

在我们的匹配矩阵中,组 A 和组 B(见表 2.1)中的五位学生贡献了有用的数据,组 C 和组 D 的学生数据可以删除。删掉组 C 和组 D 后,在剩余数据组成的数据集中,可以用一个表示组 A 学生的变量告诉我们剩下的学生来自两个组别中的哪一个,因为他们不是组 A 的学生,便是组 B 的学生。我们将这个变量称为 A_i,它是唯一的控制变量。注意到 P_i 和 A_i 都是虚拟变量,也就是说,在它表示的特定状态或条件出现时,取值为 1,其他情况取值都是 0。虚拟变量可将数据简单地区分为是和否两类。即使如此,通过使用大量虚拟变量,我们也可以得到一组控制变量。[①]

在这个问题中的回归模型是一个方程,它将处理变量与因变量联系起来,同时把控制变量包含到模型中,让它们保持不变。当只有一个控制变量 A_i 时,我们感兴趣的回归方程就是

$$Y_i = \alpha + \beta P_i + \gamma A_i + e_i \tag{2.1}$$

在方程(2.1)中,处理变量 P_i 和控制变量 A_i 之间的区别是概念性的,不是形式上的:方程(2.1)中并没有指定哪个变量是控制变量,哪个变量是处理变量。你的研究问题和选择的经验研究策略决定了变量的选择,也决定了它们各自发挥的作用。

与上一章类似,这里我们也用希腊字母表示参数,与模型中的变量区别开来。回归参数——被称为回归系数(regression coefficients)——是

- 截距项 α(读作"alpha");
- 处理的因果效应 β(读作"beta");
- 作为组 A 学生的效应 γ(读作"gamma")。

方程(2.1)中的最后一项被称为残差(residual)e_i(也称为误差项)。残差被定义为观察到的 Y_i 与我们心目中特定的回归模型给出的拟合值(fitted values)之间的差异。这些拟合值被记为

$$\hat{Y}_i = \alpha + \beta P_i + \gamma A_i$$

相应的残差由下面这个方程给出

$$e_i = Y_i - \hat{Y}_i = Y_i - (\alpha + \beta P_i + \gamma A_i)$$

回归分析确定模型参数(α、β 和 γ)的值,以使得 $\hat{Y}_i$ 尽可能接近 Y_i。选择使残差的平方和最小的参数值,由此得到所谓的普通最小二乘(ordinary least squares,OLS)估计值。[②]在具体样本中执行这个求最小值的过程,就是在估计回归参数。

----

① 当数据可以分为 J 组时,我们需要 $J-1$ 个虚拟变量便可完整描述所有组别。没有定义虚拟变量的那个组被称为参照组(reference group)。

② 这里的"普通"一词,是指最小二乘为方差和中的每个观测值赋予相同权重。我们会在第 5 章讨论加权最小二乘估计法。

每天都在估计回归模型的计量大师们的行为有时被称为"跑回归",但看上去往往是回归跑了我们,而不是我们跑了回归。在本章附录中,我们简要给出正式的回归估计以及相应的统计理论。

使用来自组 A 和组 B 的五个学生的数据运行回归方程(2.1),就可以得到下列估计值(可以使用计算器计算这些结果,不过,在实际的经验研究工作中,我们使用专业的回归软件):

$$\alpha = 40\,000$$
$$\beta = 10\,000$$
$$\gamma = 60\,000$$

在这个例子中,私立学校前的系数是 10 000,意味着就读私立学校和公立学校产生的收入差距是 10 000 美元。这实际上是两个组别的处理效应的加权平均值(回忆组 A 的处理效应是−5 000 美元,组 B 的处理效应是 30 000 美元)。

虽然这个结果既不是简单的非加权平均值(12 500 美元),也不是使用组别规模得到的加权平均值(9 000 美元),但是这个估计值与上述两个数值相差不远。在本例中,回归为组 A 赋予的权重是 4/7,为组 B 赋予的权重是 3/7。与其他平均值类似,回归—加权平均值要远小于不存在控制变量时的私立大学和公立大学毕业生间的收入差距。[1]

使用计算机和计量经济学软件,我们可以很方便地构造回归估计值(以及用来量化分析抽样方差的相应标准误)。计算简单,以及可以用特定组差异的加权平均值从概念上解释回归估计值,是我们进行回归的两个原因。回归还存在另外两个好处。首先,在几乎每个探求因果效应的计量分析中,计量大师们都有报告回归估计值的惯例,其中包括处理变量取值超过两个的情况。回归估计为更加复杂的计量技术提供了一个简单的基准。第二,在某些情况下,回归估计值是有效的,因为它提供了我们想从给定样本中获得的最具统计精确性的估计值,在本章附录中,我们会简要回顾这一技术要点。

公立大学和私立大学间的对峙

C&B 数据集包含超过 14 000 名曾经上过大学的学生。这些学生被很多不同学校录取或拒绝(除了入学的那所学校之外,C&B 数据集要求学生给出至少三个他们慎重考虑的学校名称)。在这个数据集中,很多可能的申请/录取组合都只有一名学生提出。此外,在一些有多名学生的学校组合中,所有的学校要么都是公立大学,要么都是私立大学。这类似于表 2.1 中的组 C 和组 D,这些完全同质的组别没能给私立大学教育的价值研究提供任何指导性。

将具有相同选拔程度的大学视为可匹配的学校,而不是坚持同校匹配,这让我

---

[1]　在我们的《基本无害的计量经济学》(普林斯顿大学出版社,2009)中更加详细地讨论了回归加权法。

们增加了可用的比较组数量。为了让这种方法产生的组别数量进一步增加，我们将处于 Barron 选拔性分类[①]同一级别的学校视作可比的。回到我们给出的典型匹配矩阵，假设 All State 和 Tall State 被归类为竞争性，Altered State 和 Smart 被归类为高度竞争性，Ivy 和 Leafy 被归类为最具竞争性。根据 Barron 的分类，向 Tall State、Smart 和 Leafy 提出入学申请，并且得到 Tall State 和 Smart 录取的学生，与向 All State、Smart 和 Ivy 提出入学申请，并且得到 All State 和 Smart 录取的学生是可比的。这两个组别中的学生，都向一所竞争性学校、一所高度竞争性学校和一所最具竞争性学校提出入学申请，并且最终他们得到一所竞争性学校和一所高度竞争性学校的录取。

在 C&B 数据集中，有 9 202 位学生可以通过这种方式进行匹配。但是，因为我们感兴趣的是公立大学和私立大学之间的比较，所以我们的 Barron 匹配样本也限制在同时包含公立大学和私立大学的那些申请人组成的组别中。这使得可用于分析的匹配学生数量达到 5 583 名。这些得到匹配的学生可被归入 151 个具有类似选拔性的组别，每个组别中都包含了公立大学学生和私立大学学生。

从很多方面看，针对 Barron 选拔—匹配样本实际运行的回归模型与被用来分析表 2.1 中的匹配矩阵的方程(2.1)有许多差异。首先，在实际运行的回归模型等号左边使用的是收入的自然对数，而不是收入本身。在本章附录会有解释，使用对数因变量，可以将回归估计值解释为百分比变化。例如，β 的估计值是 0.05，意味着给定模型中的控制变量后，私立大学毕业生比公立大学毕业生多赚 5% 的收入。

我们实际运行的经验模型与表 2.1 例子中使用的计量模型的另一个重要区别在于，前者包含了很多控制变量，而例子中模型的控制变量只有虚拟变量 A_i，它表示学生来自组 A。在我们实际运行的经验模型中，关键控制变量是多个虚拟变量，它们表示样本中所有的 Barron 匹配(将其中一组当作参照组)。这些控制变量反映了学生实际申请并获得录取的那些学校的相对选拔性，其中很多的学校组合都是可能的。由此得到的回归模型如下：

$$\ln Y_i = \alpha + \beta P_i + \sum_{j=1}^{150} \gamma_j GROUP_{ji} + \delta_1 SAT_i + \delta_2 \ln PI_i + e_i \qquad (2.2)$$

在这个模型中，系数 β 仍然是我们感兴趣的处理效应，它是学生进入私立大学的因果效应估计值。但是，这个模型要对 151 个组进行控制，而不是我们在上例中的两个组。参数 γ_j 表示 150 个选拔性组的虚拟变量的系数，其中 $j = 1$ 到 150，这些虚拟变量被记为 $GROUP_{ji}$。

有必要对方程(2.2)中的记号做一番拆解，因为我们会再次用到它。当学生 i 处于 j 组时，虚拟变量 $GROUP_{ji}$ 等于 1，否则就等于 0。例如，这些虚拟变量中的第一个被记为 $GROUP_{1i}$，可能表示向三所具有高度竞争性学校提出入学申请并获得

---

① Barron 排名根据入学学生的班级排名和申请人的录取比例，将大学分为最具竞争性、高度竞争性、很有竞争性、竞争性、较少竞争性和无竞争性。

录取的学生。第二个虚拟变量 $GROUP_{2i}$ 可能表示向两所高度竞争性学校和一所最具竞争性学校提出入学申请，并被两类学校中的各一所学校都录取的学生。因为我们对所有可能的学校组合都赋予虚拟变量，只将一个组作为参考组，所以对不同的学校组合进行编号的顺序是无所谓的。虽然我们从例子中的 1 个虚拟变量增加到了现在的 150 个，但是其中蕴含的思想和之前一样：在比较公立大学和私立大学学生的过程中，对学生申请和获得录取的学校组合进行控制，使我们距其他条件不变的假设近了一大步。

从实际操作出发，对回归模型所做的最后一个修改是进一步加入另外两个控制变量：个体的 SAT 分数（SAT_i）和父母收入的对数（PI_i），以及一些我们在脚注中会提到的变量。[1]个体的 SAT 分数和父母收入的对数这两个控制变量对应的系数分别记为 δ_1 和 δ_2（可以读作"delta-1"和"delta-2"）。使用类似于 SAT 分数等指标控制学生的才智水平，以及使用父母收入等指标度量家庭背景，有助于我们的模型所聚焦的公立大学和私立大学的比较更可能做到苹果与苹果比较、橘子与橘子比较。同时，给定表示选拔性组别的虚拟变量，这些控制变量可能就不那么重要了，我们在下面详细探讨这一点。

跑回归

我们从不包含控制变量的模型开始讨论对私立大学收入优势的回归估计。用表示在私立大学读书的虚拟变量对收入（1995 年）的对数进行回归，同时，模型中不加入其他回归元（等号右边的变量），得到的系数反映了原始估计值是在私立大学和不在私立大学读书的人的对数收入差（本章附录部分解释了为什么对单一虚拟变量的回归得到的就是虚拟变量表示的两个不同组的平均值之差）。这个原始的估计值报告在表 2.2 列（1）中，毫不奇怪，结果表明，进入私立大学读书可带来相当大的好处。具体而言，私立大学学生获得的收入比其他学生高出约 14%。

表 2.2　私立学校效应：**Barron 匹配**

	无选拔控制变量			有选拔控制变量		
	(1)	(2)	(3)	(4)	(5)	(6)
私立学校	0.135	0.095	0.086	0.007	0.003	0.013
	(0.055)	(0.052)	(0.034)	(0.038)	(0.039)	(0.025)
本人的 SAT 分数/100		0.048	0.016		0.033	0.001
		(0.009)	(0.007)		(0.007)	(0.007)
父母收入的对数			0.219			0.190
			(0.022)			(0.023)

[1]　在这个经验研究模型中，其他控制变量包括表示学生是女性、学生种族、学生是运动员的虚拟变量，以及表示学生毕业时成绩处于高中班级前 10% 的虚拟变量。这些变量没有出现在方程（2.2）中。

	无选拔控制变量			有选拔控制变量		
	(1)	(2)	(3)	(4)	(5)	(6)
女性			−0.403			−0.395
			(0.018)			(0.021)
黑人			0.005			−0.040
			(0.041)			(0.042)
拉美裔			0.062			0.032
			(0.072)			(0.070)
亚裔			0.170			0.145
			(0.074)			(0.068)
其他族裔/族裔缺失			−0.074			−0.079
			(0.157)			(0.156)
高中成绩位于前10%			0.095			0.082
			(0.027)			(0.028)
高中排名缺失			0.019			0.015
			(0.033)			(0.037)
运动员			0.123			0.115
			(0.025)			(0.027)
表示学校选拔性组的虚拟变量	No	No	No	Yes	Yes	Yes

注：本表估计了进入私立大学对收入产生的影响。每一列报告都是用表示进入私立大学的虚拟变量和其他控制变量对收入的对数值进行回归后得到的估计值。列(4)至列(6)的估计结果来自包含申请者选拔组虚拟变量的模型。样本规模为 5 583。括号中报告的是标准误。

表 2.2 中回归估计值下括号中的数字是这些估计值对应的标准误。类似于我们在第 1 章附录中讨论的均值差的标准误，这些标准误能对报告的回归估计值的统计精确性进行量化。列(1)中估计值对应的标准误是 0.055。0.135 是相应标准误 0.055 的两倍多，这个事实说明，私立大学与公立大学收入差的估计值几乎不可能只是某种偶然发现。私立大学的系数是统计显著的。

表 2.2 的列(1)报告了私立大学教育的高溢价，给出了一种有趣的描述性事实，但是，正如我们在之前例子中的计算，几乎可以确定部分收入差距来自选择偏误。我们在下面会表明，相较于公立大学的学生，私立大学的学生有着更高的SAT 分数，来自更加富裕的家庭，因此，无论他们到哪类学校读书，毕业后都可能赚得更多。所以，我们在估计私立大学教育的溢价时，要对表示学生能力和家庭背景的因素进行控制。表 2.2 中的列(2)给出了将个人 SAT 分数作为控制变量加入回归模型后得到的私立大学教育溢价估计值。SAT 分数每高 100 分，大约能使收入提高 5%。在将学生 SAT 分数控制后，私立大学教育的回报溢价降低为约 0.1。

加入父母收入作为控制变量，同时加入与种族和性别相关的人口统计学特征、高中排名，以及毕业生是否曾为运动员等控制变量后，私立大学教育的溢价继续下降到依然可观、统计显著的 0.086，该结果报告在该表格的列（3）中。

这个效应仍然相当大，但很可能还是过大了，也就是说，这个结果仍然受到正的选择偏误的影响。列（4）报告了不对能力、家庭背景或人口统计学特征进行控制时的估计值。然而，重要的是，在这一列中，进行估计的回归模型加入了样本中匹配后的大学选拔性组别虚拟变量。也就是说，得到估计值的模型使用了虚拟变量 $GROUP_{ji}$，其中 $j = 1, \cdots, 150$（这张表省略了这个模型得到的很多估计值 γ_j，而是用"选拔性控制变量"表示已经包含了这些变量）。在加入了选拔性组别的控制变量后，估计出的私立大学教育的溢价几乎接近于 0，标准误大约为 0.04。这还不是全部：选拔性组别控制变量在消除私立大学教育的溢价后，在模型中继续加入表示能力和家庭背景的控制变量，列（5）和列（6）给出的溢价都几乎不再发生变化。这意味着，在进行因果推断时，通过控制入学申请和录取的选拔性组别，我们距苹果和苹果相比、橘子和橘子相比又近了一大步，它是任何可信的回归策略都必须关注的核心问题。

表 2.2 中列（4）至列（6）给出的结果，来自由 5 583 名学生组成的子样本，我们可以从中构造 Barron 匹配，在匹配得到的组别中比较公立大学学生和私立大学学生的收入。也许，这个包含了 C&B 调查数据中不到一半个体的样本有些特殊。对这个问题的顾虑，促使我们使用一组不那么讲究的控制变量，只包含学生提出入学申请的那几所学校的平均 SAT 分数，以及表示学生申请的学校数量的虚拟变量（也就是说，为申请了两所大学的学生设置一个虚拟变量，为申请了三所大学的学生设置一个虚拟变量，以此类推），不再使用 150 个大学选拔性组合虚拟变量。可以在完整的 C&B 样本中估计这个模型，该模型被命名为"自我显示模型"（self-revelation model），它表达的想法是，大学申请人对自身能力以及他能够获得哪些学校的录取有着很好的了解。这种自我评估会反映在他们申请的大学的数量和相对选拔难度上。一般而言，相较于实力较强的申请人，实力较弱的申请人会提出更少的申请，而且会向不那么具有选拔难度的大学提出申请。

自我显示模型给出的结果非常类似于 Barron 匹配法中得到的结果。表 2.3 给出了用 14 238 个学生组成的样本计算得到的结果。和之前类似，这个表的前三列数据显示，加入能力和家庭背景这类控制变量后，原始的私立大学教育溢价出现明显下降（在这个例子中从 0.21 下降到 0.14），不过，这个数值仍然很大。同时，列（4）至列（6）的数据表明，在控制了学生申请学校的数量以及平均选拔难度后，估计值变小到 0.03 左右，而且在统计上不显著。此外，类似于控制了 Barron 匹配的模型，在控制了申请学校的平均选拔水平后得到的估计值，对是否包含能力和家庭背景控制变量几乎不敏感。

表 2.3　私立学校效应:将平均 SAT 分数作为控制变量

	无选拔控制变量			有选拔控制变量		
	(1)	(2)	(3)	(4)	(5)	(6)
私立学校	0.212	0.152	0.139	0.034	0.031	0.037
	(0.060)	(0.057)	(0.043)	(0.062)	(0.062)	(0.039)
本人的 SAT 分数/100		0.051	0.024		0.036	0.009
		(0.008)	(0.006)		(0.006)	(0.006)
父母收入的对数			0.181			0.159
			(0.026)			(0.025)
女性			−0.398			−0.396
			(0.012)			(0.014)
黑人			−0.003			−0.037
			(0.031)			(0.035)
拉美裔			0.027			0.001
			(0.052)			(0.054)
亚裔			0.189			0.155
			(0.035)			(0.037)
其他族裔/族裔缺失			−0.166			−0.189
			(0.118)			(0.117)
高中成绩位于前 10%			0.067			0.064
			(0.020)			(0.020)
高中排名缺失			0.003			−0.008
			(0.025)			(0.023)
运动员			0.107			0.092
			(0.027)			(0.024)
所申请大学的平均 SAT 分数/100				0.110	0.082	0.077
				(0.024)	(0.022)	(0.012)
提交两份申请				0.071	0.062	0.058
				(0.013)	(0.011)	(0.010)
提交三份申请				0.093	0.079	0.066
				(0.021)	(0.019)	(0.017)
提交四份及以上申请				0.139	0.127	0.098
				(0.024)	(0.023)	(0.020)

注:本表报告了进入私立大学对收入产生的影响。每一列都报告了使用表示就读私立人学的虚拟变量和一些控制变量对收入对数进行回归后得到的估计值。样本规模为 14 238。括号中报告的是标准误。

　　一旦我们控制了选择偏误,进入私立大学似乎与未来收入无关。但是,也许我们专注于比较公立大学和私立大学并没有说到重点。学生之所以在 Ivy、Leafy 或 Smart 的学习中受益,可能只是因为他们的同学都那么优秀。这种因为强大的同龄群体而产生的协同效应,也许可以解释私立学校的高价格。

表2.4　学校选拔水平效应：将平均SAT分数作为控制变量

	无选拔控制变量			有选拔控制变量		
	(1)	(2)	(3)	(4)	(5)	(6)
学校平均 SAT 分数/100	0.109 (0.026)	0.071 (0.025)	0.076 (0.016)	−0.021 (0.026)	−0.031 (0.026)	0.000 (0.018)
本人的 SAT 分数/100		0.049 (0.007)	0.018 (0.006)		0.037 (0.006)	0.009 (0.006)
父母收入的对数			0.187 (0.024)			0.161 (0.025)
女性			−0.403 (0.015)			−0.396 (0.014)
黑人			−0.023 (0.035)			−0.034 (0.035)
拉美裔			0.015 (0.052)			0.006 (0.053)
亚裔			0.173 (0.036)			0.155 (0.037)
其他族裔/族裔缺失			−0.188 (0.119)			−0.193 (0.116)
高中成绩位于前 10%			0.061 (0.018)			0.063 (0.019)
高中排名缺失			0.001 (0.024)			−0.009 (0.022)
运动员			0.102 (0.025)			0.094 (0.024)
所申请大学的 平均 SAT 分数/100				0.138 (0.017)	0.116 (0.015)	0.089 (0.013)
提交两份申请				0.082 (0.015)	0.075 (0.014)	0.063 (0.011)
提交三份申请				0.107 (0.026)	0.096 (0.024)	0.074 (0.022)
提交四份及以上申请				0.153 (0.031)	0.143 (0.030)	0.106 (0.025)

注：本表报告了大学选拔性对收入产生的影响。每一列都报告了使用就读大学的平均SAT分数和一些控制变量对对数收入进行回归后得到的估计值。样本规模为 14 238。括号中报告的是标准误。

通过在自我显示模型中用度量同龄群体质量的指标替换表示私立学校的虚拟变量，我们可以考察这一假设。具体而言，就如戴尔和克鲁格的原始研究一样，我们用就读学校中同班同学的平均 SAT 分数替换方程(2.2)中的 P_i。[1]表 2.4 中列(1)至列(3)表明，进入选拔难度更高的大学的学生，在劳动力市场上的表现明显更突出，

[1] 可见 Dale and Krueger, "Estimating the Payoff to Attending a More Selective College," *Quarterly Journal of Economics*, 2002。

大学的选拔难度对收入的影响大约是,平均选拔难度每提高 100 分,学生收入提高 8%。然而,由于具有更大雄心和更高能力的人往往会进入高选拔性大学,这个影响似乎也是选择偏误造成的假象。从加入自我显示控制变量的模型中得到的估计值报告在该表的列(4)至列(6),从中可以看出,大学的平均选拔水平基本与收入无关。

2.3 其他条件不变?

论题:简要描述能够使你区别于他人的经验、挑战和成就。

随笔:我是个精力旺盛的人——爬墙和砸冰对我来说是小菜一碟。我能在二十分钟里做好别人三十分钟才能做成的布朗尼馅饼。我是粉墙专家,情场老手,秘鲁的亡命之徒。在周三放学后,我还为人们免费修电器。

我是位抽象派艺术家、务实的分析师、无情的赌马人。我爱好冲浪、善耍心计、喜欢玩乐,但是从不欠债。我在圣胡安赢过斗牛,在斯里兰卡赢过悬崖跳水比赛,在克里姆林宫赢过拼写比赛。我演过哈姆雷特,做过心脏手术,曾与猫王交谈过。但是,我还未上过大学。

来自休·加拉格尔*在 19 岁时的一篇随笔

(休·加拉格尔后来去了纽约大学读书)

想象在大学录取通知书送达的那天哈维和乌玛的心情。他俩很高兴能够进入哈佛大学(他们的心情可能就像在 20 分钟里做好了布朗尼馅饼那样开心)。哈维立刻接受了哈佛大学的录取——换你难道不会吗? 但是,乌玛做出了一个艰难的选择,她选择去马萨诸塞州立大学读书。乌玛会怎样? 她的其他条件真的不变吗?

乌玛可能有充分的理由去选择不那么有名的马萨诸塞州立大学,而不是选择哈佛大学。价格是一个明显的考虑因素(乌玛赢得了马萨诸塞州的 Adams 奖学金,这个奖学金能够为她这样的优秀学生支付在州立大学上学的学费,但是这笔钱不能用于在私立大学)。如果价格对乌玛而言要比哈维重要,可能是因为乌玛在其他方面的条件与哈维不同。也许乌玛家境更为贫穷。我们进行的一些回归模型中控制了父母收入,但是这并不是度量家庭生活环境的一个很好的指标。比如,我们不知道 C&B 样本中的学生有多少兄弟姐妹,诸如此类。在相同收入水平下,规模越大的家庭越难以为每个子女支付教育费用。如果家庭规模还与后来的收入有关(在第 3 章我们会进一步讨论这个问题),我们对私立大学教育溢价的回归估计就不再是苹果与苹果的比较了。

上述思考不仅仅是一个假想故事。回归是一种让其他条件保持不变的方法,但是,它只能让包含在方程右侧的那些作为控制变量的因素保持不变。如果无法

---

* 休·加拉格尔(Hugh Gallagher),是一位美国著名的喜剧家。——译者注

包含足够或正确的控制变量,我们仍然无法避免选择偏误。因为控制不充分而导致回归出现的选择偏误被称为遗漏变量偏误(omitted variables bias, OVB),这是计量大师的工具箱中最为重要的思想之一。

为了说明遗漏变量偏误,我们回到有五位学生的那个例子,考察组 A 中因为遗漏了表征学生所在组别的控制变量而造成的偏误。这里的"长回归"包含虚拟变量 A_i,这个变量表示学生属于组 A。我们将包含 A_i 的方程写为

$$Y_i = \alpha^l + \beta^l P_i + \gamma A_i + e_i^l \qquad (2.3)$$

这是对方程(2.1)的重写,不过这里为参数和残差项加了一个上角标 l,提醒我们截距项和私立学校虚拟变量前的系数都来自长回归,这样做主要是方便我们与下面的短回归结果进行比较。

把 A_i 纳入回归方程,是否会对上面回归中的私立学校效应估计值产生影响?假设我们用不加控制变量的短回归进行估计。那么可以写成

$$Y_i = \alpha^s + \beta^s P_i + e_i^s$$

因为这里唯一的回归元是虚拟变量,所以模型中得到的斜率参数就是 P_i 从 1 变为 0 时 Y_i 的平均值发生的变化。正如我们在 2.1 节指出的,在短回归中 $\beta^s = 20\,000$,在长回归中参数 β^l 只有 $10\,000$。β^s 和 β^l 之间的区别,就是因为没有在短回归中包含 A_i 而造成的遗漏变量偏误。在这里,遗漏变量偏误达到 $10\,000$ 美元,不容忽视。

为什么遗漏组 A 的虚拟变量会导致私立大学效应发生这么大的变化?回忆一下,组 A 中学生的平均收入要高于组 B 中学生的平均收入。此外,在高收入的组 A 中,有三分之二的学生进入私立大学,但是在收入较低的组 B 中,只有一半人进入私立大学。私立大学的学生和公立大学的学生之间存在的收入差别,部分源于这样一个事实,即无论在什么性质的大学读书,组 A 中绝大部分私立大学学生都会有更高收入。将表示组 A 的虚拟变量纳入长回归,便可以控制这种差异。

上述讨论表明,短回归和长回归之间的正式联系应包括两部分:

(i) 被遗漏的变量(A_i)和处理变量(P_i)之间的关系;很快我们就会看到如何用另外一个回归来量化这种关系。

(ii) 遗漏变量(A_i)和因变量(Y_i)之间的关系。这由长回归中遗漏变量前的系数决定,在本例中,就是方程(2.3)中的系数 γ。

合起来就可以得到遗漏变量偏误公式(OVB formula)。我们从下面的事实出发

短回归中 P_i 产生的影响 = 长回归中 P_i 产生的影响

          +({遗漏变量和包含到回归中的变量之间的关系}

           × {遗漏变量在长回归中产生的影响})

具体而言,当 A_i 是遗漏变量,P_i 是处理变量时,我们有

$$\text{短回归中 } P_i \text{ 产生的影响} = \text{长回归中 } P_i \text{ 产生的影响}$$
$$+ (\{A_i \text{ 和 } P_i \text{ 之间的关系}\}$$
$$\times \{A_i \text{ 在长回归中产生的影响}\})$$

遗漏变量偏误被定义为短回归和长回归中 P_i 前系数之差,它是上面方程的简单重组:

$$\text{遗漏变量偏误} = \{A_i \text{ 和 } P_i \text{ 之间的关系}\} \times \{A_i \text{ 在长回归中产生的影响}\}$$

公式中出现的两项都是回归系数,我们可以使用这个事实简化遗漏变量偏误公式。第一项是用表征私立大学的虚拟变量对 A_i 进行回归后得到的系数。换言之,这一项就是如下回归模型中的系数 π_1(读作"pi-1")。

$$A_i = \pi_0 + \pi_1 P_i + u_i$$

其中 u_i 是残差项。我们可用希腊字母紧凑地表示遗漏变量偏误公式:

$$\text{遗漏变量偏误} = P_i \text{ 在短回归中产生的影响} - P_i \text{ 在长回归中产生的影响}$$
$$= \beta^s - \beta^l = \pi_1 \times \gamma$$

其中 γ 是长回归中 A_i 的系数。我们在本章附录中会推导这个重要公式。

在进入私立学校的那些学生中,有两位来自组 A,有一位来自组 B,在那些进入公立学校的学生中,有一位来自组 A,有一位来自组 B。于是,在我们有五位学生的例子中,系数 $\pi_1 = 2/3 - 1/2 = 0.166\,7$。正如在 2.2 节看到的,系数 γ 是 60 000,这反映出组 A 的收入更高。将这些部分放在一起,我们有

$$\text{遗漏变量偏误} = \text{短回归系数} - \text{长回归系数}$$
$$= \beta^s - \beta^l$$
$$= 20\,000 - 10\,000 = 10\,000$$

以及

$$\text{遗漏变量偏误} = \{用包含到回归中的变量对遗漏变量进行回归\}$$
$$\times \{长回归中遗漏变量产生的影响\}$$
$$= \pi_1 \times \gamma = 0.166\,7 \times 60\,000 = 10\,000$$

依据遗漏变量偏误公式计算的结果确实等于对短回归和长回归系数的直接比较。

遗漏变量偏误公式是一个数学结果,它可以解释任何短回归与长回归的回归系数之间存在的差别,而与回归参数的因果解释无关。在这里,"长"和"短"纯粹是相对的:短回归不一定特别短,但长回归总是更长,因为长回归既要包含短回归具有的回归元,还要至少多一个回归元。使长回归变成长回归的那个额外变量往往是假设的,也就是说,在我们的数据中并不存在。遗漏变量偏误公式是一个工具,它允许我们考虑那些我们希望加入回归的控制变量会产生什么影响。这反过来也能帮助我们考察其他条件是否真的不变。这让我们再次回到乌玛和哈维的例子。

假设方程(2.2)中遗漏的变量是家庭规模 FS_i。我们已将父母收入作为控制变量纳入回归方程,但未能将可能会上大学的兄弟姐妹的数量纳入方程,因为 C&B 数据集中不设这个数据。当遗漏变量为 FS_i 时,我们有

遗漏变量偏误＝短回归系数－长回归系数
$$= \{FS_i \text{ 与 } P_i \text{ 的关系}\} \times \{FS_i \text{ 在长回归中的效应}\}$$

为什么遗漏家庭规模会使私立大学效应的回归估计值出现偏误?因为哈佛大学毕业生和马萨诸塞州立大学毕业生的收入差别部分源自两组学生的家庭规模的差别(这就是 FS_i 和 P_i 的关系),以及,即使控制了短回归中存在的控制变量,更小的家庭规模往往与更高的收入相联系(这就是长回归中 FS_i 产生的效应,它也包含了短回归中的控制变量)。长回归控制的事实是,相比于在马萨诸塞州立大学读书的学生,能上哈佛大学的学生往往来自规模较小的家庭(平均而言),但是忽略 FS_i 的短回归未能正确捕捉这种效应。

在这个遗漏变量偏误公式的应用中,第一项是用纳入方程的变量(P_i),以及其他出现在方程(2.2)右边的变量对遗漏变量(FS_i)做回归后得到的系数。这个回归——有时被称为"辅助"回归,因为它可以帮助我们解释我们关心的那个回归——可以表示为如下形式

$$FS_i = \pi_0 + \pi_1 P_i + \sum_j \theta_j GROUP_{ji} + \pi_2 SAT_i + \pi_3 \ln PI_i + u_i \qquad (2.4)$$

我们对方程(2.4)中的大多数系数都不感兴趣。这里重要的是 π_1,因为它捕捉到的是在控制了短回归和长回归模型中其他变量后,遗漏变量 FS_i 和我们希望研究的 P_i 之间的关系。[1]

为了针对这个例子完成遗漏变量偏误公式,我们将长回归写为

$$\ln Y_i = \alpha^l + \beta^l P_i + \sum_j \gamma_j^l GROUP_{ji} + \delta_1^l SAT_i + \delta_2^l \ln PI_i + \lambda FS_i + e_i^l \quad (2.5)$$

再次使用上标 l 表示"长回归"。这里出现的回归元 FS_i 的系数是 λ。[2]于是,遗漏变量偏误公式为

遗漏变量偏误＝短回归系数－长回归系数＝$\beta - \beta^l = \pi_1 \times \lambda$

这里的 β 来自方程(2.2)。

继续将方程(2.2)视为短回归,长回归就是包含了这个模型中所有的控制变量,外加一个表征家庭规模的变量,我们看到这里的遗漏变量偏误很可能是正的。平均而言,即使控制了家庭收入,私立大学的学生也还是更有可能来自规模较小的家庭。如果是这样,将家庭规模和就读私立大学联系起来的回归系数就是负的(方程(2.4)中 $\pi_1 < 0$)。无论在哪里上学,来自规模较小的家庭的学生的收入往往都

---

[1] 在方程(2.4)中,表征组别的虚拟变量前的系数是 θ_j,可以读作"theta-j"。

[2] 这个系数可以读作"lambda"。

精通计量：从原因到结果的探寻之旅

050

更高,因此,长回归中遗漏家庭规模控制变量产生的影响也是负的(方程(2.5)中 $\lambda < 0$)。这两个负值的乘积为正。

对遗漏变量偏误进行缜密推理,是计量游戏中必不可少的一部分。我们无法用数据检查我们观察不到的因素被遗漏产生的后果,但是,我们可以使用遗漏变量偏误公式对这种遗漏可能产生的影响进行合理猜测。在方程(2.2)中,大部分可能被遗漏的控制变量都类似于家庭规模,它们的遗漏变量偏误的符号很可能是正的。由此我们可以断言,虽然表2.2和表2.3中列(4)至列(6)给出的私立学校学习效应很小,但真实情况可能是这种效应被高估了。因此,该估计值显然不支持私立学校教育可以带来很大收入优势的假说。

回归的敏感性分析

因为我们永远不能确定一组给定的控制变量是否足以消除选择偏误,所以,重要的是去考察回归结果对控制变量变化的敏感程度。当模型包含一组核心控制变量之后,无论模型加入或剔除其他特定变量,得到的处理效应对此都不敏感——计量大师会说结果是“稳健的”——这时我们对因果效应的回归估计值会更有信心。表2.2和表2.3的列(4)至列(6)就给出了这个令人满意的结果,它们指出,一旦我们控制了学生申请的大学所具有的特征,无论模型中是否包含学生能力(用SAT分数度量)、父母收入以及一些其他控制变量,私立大学的教育溢价对此都不再敏感。

遗漏变量偏误公式解释了这个惊人的发现。我们从表2.5开始,这张表报告了类似于方程(2.4)的回归系数,不过,我们将 SAT_i 而不是 FS_i 放在方程左边,由此产生列(1)至列(3)中的估计值,将 $\ln PI_i$ 放在方程左边,由此产生了列(4)至列(6)中的估计值。在给定模型的其他控制变量后,这些辅助回归考察了私立大学入学与两个控制变量 SAT_i 和 $\ln PI_i$ 之间的关系。不足为奇,私立大学的入学状况,是对学生SAT成绩和家庭收入的一个很强的预测指标,这些关系报告在表中列(1)和列(4)。在加入人口统计学特征控制变量、高中排名控制变量和表征学生是运动员的虚拟变量后,得到的结果几乎未发生变化,列(2)和列(5)报告了这个结果。但是,类似于自我显示模型,当使用学生的大学申请数量,以及被申请学校的平均SAT成绩做控制变量后,私立大学入学状况和这些重要的个人背景变量之间的关系就消失了。这解释了为什么表2.3的列(4)、列(5)和列(6)中得到的私立大学教育溢价估计值几乎是一样的。

遗漏变量偏误公式是应用计量经济学的最高指导原则,因此,让我们用具体数字来看看它是如何发挥作用的。为了便于阐述,我们用 P_i 对对数工资进行回归,将不加入任何控制变量的模型作为短回归,将短回归中加入个体SAT分数这一控制变量后的模型作为长回归。在表2.3的列(1)中,P_i 的短回归(无控制变量)系数是0.212,列(2)中给出的相应长回归(控制 SAT_i 后)系数是0.152。从该表列(2)

中还能看出长回归中 SAT_i 的效应是 0.051。表 2.5 中列(1)指出，用 P_i 对遗漏变量 SAT_i 作回归，得到的系数是 1.165。将这些结果放在一起，我们可以用两种方式得到遗漏变量偏误：

遗漏变量偏误＝短回归系数－长回归系数＝0.212－0.152＝0.06

遗漏变量偏误＝｛用 P_i 对遗漏变量做回归｝×｛遗漏变量在长回归中的效应｝

$$= 1.165 \times 0.051 = 0.06$$

表 2.5　私立学校效应：遗漏变量偏误

	因　　变　　量					
	本人的 SAT 分数/100			父母收入的对数		
	(1)	(2)	(3)	(4)	(5)	(6)
私立学校	1.165	1.130	0.066	0.128	0.138	0.028
	(0.196)	(0.188)	(0.112)	(0.035)	(0.037)	(0.037)
女性		−0.367			0.016	
		(0.076)			(0.013)	
黑人		−1.947			−0.359	
		(0.079)			(0.019)	
拉美裔		−1.185			−0.259	
		(0.168)			(0.050)	
亚裔		−0.014			−0.060	
		(0.116)			(0.031)	
其他族裔/族裔缺失		−0.521			−0.082	
		(0.293)			(0.061)	
高中成绩位于前 10%		0.948			−0.066	
		(0.107)			(0.011)	
高中排名缺失		0.556			−0.030	
		(0.102)			(0.023)	
运动员		−0.318			0.037	
		(0.147)			(0.016)	
所申请学校的			0.777			0.063
平均 SAT 分数/100			(0.058)			(0.014)
提交两份申请			0.252			0.020
			(0.077)			(0.010)
提交三份申请			0.375			0.042
			(0.106)			(0.013)
提交四份及以上申请			0.330			0.079
			(0.093)			(0.014)

注：本表描述了私立学校入学状况与个人特征之间的关系。列(1)至列(3)的因变量是个人的 SAT 分数(除以 100)，列(4)至列(6)的因变量是父母收入的对数值。每一列给出的系数都来自用表征就读私立学校的虚拟变量和一组控制变量对因变量进行的回归。样本规模是 14 328。括号中报告的是标准误。

我们可以对表 2.3 的列(4)和列(5)进行类似计算,作一比较。这两列报告了包含自我显示的控制变量后的结果。在这里,短回归系数-长回归系数的值较小,精确而言,就是 0.034 - 0.031 = 0.003。短回归和长回归都包括了自我显示模型中表示大学选拔性水平的控制变量,用 P_i 对自己的 SAT 分数进行的相关辅助回归也是如此。将自我显示的控制变量加入这两个模型后,我们得到

遗漏变量偏误={用包含到回归中的变量对遗漏变量进行回归}

×{长回归中遗漏变量产生的影响}

=0.066 × 0.036 = 0.002 4

(对微小数字的舍入误差使我们得到的结果不再是 0.003 这个目标值。)在长回归中,遗漏变量 SAT_i 产生的影响从 0.051 下降到 0.036,用纳入回归的变量对遗漏变量进行回归,得到的估计值从较高的 1.165 下降到较小的 0.066(见表 2.5 的列(3))。这意味着,给定学生的大学申请数量,以及给定他们申请的大学的选拔性水平,选择私立学校和公立学校的学生之间并无太大的不同,至少从他们的 SAT 得分上看出是这样的。因此,短回归估计值和长回归估计值之间的差异消失了。

一旦模型中加入自我显示的控制变量,我们对私立大学效应的估计值不再因模型中加入表示能力和家庭背景的控制变量而发生变化,所以其他控制变量,包括那些我们没有数据的,也不会对结果产生多大的影响。换言之,因未受控制的差异引起的遗漏变量偏误已经很小了。[1]这是表征遗漏变量偏误已经很小的间接证据,它无法确保我们在本章讨论的回归结果具有随机实验——我们仍然宁愿有一个真实实验——那样的因果效应。但是,至少这些发现对宣称进入昂贵的私立大学可以带来较大收入优势的说法提出了质疑。

　　Stevefu 大师:小蚱蜢,请简要总结一下。

　　小蚱蜢:因果比较,比较的是两种类似事物。在评估大学选择产生的效应时,我们应关注有相似特征的学生。

　　Stevefu 大师:每个人都有上千种不同之处。能让所有不同之处都相同吗?

　　小蚱蜢:当系统性差异与我们关注的结果相关时,好的比较可以剔除选择这条路和选择另外一条路的人之间存在的系统性差异。

　　Stevefu 大师:这是如何做到的?

　　小蚱蜢:匹配法是将具有相同控制变量取值的个体划分到相同组别,比如度量能力和家庭背景的指标。然后,我们将同一组中匹配个体之间的结果差异进行平均,从而得到一个总体效应。

　　Stevefu 大师:那回归又是什么呢?

---

[1]　Joseph Altonji, Todd Elder 和 Christopher Taber 正式指出,与你能得到的回归元相关的遗漏变量偏误,可以为与那些你无法得到的回归元相关的遗漏变量偏误提供一些指导。欲知细节,可见他们的研究 "Selection on Observed and Unobserved Variables: Assessing the Effectiveness of Catholic Schools," *Journal of Political Economy*, vol.113, no.1, February 2005:151—184。

小蚱蜢：回归是一种自动匹配机制。因果效应的回归估计值也是组内结果差异的平均值。

Stevefu 大师：什么是遗漏变量偏误？

小蚱蜢：遗漏变量偏误是短回归系数和长回归系数之差。长回归包含着额外的控制变量，这些控制变量在短回归中是遗漏的。短回归得到的系数，等于长回归得到的系数，加上遗漏变量在长回归中的效应与被包含变量对遗漏变量回归后系数的乘积。

Stevefu 大师：小蚱蜢，这下没遗漏了。

计量大师：高尔顿和尤尔

弗朗西斯·高尔顿爵士，
皇家地理学会会士，
《旅行的艺术》作者

"回归"一词由查尔斯·达尔文的表弟弗朗西斯·高尔顿爵士于1886年发明。高尔顿有许多兴趣爱好，但他被达尔文的杰作《物种起源》深深吸引。高尔顿希望将达尔文的进化论应用于人类特征的变异。在高尔顿的研究中，他研究的特征从指纹到美貌。他也是很多使用达尔文理论进行邪恶的人种改良的英国知识分子中的一员。虽然这些事情令人遗憾，但是他在理论统计学中的工作，对社会科学产生了持久而有益的影响。高尔顿为我们感兴趣的那种定量社会科学奠定了统计学基础。

高尔顿发现，可以用回归方程将父亲和儿子的平均身高联系起来。他还发现了这个特定的回归模型中蕴含的一个有趣规律：儿子的平均身高，是其父辈身高和父辈及本人所在总体的平均身高的加权平均值。因此，比平均身高高的父母，其子女的身高很少和他们一样高，但是，比平均身高低的父母，其子女的身高往往要高一些。具体来说，计量大师 Stevefu 的身高是 6 英尺 3 英寸，可以预期，他的孩子身高会比较高，但是可能没有 Stevefu 高。然而，值得庆幸的是，计量大师 Joshway

的身高只有 5 英尺 6 英寸,可以预期其孩子的身材能够更为高大。

在发表于 1886 年的著名论文《遗传身高向平均回归》(*Regression towards Mediocrity in Hereditary Stature*)①中,高尔顿解释了这种平均现象。今天,我们将这种特性称为"均值回归"。均值回归并不是一种因果关系,只是父辈身高和儿子身高这类相互关联的变量组的一种统计属性。虽然父亲和儿子的身高永远不会完全相同,但是其频数分布是基本不变的。这种分布的稳定性就产生了高尔顿回归。

我们将回归视为一种统计程序,其作用在于,通过包含控制变量,回归能够让研究处理效应的模型中进行的比较更加对等。高尔顿似乎对把回归视作一种控制策略并不感兴趣。最先将回归作为一种统计意义上的控制策略的人是乔治·U.尤尔(George Udny Yule),他是统计学家卡尔·皮尔逊(Karl Pearson)的学生,而卡尔·皮尔逊又是高尔顿的门生。尤尔意识到,可将高尔顿的回归方法拓展到多变量情形。尤尔在 1899 年发表的一篇论文中尝试了这种拓展,他将不同郡县的《英国济贫法》(English Poor Laws)管理情况,与这些地区居民贫困的可能性联系起来,同时还控制了这些郡县的人口增长和年龄分布。②《英国济贫法》为生活贫穷者提供生计口粮,其做法往往是在一个叫济贫院(workhouse)的机构中为人们提供住所和职业。尤尔特别感兴趣的事情是,为穷人提供收入但却不要求他们承担义务的户外救济行为是否会提高贫困率,在当时,户外救济可为穷人提供收入支持,但是不要求他们搬入济贫院。这是一个得到良好定义的因果问题,与如今社会科学家孜孜以求的问题很类似。

乔治·乌代·尤尔,
皇家统计学会会士和主席,
1911年获得学会最高荣誉,
1931年考取飞行员执照

---

① 可见 Francis Galton, "Regression towards Mediocrity in Hereditary Stature," *Journal of the Anthropological Institute of Great Britain and Ireland*, vol.15, 1886:246—263。

② 可见 George Udny Yule, "An Investigation into the Causes of Changes in Pauperism in England, Chiefly during the Last Two Intercensal Decades," *Journal of the Royal Statistical Society*, vol.62, no.2, June 1899:249—295。

附录：回归理论

条件期望函数

第 1 章引入了数学期望这个概念，将其简称为"期望"。我们将一个变量 Y_i 的期望记为 $E[Y_i]$。我们也关注条件期望（conditional expectation），也就是说，处于某个组别（这个组别也被称为单元）的变量的期望，这个组别由第二个变量定义。有时，第二个变量是个虚拟变量，只有两个取值，不过未必一贯如此。正如在这一章所言，经常出现的情况是，我们感兴趣的条件期望的组别并非由虚拟变量定义，例如，完成了 16 年学校教育的人的期望收入。这类条件期望可以写为

$$E[Y_i \mid X_i = x]$$

可以读作"给定 X_i 等于 x 时，Y_i 的条件期望"。

条件期望告诉我们的是，一个变量的总体均值如何随着条件变量取值的变化而变化。对于条件变量的每个取值，我们都可以得到因变量 Y_i 的一个不同均值。所有这些均值放在一起，就被称为条件期望函数（conditional expectation function，CEF）。当不对 X_i 赋具体值时，$E[Y_i \mid X_i]$ 是给定 X_i 时 Y_i 的条件期望函数，$E[Y_i \mid X_i = x]$ 则是这个函数的值域中的一点。

我们喜欢的条件期望函数如图 2.1 所示。图中的点是指不同教育水平（用完成的最高学历度量）的男性的周工资对数值。其中，教育水平在 X 轴上表示（相关数据来自 1980 年美国人口普查）。虽然这个函数存在一定的上下波动，但是收入—教育水平形成的条件期望函数是一条严格向上倾斜的曲线，平均斜率大约是0.1。换言之，每多接受一年教育，平均收入水平大约提高 10%。

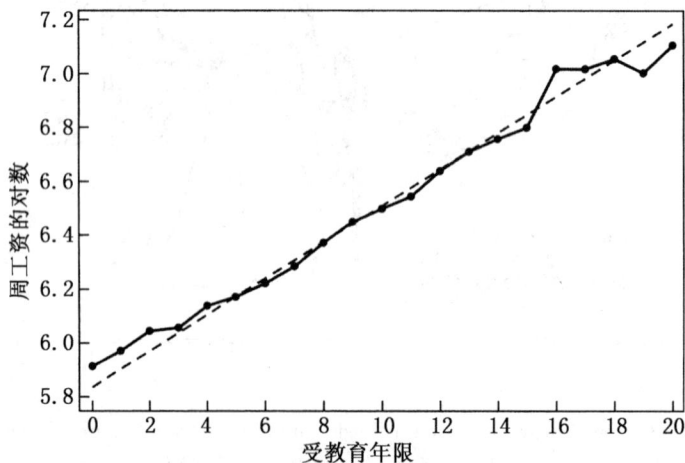

注：本图给出的是给定受教育水平下的周工资对数值的条件期望函数，图中直线是用受教育年限对周工资对数值进行回归后得到的结果（以虚线表示）。

图 2.1　条件期望函数与回归曲线

我们感兴趣的很多条件期望函数都包含不止一个条件变量,其中每个条件变量都会有两个或更多取值。对于具有 K 个条件变量的条件期望函数,我们可以记为

$$E[Y_i \mid X_{1i}, \cdots, X_{Ki}]$$

由于存在多个条件变量,我们很难描绘条件期望函数,但是背后的思想是一样的。$E[Y_i \mid X_{1i}=x_1, \cdots, X_{Ki}=x_K]$ 告诉我们在其他 K 个条件变量取固定值的时候,Y_i 的总体平均值。例如,除了根据教育水平考察平均收入,我们还可以根据年龄、种族和性别计算平均收入。

回归与条件期望函数

表 2.1 阐述了匹配法的思想,根据学生申请和获得录取的大学将学生分类,然后比较每个类别中进入公立大学和私立大学的学生收入。本章正文部分解释了如何将回归当做一个快速、简单的自动匹配和比较机制。在这里,我们使用条件期望函数对回归做更严谨的解释。[①]

表 2.3 中给出了方程(2.2)的回归估计值,这些结果指出,在个体的 SAT 分数、父母收入,以及申请和获得录取的大学的选拔性水平既定的条件下,是否进入私立学校学习与之后的收入水平并无关系。简化来看,假设对数工资的条件期望函数是这些条件变量的线性函数。具体而言,假设

$$
\begin{aligned}
&E[\ln Y_i \mid P_i, GROUP_i, SAT_i, \ln PI_i] \\
&= \alpha + \beta P_i + \sum_j \gamma_j GROUP_{ji} + \delta_1 SAT_i + \delta_2 \ln PI_i
\end{aligned}
\tag{2.6}
$$

和前面一样,这里用希腊字母表示参数。当 $\ln Y_i$ 的条件期望函数类似于方程(2.6),是条件变量的线性函数时,用相同的条件变量对 $\ln Y_i$ 进行回归,就能够得到这个线性函数(我们省略这个事实的详细证明,不过这个证明并不难)。特别地,若条件期望函数为线性,方程(2.2)中 P_i 的系数就等于方程(2.6)中 P_i 的系数。

条件期望函数是线性函数时,基于方程(2.2)得到的私立大学效应,应该等于我们用如下策略得到的估计值,(i)根据 $GROUP_i$、SAT_i 和 $\ln PI_i$ 的取值对学生进行匹配;(ii)针对条件变量的每个可能组合,按照进入私立大学($P_i=1$)和进入公立大学($P_i=0$)比较匹配的学生的平均收入;(iii)对每个组别得到的比较差异进行平均,从而得到一个总的平均值。为了看明白这一点,使用方程(2.6)可写出按照组别进行的比较差异。

$$
\begin{aligned}
&E[\ln Y_i \mid P_i=1, GROUP_i, SAT_i, \ln PI_i] \\
&\quad - E[\ln Y_i \mid P_i=0, GROUP_i, SAT_i, \ln PI_i] = \beta
\end{aligned}
$$

---

① 更详细的解释可见《基本无害的计量经济学》(2009)的第三章。

由于条件期望函数的线性模型假设每个组别中私立大学产生的效应都等于 β，所以任何对组内收入差进行的加权平均值也都等于 β。

线性模型有助于我们理解回归，不过，回归是一种极为灵活的工具，无论背后的条件期望函数是否是线性的，回归都很有用。通过以下两个密切相关的理论特点，回归继承了这种灵活性：

- 如果对某些常数 a 和 b_1，$\cdots$，b_K，$E[Y_i \mid X_{1i}, \cdots, X_{Ki}] = a + \sum_{k=1}^{K} b_k X_{ki}$ 成立，那么用 X_{1i}，$\cdots$，X_{Ki} 对 Y_i 做回归后得到的截距项是 a，斜率是 b_1，$\cdots$，b_K。换言之，如果 Y_i 的条件期望函数关于 X_{1i}，$\cdots$，X_{Ki} 是线性的，那么用 X_{1i}，$\cdots$，X_{Ki} 对 Y_i 做回归得到的就是这个条件期望函数。
- 如果 $E[Y_i \mid X_{1i}, \cdots, X_{Ki}]$ 是条件变量的非线性函数，那么，用 X_{1i}，$\cdots$，X_{Ki} 对 Y_i 做回归，能够得到对非线性条件期望函数的最佳线性拟合，即线性模型拟合值和条件期望函数之差的平方最小化。

总结起来就是：如果条件期望函数是线性的，使用回归就能找到这个函数；如果条件期望函数不是线性的，回归能够找到这个函数的一个好的近似。我们已经使用第一点理论性质解释了线性条件期望函数下私立大学效应的回归估计值。第二点理论性质告诉我们，我们可以预期，即使条件期望函数是非线性的，对处理效应的回归估计值，也应该接近我们按照协变量进行匹配，然后对每个组别中处理组—控制组差异进行平均后得到的结果。

图 2.1 给出了回归是如何近似对数工资关于受教育水平的非线性条件期望函数。虽然条件期望函数围绕回归线上下跳跃，但是回归线捕捉到了受教育水平和工资之间存在的强烈正相关关系。此外，得到的回归线斜率近似于 $E\{E[Y_i \mid X_i] - E[Y_i \mid X_i - 1]\}$，也就是说，回归斜率也接近于 X_i 变化一单位后对 $E[Y_i \mid X_i]$ 产生的预期影响。[1]

二元回归与协方差

回归与统计概念协方差（covariance）有着密切联系。两个变量 X_i 和 Y_i 的协方差被定义为

$$C(X_i, Y_i) = E[(X_i - E[X_i])(Y_i - E[Y_i])]$$

协方差具有三个重要性质：

(i) 一个变量和它自己的协方差，就是这个变量的方差：$C(X_i, X_i) = \sigma_X^2$。

(ii) 如果 X_i 或 Y_i 的预期为 0，那么这两个变量的协方差就是两个变量的乘积的期望：$C(X_i, Y_i) = E[X_i Y_i]$。

---

[1] 在这里，括号中的内容 $E[Y_i \mid X_i] - E[Y_i \mid X_i - 1]$ 也是 X_i 的一个函数，类似于变量 X_i，它也存在期望。

（iii）变量 X_i 和 Y_i 构成的线性方程——记为 $W_i = a + bX_i$ 和 $Z_i = c + dY_i$，其中 a、b、c、d 都是常数——的协方差是

$$C(W_i, Z_i) = bdC(X_i, Y_i)$$

可以在二元回归模型（bivariate regression model）中看到回归和协方差之间的密切联系，二元回归模型是指只有一个回归元 X_i 和一个截距项的回归。[①]二元回归的斜率和截距就是能最小化相应残差平方和（residual sum of squares）的 a 和 b，我们可以写作

$$RSS(a, b) = E[Y_i - a - bX_i]^2$$

术语 RSS 是指平方和，因为在一个特定样本中完成这个最小化过程，我们用样本均值或样本和来代替期望。在二元回归的例子中，这个最小化问题的解是

$$b = \beta = \frac{C(Y_i, X_i)}{V(X_i)} \qquad (2.7)$$
$$a = \alpha = E[Y_i] - \beta E[X_i]$$

方程（2.7）的一个含义是，当两个变量不相关（这两个变量的协方差等于 0）时，用任意一个变量对另外一个变量做回归，得到的斜率系数都是 0。类似地，二元回归的斜率系数为 0，意味着回归中的这两个变量不相关。

拟合与残差

回归将因变量拆分成两部分。具体而言，对于因变量 Y_i，我们可以将其记为

$$Y_i = \hat{Y}_i + e_i$$

第一项是拟合值（fitted value）$\hat{Y}_i$，有时被称为模型能够解释的那部分 Y_i。第二项是残差 e_i，是模型不能解释的那部分 Y_i。

回归残差和模型中的回归元是不相关的。换言之，如果 e_i 是用 $X_{1i}, \cdots, X_{Ki}$ 进行回归后得到的残差，那么用相同的变量对 e_i 进行回归，得到的系数值全都是 0。因为拟合值是回归元的线性组合，所以它们与残差也不相关。我们在这里对这些重要性质进行总结。

残差的性质

假设 α 是使用 $X_{1i}, \cdots, X_{Ki}$ 对 Y_i 做回归后得到的截距，$\beta_1, \cdots, \beta_K$ 是相应的斜率系数。那么，从这个回归中得到的拟合值就是

$$\hat{Y}_i = \alpha + \sum_{k=1}^{K} \beta_k X_{ki}$$

[①] 我们使用"二元"这个术语是因为这个方程只有两个变量，其中一个是因变量，出现在等式左边，另一个是回归元，出现在等式右边。多元（multivariate）回归模型是在这个基本设定的基础上进一步添加回归元。

相应的回归残差就是

$$e_i = Y_i - \hat{Y}_i = Y_i - \alpha - \sum_{k=1}^{K} \beta_k X_{ki}$$

回归残差

(i) 期望值和样本均值都等于 0：$E[e_i] = \sum_{i=1}^{n} e_i = 0$；

(ii) 在总体与样本中都与所有回归元不相关，与相应的拟合值也不相关。也就是说，对于每个回归元 X_{ki}，都有

$$E[X_{ki}e_i] = \sum_{i=1}^{n} X_{ki}e_i = 0 \text{ 以及 } E[\hat{Y}_i e_i] = \sum_{i=1}^{n} \hat{Y}_i e_i = 0$$

你可以牢记这些性质，不过对于有点了解微积分的读者而言，这个结果很容易推导。从回归参数和估计值能够最小化残差平方和开始。这个最小化问题的一阶条件就等价于性质(i)和性质(ii)。

虚拟变量回归

回归中有一类重要的特殊情况，那就是回归元为虚拟变量的二元回归。决定 Y_i 的条件期望值的虚拟变量 Z_i 有两个取值。可以用希腊字母将这个情况写为

$$E[Y_i \mid Z_i = 0] = \alpha$$
$$E[Y_i \mid Z_i = 1] = \alpha + \beta$$

因此

$$\beta = E[Y_i \mid Z_i = 1] - E[Y_i \mid Z_i = 0]$$

它是虚拟变量 Z_i 取 1 和取 0 时 Y_i 的预期值之差。

使用这套符号，我们可以得到

$$E[Y_i \mid Z_i] = E[Y_i \mid Z_i = 0] + (E[Y_i \mid Z_i = 1] - E[Y_i \mid Z_i = 0])Z_i$$
$$= \alpha + \beta Z_i \tag{2.8}$$

上式指出 $E[Y_i|Z_i]$ 是 Z_i 的线性函数，其斜率是 β，截距项是 α。因为只有一个虚拟变量的条件期望函数是线性的，所以回归可以完美地拟合这个条件期望函数。因此，回归斜率系数必然是 $\beta = E[Y_i \mid Z_i = 1] - E[Y_i \mid Z_i = 0]$，也即虚拟变量取 1 和取 0 时 Y_i 的预期值之差。

针对虚拟变量的回归是重要的，因为虚拟变量回归元经常出现在我们的分析中，例如表示医疗保险计划的类型，也可以表示学生就读的大学类型。

回归解构与遗漏变量偏误公式

最有趣的回归是多元回归；也就是说，这种回归包含一个我们感兴趣的原因变

量,加上一个或多个控制变量。例如,在等式(2.2)的模型中,我们用表示进入私立大学的虚拟变量和一组表示能力、家庭背景以及学生申请和被录取大学选拔水平的控制变量,对对数收入进行回归。我们已经说明,在回归模型中控制协变量,其结果等同于匹配法。也就是说,在具有控制变量的模型中,用表示进入私立大学的虚拟变量进行回归得到的参数值,就类似于我们根据这些控制变量对学生进行分类,在每个类别中比较就读公立大学和私立大学的学生的收入差距,然后在这个基础上求得的平均值。在这里,我们提供一个更加详细的"回归解构"。

假设我们感兴趣的原因变量是 X_{1i}(比如,它是表示进入私立学校学习的一个虚拟变量),控制变量是 X_{2i}(比如说 SAT 得分)。经过一些运算,在回归中控制了 X_{2i} 后,X_{1i} 前面的系数可以写为

$$\beta_1 = \frac{C(Y_i, \tilde{X}_{1i})}{V(\tilde{X}_{1i})}$$

在这里,$\tilde{X}_{1i}$ 是用 X_{2i} 对 X_{1i} 做回归后得到的残差:

$$X_{1i} = \pi_0 + \pi_1 X_{2i} + \tilde{X}_{1i}$$

与之前一样,残差与产生它的回归元无关,这个性质对于残差 $\tilde{X}_{1i}$ 也适用。因此,在控制了变量 X_{2i} 后多元回归中 X_{1i} 前面的系数,就是只包含未能被 X_{2i} 解释的那部分 X_{1i} 的二元回归中得到的系数。这个重要的回归解构公式形成了我们对回归系数的理解。

回归解构的理念可以拓展到超过两个回归元的模型。在多元回归中,一个给定回归元的系数可以写作用残差进行回归得到的二元回归的系数,这个残差是用其他回归元对该回归元进行回归后得到的残差。这里给出存在 K 个回归元时第 k 个系数的回归解构公式:

回归解构

$$\beta_k = \frac{C(Y_i, \tilde{X}_{ki})}{V(\tilde{X}_{ki})}$$

这里,$\tilde{X}_{ki}$ 是用模型中其他 $K-1$ 个协变量对 X_{ki} 进行回归后得到的残差。

当类似方程(2.2)中控制变量包含虚拟变量时,回归解构公式尤其具有启发性。为了便于讨论,我们将感兴趣的模型简化为只包含虚拟控制变量的情况,也就是

$$\ln Y_i = \alpha + \beta P_i + \sum_{j=1}^{150} \gamma_j GROUP_{ji} + e_i \tag{2.9}$$

回归解构公式告诉我们,在控制了 150 个虚拟变量 $GROUP_{ji}$ 后,P_i 的系数就等于用 $\tilde{P}_i$ 做二元回归得到的系数,这里 $\tilde{P}_i$ 是用常数项和这组 150 个虚拟变量对 P_i 做回归后得到的残差。

这里，有必要为个人加上第二个下标。在这个回归设计中，$\ln Y_{ij}$ 是选拔性组别 j 中第 i 个大学毕业生的对数工资，同时，P_{ij} 表示这个毕业生是否就读私立大学。那么，用 150 个表征大学选拔性水平的虚拟变量对 P_{ij} 进行辅助回归后得到的残差 $\widetilde{P}_{ij}$ 是什么？因为产生 $\widetilde{P}_{ij}$ 的辅助回归能为每个潜在的条件期望函数值赋予一个参数，所以这个回归就能完美地捕捉到给定大学选拔性水平组别后 P_{ij} 的条件期望函数。（在这里，我们将方程（2.8）中描述的虚拟变量结果拓展到描述分类变量的虚拟变量，分类变量可以取很多值而不再是只能取两个值。）最终，用全部的表示大学选拔性组的虚拟变量对 P_{ij} 进行回归后得到的拟合值，就是每个组内学生进入私立大学学习的平均概率。因此，对于 j 组的第 i 个申请人，辅助回归得到的残差就是 $\widetilde{P}_{ij} = P_{ij} - \overline{P}_j$，这里，$\overline{P}_j$ 是 i 所属的那个选拔性水平的大学组对应的学生中，进入私立大学就读的平均概率。

最后，综合起来看，回归解构公式告诉我们，在方程（2.9）描述的模型中的多元回归系数 β 就是

$$\beta = \frac{C(\ln Y_{ij}, \, \widetilde{P}_{ij})}{V(\widetilde{P}_{ij})} = \frac{C(\ln Y_{ij}, \, P_{ij} - \overline{P}_j)}{V(P_{ij} - \overline{P}_j)} \tag{2.10}$$

这个表达式的含义是，与我们对学生进行手动分组并比较组内私立大学和公立大学的学生收入差距类似，在包含了表示大学选拔性水平的控制变量的模型中，针对进入私立学校学习这个变量进行的回归也是一个组内比较过程：通过减去 $\overline{P}_j$ 来构造残差 $\widetilde{P}_{ij}$，不同组之间的差异得到消除。此外，类似表 2.1 中组 C 和组 D 的结果，方程（2.10）意味着，每个申请人都进入公立大学或私立大学的组实际上并没有对私立学校效应提供有用的信息，因为对于这些组中的每个学生而言，$P_{ij} - \overline{P}_j$ 都等于零。

本章最后部分（2.3 节）使用的遗漏变量偏误公式，在解释包含不同控制变量的模型估计值的同时，也为回归解构提供了另一层含义。在控制了 X_{2i} 的多元回归模型中，将 X_{1i} 的系数称为长回归系数 β^l：

$$Y_i = \alpha^l + \beta^l X_1 i + \gamma X_{2i} + e_i^l$$

将二元回归（也就是说没有控制 X_{2i}）中 X_{1i} 的系数称为短回归系数 β^s：

$$Y_i = \alpha^s + \beta^s X_{1i} + e_i^s$$

遗漏变量偏误公式描述了短回归系数和长回归系数之间的关系：

遗漏变量偏误（OVB）公式

$$\beta^s = \beta^l + \pi_{21} \gamma$$

在这里，γ 是长回归中 X_{2i} 的系数，π_{21} 是用 X_{1i} 对 X_{2i} 做回归后得到的 X_{1i} 的系数。用文字表述就是：短回归系数等于长回归系数加上遗漏变量产生的影响与遗漏变量对处理变量产生的影响的乘积。

有必要对这个核心公式进行推导。在短回归中，斜率系数是

$$\beta^s = \frac{C(Y_i, X_{1i})}{V(X_{1i})} \tag{2.11}$$

用长模型替代等式（2.11）中的 Y_i，就得到

$$\frac{C(\alpha^l + \beta_1^l X_{1i} + \gamma X_{2i} + e_i^l, X_{1i})}{V(X_{1i})} = \frac{\beta_1^l V(X_{1i}) + \gamma C(X_{2i}, X_{1i}) + C(e_i^l, X_{1i})}{V(X_{1i})}$$

$$= \beta_1^l + \frac{C(X_{2i}, X_{1i})}{V(X_{1i})} \gamma = \beta_1^l + \pi_{21} \gamma$$

第一个等号成立是因为变量的线性组合的协方差，等于分解后各个协方差的线性组合。而且，一个常数与任何变量的协方差都等于 0，变量与自己的协方差就等于该变量的方差。第二个等号成立是因为 $C(e_i^l, X_{1i}) = 0$，残差与产生这个残差的回归元不相关（e_i^l 是包含了 X_{1i} 的回归中得到的残差）。第三个等号成立是因为我们将 π_{21} 定义为用 X_{1i} 对 X_{2i} 做回归后得到的 X_{1i} 系数。[1]

正如对方程（2.2）和方程（2.5）的讨论，我们经常感兴趣于比较包含一组相同控制变量的短回归结果和长回归结果。在这类问题中，遗漏变量偏误公式就是对上面公式的直接推广。在控制了 X_{2i} 和 X_{3i} 的多元回归中，将 X_{1i} 的系数称为长回归系数 β^l；在只控制了 X_{3i} 的多元回归中，将 X_{1i} 的系数称为短回归系数 β^s。在这个例子中，遗漏变量偏误公式仍然可以写为

$$\beta^s = \beta^l + \pi_{21} \gamma \tag{2.12}$$

在这里，γ 是长回归中 X_{2i} 的系数，但是现在这个回归既包含了 X_{3i}，也包含了 X_{2i}，π_{21} 是用 X_{1i} 和 X_{3i} 对 X_{2i} 进行回归时 X_{1i} 的系数。这再次表明：短回归系数等于长回归系数，再加上遗漏变量产生的影响与遗漏变量对处理变量产生的影响的乘积。我们把推导方程（2.12）的任务留给读者；这个推导将检查你对回归解构的理解（也会成为一道相当好的考试题目）。

用对数形式构建模型

我们在本章讨论的模型与如下方程类似

$$\ln Y_i = \alpha + \beta P_i + \sum_j \gamma_j GROUP_{ji} + \delta_1 SAT_i + \delta_2 \ln PI_i + e_i$$

这是对方程（2.2）的重复。等式左边的 $\ln Y_i$ 是什么意思？为什么要用对数形式而不是变量 Y_i 自己？在二元回归中我们可以最简单地看出答案，

$$\ln Y_i = \alpha + \beta P_i + e_i \tag{2.13}$$

---

[1] 也可以通过类似方式推导回归解构公式，因此，我们只针对遗漏变量偏误给出推导步骤。

在这里，P_i 是表示进入私立大学读书的虚拟变量。因为这是一个只有虚拟变量进行的回归，所以我们有

$$E[\ln Y_i \mid P_i] = \alpha + \beta P_i$$

换言之，这个例子中的回归可以完美拟合条件期望函数。

假设我们为学生 i 的 P_i 构造了一个其他条件不变的变化。这样，在 $P_i = 0$ 时得到 Y_{0i}，在 $P_i = 1$ 时得到 Y_{1i}。现在，考虑方程(2.13)是这些潜在结果的对数值模型，于是我们有

$$\ln Y_{0i} = \alpha + e_i$$
$$\ln Y_{1i} = \alpha + \beta + e_i$$

因此，潜在结果之间的差别就是

$$\ln Y_{1i} - \ln Y_{0i} = \beta \tag{2.14}$$

变形后可得

$$\beta = \ln \frac{Y_{1i}}{Y_{0i}} = \ln\left\{1 + \frac{Y_{1i} - Y_{0i}}{Y_{0i}}\right\} = \ln\{1 + \Delta\%Y_p\} \approx \Delta\%Y_p$$

在这里，$\Delta\%Y_p$ 是由 P_i 变化引起的潜在结果的百分比变化。微积分告诉我们，当 $\Delta\%Y_p$ 很小时，$\ln\{1 + \Delta\%Y_p\}$ 近似等于 $\Delta\%Y_p$。由此，我们知道方程左边出现 $\ln Y_i$ 时，回归系数告诉我们的是相应回归元变动造成的 Y_i 变动的近似百分比。

为了计算 P_i 变动产生的精确百分比变化，对方程(2.14)的两边进行指数化

$$\frac{Y_{1i}}{Y_{0i}} = \exp(\beta)$$

因此，

$$\frac{Y_{1i} - Y_{0i}}{Y_{0i}} = \exp(\beta) - 1$$

在这里，当 β 小于 0.2 时，$\exp(\beta) - 1$ 和 β 十分接近，足以将后者视为百分比变化。[①]

你也许听说过计量大师将对数线性模型中得到的回归系数解释为"对数点"，这种术语可以使听众记得，百分比变化的解释是一种近似值。一般而言，对数点会低估百分比变化，也就是

$$\beta < \exp(\beta) - 1$$

随着 β 增加，这两个值之间的差异也会变大。例如，当 $\beta = 0.05$ 时，$\exp(\beta) - 1 =$

---

① 将存在对数的回归模型解释为百分比变化，并不要求这个解释与潜在结果存在什么联系，不过，解释存在这种联系的模型更容易。

0.051，但是当 $\beta = 0.3$ 时，$\exp(\beta) - 1 = 0.35$。

回归的标准误和置信区间

我们对回归的讨论基本上忽略了我们的数据来自抽样这一事实。正如我们在第 1 章附录中注意到的，类似于样本均值，样本回归估计值也会遇到抽样方差问题。虽然我们想象由回归进行量化分析的潜在关系是固定的、非随机的，但是，当根据从同一个总体中抽取的新样本进行计算时，我们预期针对这种关系得到的估计值会发生变化。假设你在探究大学毕业生收入和他们就读的大学类型之间的关系。我们可能无法获得所有毕业生组成的总体数据。因此，实际上我们只能从感兴趣的总体中抽取样本进行分析。（即使我们拥有了某一年的学生总体的完整数据，在此之外的年份，不同学生也还是会去不同大学读书。）用来产生表 2.2 至表 2.5 中估计值的那些数据集就是这类样本。我们希望量化分析与这些估计值相关的抽样方差。

正如样本均值那样，我们也用标准误来度量回归系数的抽样方差。在第 1 章附录中我们解释了样本均值的标准误就是

$$SE(\overline{Y}_n) = \frac{\sigma_Y}{\sqrt{n}}$$

在二元回归中，斜率系数估计值（$\hat{\beta}$）的标准误也类似，可以写为

$$SE(\hat{\beta}) = \frac{\sigma_e}{\sqrt{n}} \times \frac{1}{\sigma_X}$$

在这里，σ_e 是回归残差的标准差，σ_X 是回归元 X_i 的标准差。

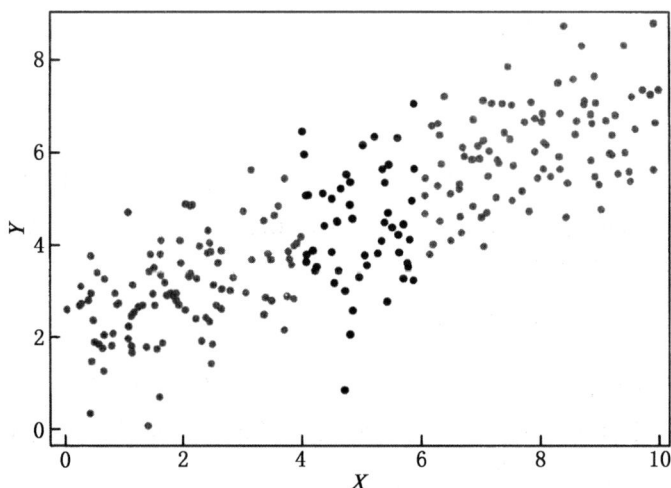

图 2.2 X 的方差越大越好

类似于样本均值的标准误，随着样本规模增加，回归的标准误也会降低。当残差

的方差很大时,标准误会增加(也就是说,回归估计值不那么精确)。这是很显然的,因为残差的方差很大,意味着回归曲线的拟合程度不高。另一方面,回归元的变动性是好事:随着 σ_X 的增加,斜率估计值会变得更加精确。这可从图 2.2 看出,X_i 的变动性增加(具体而言,增加那些灰色的观察点),将有助于确定 Y_i 和 X_i 之间的斜率。

多元回归的回归解构公式对于标准误也成立。如下的多元回归模型

$$Y_i = \alpha + \sum_{k=1}^{K} \beta_k X_{ki} + e_i$$

其中,第 k 个样本斜率 $\hat{\beta}_k$ 的标准误就是

$$SE(\hat{\beta}_k) = \frac{\sigma_e}{\sqrt{n}} \times \frac{1}{\sigma_{\tilde{X}_K}} \tag{2.15}$$

在这里,$\sigma_{\tilde{X}_K}$ 是 $\tilde{X}_{ki}$ 的标准差,$\tilde{X}_{ki}$ 是使用其他回归元对 X_{ki} 做回归后得到的残差。控制变量的加入会对 $SE(\hat{\beta}_k)$ 产生两个相反的效应。能够预测 Y_i 的协变量加入回归后,残差的方差(在这个标准误公式中,σ_e 处于分子的位置)会降低。另一方面,$\tilde{X}_{ki}$ 的标准差出现在标准误公式的分母位置,如果它比 X_{ki} 的标准差小,就会增加整体的标准误水平。额外增加的协变量可以解释其他一些回归元的变化,但是根据回归解构公式,这种变化实际上已经被剔除了。这种对分子和分母都产生影响的作用,最终会导致估计精确性的上升或下降。

如今,人们认为使用方程(2.15)计算标准误的方法有些过时,在公开场合已经不多见了。在推导这个过时公式时,假定了残差的方差与回归元无关——这被计量大师称为同方差性(homoskedasticity)。具有同方差性的残差,可以让回归估计值成为一个具有统计有效性的匹配机制。然而,因为可能无法满足同方差性假设,所以人们如今使用计算过程更为复杂的稳健标准误(robust standard error)。

稳健标准误公式可以写为

$$RSE(\hat{\beta}) = \frac{1}{\sqrt{n}} \frac{V(\tilde{X}_{ki}e_i)}{(\sigma_{\tilde{X}_k}^2)^2} \tag{2.16}$$

稳健标准误允许一种可能性,即对于 X_i 的不同取值,回归线的拟合程度是不同的,这种情况被称为异方差性(heteroskedasticity)。如果最终残差是同方差的,那么稳健标准误的分子就可以简化为

$$V(\tilde{X}_{ki}e_i) = V(\tilde{X}_{ki})V(e_i) = \sigma_{\tilde{X}_k}^2 \sigma_e^2$$

这时,对 $RSE(\hat{\beta})$ 的估计值应该可以接近 $SE(\hat{\beta})$ 的估计值,因为在理论上两者是相同的。但是,如果残差确实是异方差的,那么 $RSE(\hat{\beta})$ 的估计值往往可以提供一个更加准确(一般会更大)的抽样方差度量。[1]

---

[1]　回归估计值的稳健标准误和传统标准误之间的区别,类似于在计算处理组和控制组均值之差的标准误时,使用同一个 σ_Y^2 还是各自的 σ_Y^2 估计处理组和控制组数据的方差(见第 1 章附录)。

▶3

工具变量

金贵祥：简单一招，你就能获得整个宇宙。

《功夫》，第一季第 1 集

本章内容结构

通过回归分析实现的统计控制，可能无法产生令人信服的因果效应估计值。幸运的是，还有其他方法可以产生其他条件相同。包括人类的天性在内，自然的力量有时就像一个随机实验，它会操纵处理的分配，从而无需使用控制变量。这种力量往往不是导致处理发生变化的唯一来源，不过，这个障碍很容易就能克服。工具变量（instrumental variable，IV）法利用了部分或不完整的随机分配，这种随机分配可能是自然产生的，也可能是研究人员构造的。我们用三种方式说明这个重要的想法。第一种方式使用基本的工具变量评估美国的一个教育创新——特许学校，这个工具变量利用了随机的学校录取抽签行为。第二个应用工具变量的研究是如何对家庭暴力做出最佳反应，这个例子告诉我们，对于随机分配处理但受试者可以自由退出的田野实验，应该怎样使用 IV 进行分析。第三个应用探讨了在大家庭或小家庭中成长所带来的长期影响。这个应用阐述了两阶段最小二乘法（two-stage least squares，2SLS），它是对工具变量方法的精巧运用，也是我们最有力的工具之一。

3.1　特许学校之谜

面试官问道：你的爸爸和妈妈给你说过抽签的事情吗？

Daisy 回答道：抽签……这不是人们赢钱取乐的东西吗？*

《等待超人》（2010）

《等待超人》是一部纪录片，它讲述了发生在纽约州和加利福尼亚州申请进入

---

* 在英文中，抽签和彩票是一个词。——译者注

特许学校的学生身上的故事，这部影片激化了原本已经很热烈的对美国教育政策的讨论。这部影片中的超人认为，特许学校为少数族裔的贫困学生提供了最大希望，若是没有这类学校，这些学生就要去市中心的公立学校上学，上这类学校的学生很少成为杰出人士，且很多人还会中途辍学。

特许学校是一类公立学校，但是相比于传统的美国公立学校，这类学校拥有更多自主权。特许权——运营一所公立学校的权力——往往会在某个有限时段内授予一个独立的经营者（绝大部分都是私人且非营利性的管理组织），然后基于良好的表现，再对这种特许授权进行续约。特许学校可以自由设计课程和学校环境。许多特许学校通过延长教学日、在周末和暑假继续上学等方式拉长教学时间。特许学校和传统公立学校之间存在的最大且最具争议的区别是：特许学校的教师和工作人员很少加入工会。相比之下，多数大城市的公立学校教师都依据教师工会合约开展工作，这个合约往往用非常详细的方式规制教师的工资收入和工作条件。这类合约虽然可能改善教师的工作条件，但也可能造成难以奖励好教师或解雇差教师的问题。

《等待超人》中提到的学校里有一所名叫 KIPP LA College Prep，这个学校是知识就是力量项目（Knowledge Is Power Program，KIPP）旗下 140 多个学校中的一所。KIPP 项目所属学校的标志是在公立教育中倡导"没有借口"这一做法，这是得到广泛复制的一类特许学校模式，这种模式强调纪律、行为规范，具有教学日时段长、学年长、严格选拔招聘教师的特点，其教育的关注点是传统的阅读和数学能力。在 1995 年，KIPP 项目由"为美国而教"（Teach for America）这一非营利性项目的老员工们在休斯敦和纽约城创立，这个项目每年要从美国最具选拔性的大学中招募数千名应届毕业生，组织他们在国内学生学习表现较差的校区任教。如今，KIPP 的教育网络为 95％ 的黑人和拉美裔学生提供教育，在 KIPP 教育网络中的学生，有 80％ 以上都来自贫穷家庭，符合获得联邦政府午餐计划的条件。[①]

美国针对教育改革的辩论经常集中在学生的成绩差距上，简单讲就是不同种族和族裔表现出的令人难以接受的较大分数差距。一般来说，在标准化考试中，黑人和拉美裔儿童的得分要远低于白人和亚裔儿童。面对这种巨大而持续的种族成绩差距，针对政策制定者应该如何应对这个问题，人们有两类反应。第一类是改善学校的教育结果；第二类则呼吁更加广泛的社会变革，因为单靠学校不可能缩小成绩差距。由于 KIPP 关注少数族裔学生，它常常成为这场辩论的核心，其支持者们指出，KIPP 中非白人学生明显比附近学校的非白人学生取得更高的成绩。质疑者则指出，KIPP 取得的明显成功，不过是一个事实的反映，即 KIPP 能够吸引孩子无论如何都更可能成功的那些家庭：

整体而言，KIPP 学生刚入学时，其在原先所在学校的成绩要明显高于那些学校的平均水平……老师告诉我们，要么是他们推荐了比同龄人更有能力的学生，要

---

① 杰·马修斯在他的著作 *Work Hard. Be Nice*，Algonquin Books，2009 中详细叙述了 KIPP 的历史。在 2012 年，"为美国而教"已经成为美国 55 所大学即将毕业的高年级学生的最大雇主，这些学校既包括亚利桑那州立大学，也包括耶鲁大学。

么是最有积极性、教育水平更高的父母引导孩子……进入了 KIPP[①]。

由此提出的重要问题是，在比较 KIPP 的学生和其他公立学校的学生时，其他条件是否相同。

抽签

新英格兰地区第一所 KIPP 学校是位于马萨诸塞州林恩镇（Lynn）的一所中学，这所学校正好位于波士顿以北。一首老歌警告说："林恩镇、林恩镇，一所罪恶城，进去就会变个样。"唉，今天的林恩镇却没怎么变样，既没有变好也没有变坏。林恩镇曾经是一座造鞋业枢纽，但是，近来却以高失业率、高犯罪率和高贫困率著称。2009 年，在林恩镇公立学校的非白人学生中，超过四分之三的人符合联邦政府午餐计划，学生家庭的贫困水平可想而知。林恩镇 KIPP 学校刚入学的五年级学生，其贫困率甚至更高。虽然市区的特许学校通常会招收许多贫穷的黑人学生，但是林恩镇 KIPP 学校与其他特许学校的不同之处在于，它招收很高比例的、英语能力有限的拉美裔学生。

林恩镇 KIPP 学校启动缓慢，在 2004 年秋季开始招生时，申请人数量小于招生规模。一年之后，这所学校出现超额申请，不过超出的人数并不多。然而，在 2005 年以后，需求开始加速，每年都有超过 200 名学生竞争 90 个的五年级招生名额。根据马萨诸塞州法律规定，必须要通过抽签分配稀缺的特许学校招生名额。抽签不仅仅是个有趣的制度，也可让我们解开特许学校的因果难题。我们的工具变量就是用录取抽签来构造一个自然发生的随机实验。

就读特许学校的决策绝不会是完全随机的：在申请人中，有些获得录取资格的人还是会去其他地方上学，同时，一些没有中签的人则会用其他方式获得特许学校的录取资格。然而，在因随机抽签决定拥有或不拥有特许学校录取资格的那些申请人之间进行比较，应该符合苹果和苹果相比的原则。假设中签产生的唯一差别在于他们就读特许学校的概率（这个假设被称为排他性约束（exclusion restriction）），那么，工具变量就能将这种随机录取产生的影响转化为在特许学校学习产生的因果效应估计值。具体而言，工具变量能够捕捉到的因果效应是关于一部分特定儿童的，他们如果获得录取资格就会进入 KIPP，如果没有获得录取资格就无法进入 KIPP。正如我们在下面将会说明的，这组学生被称为 KIPP 抽签结果的依从者（complier）组。

计量大师乔舒亚和他的合作者们收集了林恩镇 KIPP 学校 2005 年秋季到 2008 年秋季的申请人的数据。[②]其中有些申请人绕过了抽签环节：那些以前就有兄

---

① 可见 Martin Carnoy, Rebecca Jacobsen, Lawrence Mishel, and Richard Rothstein, *The Charter School Dust-Up: Examining Evidence on Student Achievement*, Economic Policy Institute Press, 2005:58。

② 可见 Joshua D. Angrist et al., "Inputs and Impacts in Charter Schools: KIPP Lynn," *American Economic Review Papers and Proceedings*, vol.100, no.2, May 2010:239—243, 以及 Joshua D. Angrist et al., "Who Benefits from KIPP?" *Journal of Policy Analysis and Management*, vol.31, no.4, Fall 2012:837—860。

弟姐妹进入KIPP学校的学生(大部分)能保证被录取。还有一些申请人被KIPP学校明确拒绝(例如,年纪太大不适合中学学习的人)。从2005年到2008年,四次抽签中对总计446位想进入五年级班级的申请人进行随机分配,其中,有303位申请人(68%)获得录取资格。或许令人惊讶的是,这其中相当数量的人最终没有在九月份进入KIPP学校学习。有一些获得录取资格的申请人搬迁到其他地方,或者最终选择就近入学。在那些获得录取资格的申请人中,有221(73%)位学生最终在紧接着的学年进入KIPP学校学习。同时,一些未能获得录取资格的申请人(大约3.5%)仍然找到其他方法进入KIPP学校(一些未抽中签的申请人在后来或在下一轮抽签被给予了录取资格)。图3.1总结了这些重要信息。

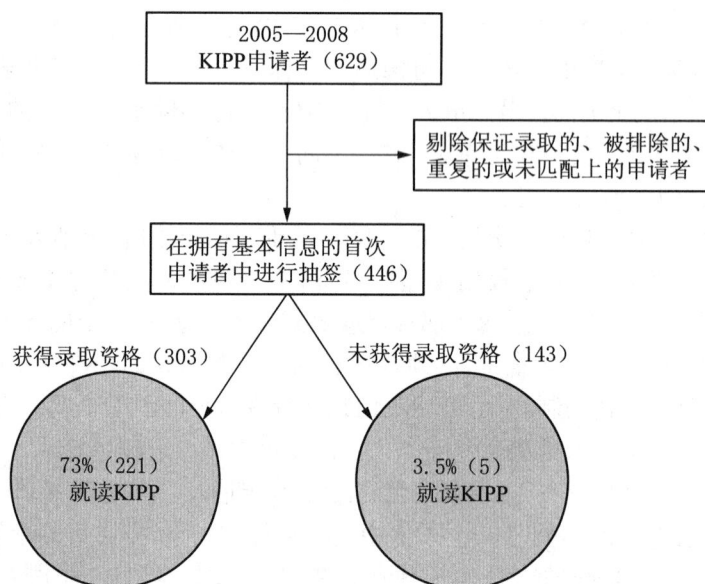

注:括号中显示的是KIPP申请人数量。

图3.1 林恩镇KIPP学校抽签的申请与录取情况

KIPP抽签使特许学校的录取资格做到了随机分配。对录取资格的随机分配,应该可以平衡中签申请人和未中签申请人的人口统计学特征。根据抽签状况计算出的平衡性确实较好,可见表3.1中的A部分。作为基准,该表列(1)报告了林恩镇所有的公立学校五年级学生的人口统计学特征和小学考试成绩。列(2)和列(3)分别报告了抽中签的那些人的相应平均值,以及中签申请人和未中签申请人的平均值之差,数据显示,在中签申请人和未中签申请人中,属于黑人、拉美裔或有资格享受免费午餐计划的概率是相近的。

表3.1中特别重要的一个特征是检查预处理结果的平衡性,也就是检查申请人的四年级考试成绩,这一年的成绩是在他们进入KIPP学校之前取得的(在表中这些数据标记为"基准成绩")。在研究学生学习成绩时,常用的方法是对成绩进行标准化(standardize),也就是用学生成绩减去参照总体的平均成绩,然后除以参照

总体的标准差,在这个例子中,参照总体是指马萨诸塞州的四年级学生。对分数进行标准化后,可以将参照总体的标准差定义为分数的度量单位。类似于马萨诸塞州很多贫穷的城市和城镇,林恩镇学生的数学平均成绩要比州平均成绩低 0.3 个标准差。这个水平的成绩被记作 -0.3σ(如第 1 章和第 2 章附录中所示,用希腊字母"sigma"表示标准差)。在表 3.1 列(3)中,KIPP 的中签申请人和未中签申请人的基准分数之差很小,且在统计上不显著,很可能是某种偶然因素造成的。

表 3.1 最后两列显示了在林恩镇 KIPP 学校五年级就读的学生的各类平均值,以及进入林恩镇 KIPP 学校和没有进入林恩镇 KIPP 学校的学生在各个指标上的差异。因为进入林恩镇 KIPP 学校并不是随机分配的,所以进入和没有进入的学生在各个指标上的差异,反映的是潜在的选择偏误:相比于接受林恩镇 KIPP 学校录取的学生而言,获得录取资格却进入其他学校的学生并不是很关心学校问题。这就是质疑 KIPP 学校的人所描述的选择偏误。然而,事实证明,列(5)表现出的差异很小,没有一个值接近统计显著,这意味着这里的选择偏误可能不太重要。

大多数 KIPP 学校申请人都申请五年级时进入 KIPP 学校学习,比常规的中学生活提前一年,但有些申请人申请六年级进入 KIPP 学校。在这里我们要考察的是,进入 KIPP 学校学习对申请年级之后那个年级期末的考试成绩产生的影响。当学生在四年级申请进入 KIPP 时,这个成绩就是他们在五年级末获得的考试分数,对于那些在五年级申请进入 KIPP 的学生,这个成绩就是他们在六年级末获得的考试分数。由此,得到的样本中包含 371 位申请人,这里删除了一些三年级毕业后就申请进入 KIPP 学校的学生,同时剔除了一些基准分数或考试成绩缺失的学生。[①]

表 3.1 对 KIPP 抽签结果的分析

	林恩镇公立学校五年级学生 (1)	林恩镇 KIPP 学校中签申请人 (2)	中签者与未中签者之差 (3)	进入 KIPP 学校 (4)	进入 KIPP 学校学生与其他学生之差 (5)
		KIPP 申请者			
A 基准特征					
拉美裔	0.418	0.510	−0.058	0.539	0.012
			(0.058)		(0.054)
黑人	0.173	0.257	0.026	0.240	−0.001
			(0.047)		(0.043)
女性	0.480	0.494	−0.008	0.495	−0.009
			(0.059)		(0.055)

① 正如在第 1 章注意到的,即使在随机实验中,损耗(缺失数据)也是值得担心的事情。对存在缺失数据的随机实验设计,确保其完整性的关键是处理组和控制组中数据缺失的概率都相等。实际上,在构造表 3.1 的 KIPP 样本中,中签者和未中签者拥有完整数据的可能性是相同的。

	KIPP 申请者			
林恩镇公立学校五年级学生 (1)	林恩镇 KIPP 学校中签申请人 (2)	中签者与未中签者之差 (3)	进入 KIPP 学校 (4)	进入 KIPP 学校学生与其他学生之差 (5)
免费/减价午餐	0.770	0.814	−0.032 (0.046)	0.828	0.011 (0.042)
基准数学成绩	−0.307	−0.290	0.102 (0.120)	−0.289	0.069 (0.109)
基准阅读成绩	−0.356	−0.386	0.063 (0.125)	−0.368	0.088 (0.114)
			B 结果		
进入 KIPP	0.000	0.787	0.741 (0.037)	1.000	1.000 —
数学成绩	−0.363	−0.003	0.355 (0.115)	0.095	0.467 (0.103)
阅读成绩	−0.417	−0.262	0.113 (0.122)	−0.211	0.211 (0.109)
样本规模	3 964	253	371	204	371

注：本表描述了林恩镇五年级学生的基准特征，报告了获得录取资格对林恩镇 KIPP 申请人产生的影响的估计值。在列(1)、列(2)和列(4)中给出了均值。列(3)报告了中签申请人和未中签申请人在相应指标上的差异。这些系数都来自控制了风险集后的回归，在这里，风险集是指表示年份、申请人年级以及是否存在同胞申请人的虚拟变量。列(5)给出了进入 KIPP 的学生和未能进入 KIPP 的学生之间表现出的差异。括号内报告的是标准误。

表 3.1 的 B 部分表明，被 KIPP 学校录取的申请人，其标准化后的数学成绩接近于 0，也就是说，接近于州平均水平。因为 KIPP 申请人在四年级时平均数学成绩比州平均水平低 0.3σ，所以他们达到州平均水平的这个学习成效十分显著。相比之下，未被 KIPP 学校录取的申请人，他们的数学平均成绩是 -0.36σ，比四年级时的起点成绩略低。

既然中签结果是随机分配的，所以列(3)中报告的 0 和 -0.36σ 之间的差异就是一个平均因果效应：被林恩镇 KIPP 学校录取，数学成绩可提高 0.36σ，这是一个很大的收益（对于阅读成绩而言，获得 KIPP 学校录取产生的影响虽然也是正的，但是比较小，而且在统计上不显著）。从技术上说，这里的分析要比简单比较均值的方法稍微复杂一些，但是思想都一样。列(3)中的结果来自使用表示获得 KIPP 录取的虚拟变量对考试分数进行的回归，回归中还加入了表示年份、申请人所处年级以及是否存在同胞申请人等因素的虚拟变量。这些控制变量是必要的，因为在不同年份和不同年级，申请人中签的可能性会发生变化，而且有兄弟姐妹的申请人的中签率明显更高。这里使用的控制变量描述了学生组（有时也被称为风险集（risk set）），每组的中签概率是常数。[①]

① 本书 3.3 节详细说明了工具变量估计中协变量的作用。

给定 0.36σ 的录取效应，在林恩镇 KIPP 学校学习的效应如何？工具变量估计可以将 KIPP 的中签效应转化为在 KIPP 学校学习带来的效应。在这个例子中，工具变量（或者简称为"工具"）是表示 KIPP 申请人获得录取资格的虚拟变量。一般而言，工具变量需要满足三方面要求：

  (i) 工具变量应该对我们希望捕捉其效应的那个变量产生因果影响，在这个例子中就是 KIPP 学校的入学状况。这种因果效应被称为第一阶段（first stage），我们很快会解释原因。

  (ii) 为了与我们想控制的遗漏变量（在这个例子中就是类似于家庭背景或个人动力之类的变量）无关，工具变量需要是随机分配的，或者"和随机分配一样好"。这就是所谓的独立性假设（independence assumption）。

  (iii) 最后，工具变量的逻辑要求排他性约束。排他性约束能够刻画一个单一途径，工具变量只能通过这个途径对结果产生影响。在这里，排他性约束等于说，中签者和未中签者 0.36σ 的成绩差别，完全由表 3.1 列（3）（在 B 部分最上面）中中签者和未中签者 0.74 的入学率差别造成。

  工具变量法使用这三个假设构造一个从工具变量到学生成绩之间的反应链条。这个因果反应链条的第一个联系——第一阶段——将随机分配的中签结果与 KIPP 学校入学结果联系起来，第二个联系——我们所感兴趣的——将 KIPP 学校入学结果与学生成绩联系起来。运用独立性假设和排他性约束，这两个联系的乘积便是录取对考试成绩产生的影响：

$$录取对考试成绩产生的影响 = (\{录取对入学结果的影响\}$$
$$\times \{入学结果对考试成绩的影响\})$$

重新整理后，进入 KIPP 学校学习的因果效应就是

$$入学结果对考试成绩的影响 = \frac{\{录取对考试成绩的影响\}}{\{录取对入学结果的影响\}} \tag{3.1}$$

据此计算出的结果是 0.48σ，由图 3.2 中等号的左边给出。

  方程（3.1）的推导逻辑可简单归纳为：假设 KIPP 录取资格只会通过影响 KIPP 入学结果这个途径影响考试分数。获得 KIPP 录取资格，能将进入 KIPP 学习的概率提高 75% 左右（精确而言是 74%），于是，要用 4/3（≈1/0.74）乘以录取对考试成绩产生的影响，由此计算出的就是进入 KIPP 对成绩产生的影响。之所以这样调整，是因为大约有四分之一的人在获得录取资格后选择到其他地方读书，也还有很少一部分并未获得录取资格的人最终进入到 KIPP 读书。

  针对进入 KIPP 学习产生的效应，表 3.1 中列（4）和列（5）给出了另外一种估计。列（4）给出了 KIPP 学生的均值，列（5）给出了申请人中进入 KIPP 学习的学生和其他学生之间的差别。列（5）给出的差异忽略了随机产生的中签结果，来自于表示 KIPP 入学结果的虚拟变量对入学后数学成绩的回归，同时还使用了构造列（3）中中签者与未中签者差异时用到的控制变量。在这个回归中，KIPP 入学状况的变

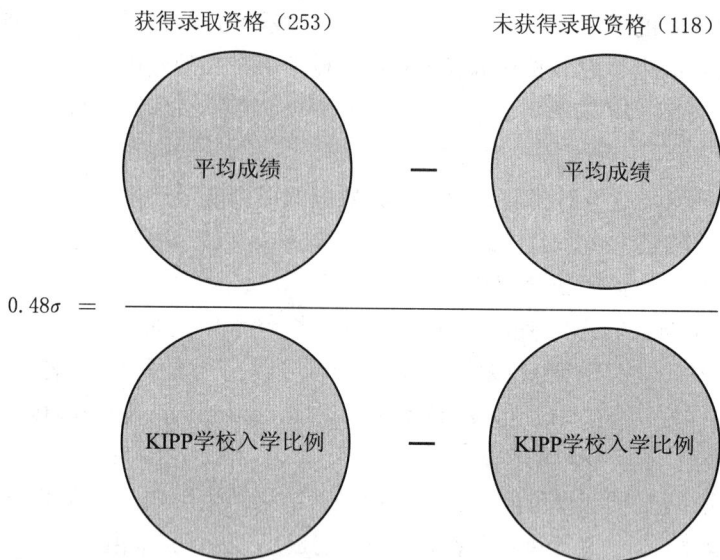

获得录取资格（253）　　　　　　　　未获得录取资格（118）

平均成绩　　　—　　　平均成绩

$0.48\sigma\ =\ $ ——————————————————

KIPP学校入学比例　　—　　KIPP学校入学比例

注：在本图中，进入 KIPP 学习对数学成绩产生的影响等于 $0.48\sigma = 0.355\sigma/0.741$。

图 3.2　在教育回报问题中使用工具变量：KIPP 入学对数学成绩的影响

动大部分来自抽签结果，但并不完全来自抽签结果。因为 KIPP 入学结果既涉及随机分配，也涉及个人选择（例如，中签者未选择入学），因此，对入学者和未入学者进行的比较存在选择偏误。然而，在列（5）中针对数学成绩给出的估计值（大约为 0.47σ），接近图 3.2 中的工具变量估计值，再次证明我们之前的猜测，这个例子中选择偏误并不严重。

在一年学习结束后，数学成绩提高了半个标准差，这个效应是很明显的。林恩镇居民的运气足够好，他们可以进入 KIPP 学校学习，真的进去就会变个样。

特许学校的局部平均处理效应

可以将 KIPP 学校抽签视作工具变量反应链条的一个范例。人们为这个反应链条的每个组成部分进行了命名，从而让计量大师们可以高效地讨论这些组成部分。我们注意到，从源头上带来随机性的（在本例中是 KIPP 学校分配的录取资格）叫做工具变量，或者被简称为工具。正如我们已经看到的，从工具变量到我们感兴趣的原因变量（在本例中是录取资格对进入 KIPP 学校学习的影响）之间的联系被称为第一阶段，因为它是这个因果反应链条中的第一个联系。工具变量对结果产生的直接影响，也就是整个因果反应链条（在这个例子中就是录取资格对考试分数的影响）被称为是简约式（reduced form）。最后，我们感兴趣的因果效应——因果反应链条的第二个联系——由简约式估计值和第一阶段估计值之比决定。这个因果关系被称为局部平均处理效应（local average treatment effect，LATE）。

工具变量反应链条中的各个联系来自条件期望值之差，也就是说，针对不同组别比较其总体均值。在实践中，我们用样本均值估计总体均值，其数据通常来自随

机样本。必需的数据是

- 工具变量 Z_i：在这个例子中就是申请人获得 KIPP 学校随机分配的录取资格时取值为 1 的虚拟变量（只针对那些参加抽签的人定义这个变量）；
- 处理变量 D_i：在这个例子中就是申请人进入 KIPP 学校学习时取值为 1 的虚拟变量（出于历史原因，这个变量有时又被称为内生变量）；
- 结果变量 Y_i：在这个例子中是五年级学生的数学考试成绩。

这些变量之间的关键关系——也即工具变量反应链条中的各个联系——就是参数。你猜对了，我们要用希腊字母对它们进行命名。

第一阶段　$E[D_i \mid Z_i = 1] - E[D_i \mid Z_i = 0]$ 被称为 ϕ。

在针对 KIPP 学校的研究中，ϕ（读作"phi"）就是中签者和未中签者的 KIPP 学校入学率之差（在图 3.2 中等于 0.74）。

简约式　$E[Y_i \mid Z_i = 1] - E[Y_i \mid Z_i = 0]$ 被称为 ρ。

在针对 KIPP 学校的研究中，ρ（读作"rho"）是中签者和未中签者的平均考试成绩之差（在图 3.2 中等于 0.36）。

局部平均处理效应（LATE）

$$\lambda = \frac{\rho}{\phi} = \frac{E[Y_i \mid Z_i = 1] - E[Y_i \mid Z_i = 0]}{E[D_i \mid Z_i = 1] - E[D_i \mid Z_i = 0]} \tag{3.2}$$

这里，局部平均处理效应记为 λ（读作"lambda"），是简约式估计值与第一阶段估计值之比。

在针对 KIPP 学校的研究中，局部平均处理效应是中签者和未中签者在考试成绩上的差异，除以他们在 KIPP 学校入学率上的差异（在图 3.2 中局部平均处理效应是 0.48）。

我们可以用相应的样本均值替换方程(3.2)右边的四个总体期望，从而估计出 λ，这个估计值被计量大师称为工具变量估计值。但是，实践中我们通常选择一种称为两阶段最小二乘的方法，详见 3.3 节。两阶段最小二乘法能够实现同样的想法，但它具有更大的灵活性。无论哪种方式都要使用样本来估计参数，这要求我们用适当的标准误对抽样方差进行量化。不出意外，存在一个计算工具变量估计值的标准误的公式，而且你使用的计量经济学软件知道这个公式。问题解决了！

更有趣的问题在于对 λ 的解释：你可能会问，在特许学校中，局部平均处理效应针对的是哪些人？不同孩子从 KIPP 学校中获得的益处是不一样的。对一些孩子来说，也许他们拥有更加支持学习的家庭环境，所以对这些孩子而言，在林恩镇 KIPP 学校就读或是在林恩镇其他公立学校就读，产生的差别不大；进入 KIPP 学校读书对他们产生的因果效应是 0。对于其他孩子，进入 KIPP 学校读书可能会产生重要影响。局部平均处理效应是这些不同个体的因果效应的平均值。具体而言，局部平均处理效应是指 KIPP 入学状态完全由 KIPP 抽签结果决定的那些孩子的平均因果效应。

《圣经》中逾越节(Passover)的故事里,上帝认为每个家庭有四种孩子,这个说法对今天的孩子也是成立的。* 我们从前三类孩子开始:类似于阿尔瓦罗(Alvaro)的申请人非常渴望进入 KIPP 学校;如果没有中签,他们的母亲会想尽办法将其弄进 KIPP 学校。对于类似卡米拉(Camila)的申请人,如果能中签,他们会很乐意进入 KIPP 学校,但是如果没能中签,他们也能泰然地接受这个事实。最后,类似于诺曼多(Normando)的申请人,他们很担心过长的学习时间和过多的家庭作业。诺曼多并不是真的想去 KIPP 学校,他会拒绝抽中的录取资格。诺曼多被称为从不接受者(never-taker),因为他对学校的选择不受抽签结果的影响。在 KIPP 录取行为的另一端,阿尔瓦罗被称为始终接受者(always-taker)。如果他抽中录取资格,他会很开心地入学学习,如果没能抽中,他的妈妈会想别的办法让他进入 KIPP 学校,也许他的妈妈会谎称阿尔瓦罗的某个兄弟姐妹已经获得录取资格。对阿尔瓦罗来说,抽签结果也不影响他的入学选择。

表 3.2　四类孩子

| | | 未中签者 $Z_i = 0$ | |
		未进入 KIPP 学习的人 $D_i = 0$	进入 KIPP 学习的人 $D_i = 1$
中签者 $Z_i = 1$	未进入 KIPP 学习的人 $D_i = 0$	从不接受者 (诺曼多)	排斥者
	进入 KIPP 学习的人 $D_i = 1$	依从者 (卡米拉)	始终接受者 (阿尔瓦罗)

注:KIPP 是"知识就是力量"项目(Knowledge Is Power Program)的缩写。

如果抽中录取资格,卡米拉会进入 KIPP 学校读书,如果没有抽中,她也只能遗憾地进入家附近的某所学校(卡米拉的养母忙得不可开交;她希望为女儿提供最好的教育,但是只能在她力所能及的范围内)。卡米拉就是那类工具变量能够起到作用的申请人,因为工具变量可以改变她的处理状态。当 $Z_i = 0$ 时,卡米拉的 $D_i = 0$;当 $Z_i = 1$ 时,卡米拉的 $D_i = 1$。工具变量估计策略主要依赖的是类似卡米拉的人,他们被称为依从者(compliers),我们用虚拟变量 C_i 表示这个组。术语"依从者"来自随机实验。在许多类似评估新药作用的随机实验中,是否依从随机治疗分配的决策是自愿的、非随机的(例如,被随机提供治疗的实验受试者可能拒绝治疗)。在这个实验中,依从者就是那些被随机分配到处理时接受处理,没有被随机

---

* 逾越节有这样一个故事:上帝说,每个家庭有四种孩子,第一个是聪明的孩子,非常喜欢学习,熟悉世界上很多事情;第二个是坏孩子,他可能是聪明的,但却不喜欢学习,甚至做一些坏事儿;第三个是普通的孩子,没有突出的特点,不聪明也不笨;最后一个是不知道怎么提问的孩子,没有好奇心,对世界上所有的东西都没有兴趣。犹太人认为,其他三种孩子都有教育的办法,唯独最后一个是最糟糕、最没有办法来教育的。——译者注

分配到处理时便不接受处理的人。使用抽签做工具变量，局部平均处理效应就是对于像卡米拉这样的依从者进入 KIPP 学习后获得的因果效应的平均值，只有中签，这些人才会进入 KIPP 学习。对于阿尔瓦罗这类始终接受者，以及对于诺曼多这类从不接受者，工具变量法无法提供信息，因为工具变量与他们的处理状态无关。

表 3.2 将孩子分为阿尔瓦罗、诺曼多和卡米拉，以及被称为排斥者（defier）的第四类。表中各列表示了当 $Z_i = 0$ 时的入学选择；各行表示当 $Z_i = 1$ 时的入学选择。这张表不仅仅给出了我们能够观察到的情况，还给出了每个申请人的所有可能情况（例如，对于获得录取资格的申请人，这张表描述了如果他没能获得录取资格时会做出的选择）。主对角线上出现的是诺曼多这类从不接受者和阿尔瓦罗这类始终接受者。无论是否中签，他们的选择都不会受到影响。在左下方，卡米拉依从抽签结果，抽中就去 KIPP 学校，抽不中则不去。第一阶段估计值 $E[D_i \mid Z_i = 1] - E[D_i \mid Z_i = 0]$ 来自这类申请人，局部平均处理效应反映的就是这组人的平均处理效应。

表 3.2 中的排斥者，是指只会在未中签时进入 KIPP 学校学习的人。《圣经》将这种反叛者称为"恶人"，不过，在这里我们没有道德上的评判。我们关注的是这种反常的行为会让人很难解释工具变量估计值。如果数据中既有依从者也有排斥者，即使每个人都从 KIPP 学校中获益，中签带来的平均因果效应也可能是 0。幸运的是，在特许学校抽签，以及在下文中很多应用工具变量的场景中，都不太会出现排斥的行为。因此，我们假定排斥的行为很少或几乎不存在。无排斥者的假设被称为单调性（monotonicity），意味着工具变量只从一个方向改变受影响的申请人。

我们认为可将工具变量理解为构筑了一个因果反应链条，在这个因果反应链条中，工具变量 Z_i 影响我们感兴趣的变量 D_i，D_i 进而影响结果变量 Y_i。在我们解释这种连锁反应时，每个工具变量所对应的那组依从者将会发挥关键作用。局部平均处理效应定理是说，对于任何随机分配的、第一阶段估计值不等于零的工具变量，如果满足单调性和排他性约束，那么局部平均处理效应就是简约式估计值与第一阶段估计值之比，也就是处理对依从者所产生的平均因果效应。[1]回忆（见 1.1节）之前内容，Y_{1i} 表示受到处理的第 i 个人得到的因果效应，Y_{0i} 是同一个人在没有受到处理时表现出的结果。使用这种表示法和上面定义的参数，局部平均处理效应可以写为：

$$\lambda = \frac{\rho}{\phi} = E[Y_{1i} - Y_{0i} \mid C_i = 1]$$

① 这个定理来自 Guido W. Imbens and Joshua D. Angrist，"Identificationand Estimation of Local Average Treatment Effects," *Econometrica*，vol. 62，no. 2，March 1994：467—475。对依从者、始终接受者和从不接受者之间区别的详细描述，可见 Joshua D. Angrist，Guido W. Imbens，and Donald B. Rubin，"Identification of Causal Effects Using Instrumental Variables," *Journal of the American Statistical Association*，vol. 91，no. 434，June 1996：444—455。

由于没有要求每个人的因果效应都是常数（这是在第 1 章中方程(1.3)描述的模型)这类很强的假设，局部平均处理效应不需要刻画从不接受者和始终接受者这两类个体的因果效应。

工具变量未必能帮助我们理解处理状态不受工具变量影响的那些人的情况，你不应该对这件事情感到惊讶。在这里，好的一方面在于，依从者组成的总体就是我们想要了解的组。在 KIPP 例子中，依从者就是那些一旦 KIPP 教育网络进行扩张，在同一地区开设一所新学校，录取席次增加，抽中签就会进入学校的孩子。在马萨诸塞州，法律规定了特许学校的学生名额上限，于是特许学校扩张带来的结果，就成为当今要解决的教育政策问题。

除了局部平均处理效应，研究人员和政策制定者们有时还对受到处理的整个总体的平均因果效应感兴趣。这个平均因果效应被称为*受处理者的处理效应* (treatment effect on the treated，TOT)。受处理者的处理效应可以写作 $E[Y_{1i} - Y_{0i} \mid D_i = 1]$。一般来说，个体可以通过两种方式受到处理，也就是说，有两种方式使 D_i 等于 1。一种方式是无论工具变量取 1 还是取 0，某个人始终得到处理。如前讨论，这就是阿尔瓦罗的情况，他是一位始终接受者。除此之外，被处理的总体中剩下的那些人里包含的都是随机分配时 $Z_i = 1$ 的那些依从者。在针对 KIPP 的研究中，受到处理的样本包括进入 KIPP 学习的依从者（类似于卡米拉），以及无论如何都会进入 KIPP 学习的始终接受者（类似于阿尔瓦罗）。被随机分配了录取资格的那些依从者，能够代表所有依从者组成的总体（包括未中签并选择去公立学校读书的依从者），但是，对始终接受者产生的影响可能不同于对依从者产生的影响。例如，我们可能会想象阿尔瓦罗是一位始终接受者，因为他的母亲认为 KIPP 将会改变他的一生。因此，他所经历的因果效应要大于那些决心不那么强烈的受到处理的申请人，也就是那些得到处理的依从者。

因为被处理者构成的总体中包含始终接受者，所以局部平均处理效应和受处理者的处理效应往往不一致。此外，随着时间变化，或是随着情境的不同（例如，有些特许学校中来自少数族裔的申请人较少），这些平均因果效应未必总是相等。所谓*外部有效性*(external validity)，就是特定因果估计值的预测价值是否能够超越研究代表的时间、地点和具体人群的问题。当评估外部有效性时，计量大师往往要问自己为什么某个特定的局部平均处理效应估计值较大或较小。例如，也许 KIPP 学校能够提高成绩的原因是 KIPP 提供了一个结构化的教育环境，在这个环境中，很多孩子——但也许不是全部——发现很容易进行学习。那些特别聪明和独立的孩子可能无法在 KIPP 学校中得到充分发展。为了寻求某个特定的局部平均处理效应的外部有效性，我们可以使用单个工具变量考察不同类型孩子的估计值——例如，考察那些基准分数偏高或偏低的孩子。我们还可以寻找额外的工具变量，这个工具变量会影响不同类别的依从者，我们会在 3.3 节讨论这个主题。正如从随机实验中得到的估计值那样，能够说明工具变量估计值具有外部有效性的最佳证据，来自对不同总体中相同或类似处理所产生的局部平均处理效应的比较。

3.2 家暴狂徒

在 O.J.辛普森迎娶了妮可·布朗·辛普森（Nicole Brown Simpson）之后，警察至少九次接到报警探访他在洛杉矶的豪宅。但是，这位绰号"果汁"的前美国国家橄榄球联盟超级巨星只在 1989 年被捕过一次，当时他的家暴行为将妮可送进了医院，不再对自己虐待配偶的指控做任何辩解。辛普森支付了一笔小额罚款，做了些象征性的社区服务，并且奉命去他自己选择的精神病医生那里寻求辅导。在 1989 年的这起案件中，检察官罗伯特·平格尔（Robert Pingle）注意到妮可在遭到毒打后不十分配合当局调查。五年后，妮可·布朗·辛普森以及同伴罗纳德·戈德曼（Ronald Goldman）被未知的入侵者谋杀，很多人认为凶手就是妮可的前夫 O.J.辛普森。[①]

警方如何应对家庭暴力呢？很多类似于妮可·布朗·辛普森的虐待受害者都不愿意对这类事情提出指控。如果没有受害者的合作，逮捕施暴者可能是毫无意义的，而且可能使已经很糟糕的情况变得更糟。对于很多观察家和为数不少的警务人员而言，社会服务机构似乎最适合应对家庭暴力。与此同时，受害者权益的维护者担心，未能逮捕施暴者意味着社会对暴力行为的容忍，毕竟陌生人之间的暴力行为一般会导致严厉的执法反应。

在激烈的政策辩论之后，明尼阿波利斯的市长和警察局局长在 20 世纪 80 年代初着手一项具有开创性的实验。设计明尼阿波利斯家庭暴力实验（Minneapolis Domestic Violence Experiment，MDVE）的目的在于对逮捕施暴者的价值进行评估。[②]MDVE 实验设计包含三种处理：逮捕、要求施暴嫌疑人离家八小时（隔离），以及辅导干预，辅导干预可能包括召集警察进行现场调解（警告）。这个实验设计要求，当参加实验的明尼阿波利斯警务人员遇到满足实验条件的情况（具体而言，有合理理由相信同居者或配偶在过去 4 小时内攻击了另外一方）时，随机选择使用三种处理中的一种。危及生命或出现严重伤害（即重罪攻击）的案件不参与这个实验。在警察到达时，犯罪嫌疑人和受害者必须同时在场。MDVE 实验想要考察的主要结果变量是，在初始的随机分配发生后 6 个月内，在同一地点是否会再次发生家庭暴力事件。

---

① 辛普森在刑事审判的谋杀罪名中被判无罪，但是在民事审判中被判要对妻子的死亡负责。他后来写了一本书，*If I Did It: Confessions of the Killer*，Beaufort Books，2007。我们对警察多次探访辛普森家的描述来自 Sara Rimer，"The Simpson Case: The Marriage: Handling of 1989 Wife-Beating Case Was a 'Terrible Joke,' Prosecutor Says," *The New York Times*，June 18，1994。

② 最初对 MDVE 的分析出现在 Lawrence W.Sherman and Richard A.Berk，"The Specific Deterrent Effects of Arrest for Domestic Assault," *American Sociological Review*，vol.49，no.2，April 1984:261—272。

表 3.3　在 MDVE 实验中分配和执行的处理

分配处理	执 行 处 理			
	逮 捕	柔 性 处 理		总 计
		警 告	隔 离	
逮　捕	98.9(91)	0.0(0)	1.1(1)	29.3(92)
警　告	17.6(19)	77.8(84)	4.6(5)	34.4(108)
隔　离	22.8(26)	4.4(5)	72.8(83)	36.3(114)
总　计	43.4(136)	28.3(89)	28.3(89)	100.0(314)

注：本表报告了在明尼阿波利斯家庭暴力实验中分配和执行的各类处理的数量，以及它们在总处理中所占比例。前三列表示行百分比。最后一列表示各列对应的处理在总体中所占百分比。括号中数字表示案件数量。

在 MDVE 实验中，构造随机性的机制来自三种可能的应对措施：逮捕、隔离和警告提供一叠具有相应颜色的出警报告。如果警员遇到符合实验标准的情况，他们就要根据那叠出警报告最上面一张的颜色采取不同措施。参与实验的警务人员都是自愿参加，因此他们会遵守这项研究设计。同时，参与此项研究的每个人都知道，严格遵循随机准则是不现实也是不恰当的。

在实践中，警员往往不会根据出警时拿到的出警报告的颜色选择处理方式。在某些情况下，即便随机处理要求实施隔离和警告，警员也还是会选择逮捕犯罪嫌疑人。在这类例子中，大多数逮捕行为都发生在犯罪嫌疑人企图袭击警员、受害者坚持要求逮捕犯罪嫌疑人，或者事件参与方都已受伤的情形。还有一些偏差的产生原因是警员忘记携带出警报告。由于存在这样一些偏离实验准则的行为，所以对处理的执行不再随机。这可以在表 3.3 中看出，这张表给出了对处理的分配和实际执行的处理。虽然几乎每个被分配了逮捕命令的案例最终都执行了逮捕（在 92 个分配了逮捕命令的案例中，有 91 个执行了逮捕），但是对于很多分配了隔离和警告命令的案件，在实际中却执行了逮捕。

在 MDVE 实验中，逮捕（往往会让犯罪嫌疑人在监狱里待一个晚上），与另外两类更加温和的处理方式形成的对比产生了最有趣而且最具争议的结果。因此，表 3.3 将两类非逮捕类处理方式合并命名为"柔性处理"。随机分配能够对施虐嫌疑人获得柔性处理的概率产生一个很大但非确定性的影响：如果一个案子分配到的是柔性处理，那么这个案子被真正执行了柔性处理的概率是 $0.797\left(\dfrac{(84+5)+(5+83)}{108+114}=\dfrac{177}{222}\right)$；但是，如果一个案子未被分配柔性处理（也就是说，被分配的处理是逮捕），这个案子被执行柔性处理的概率为 $0.011(1/92)$。因为柔性处理不是随机分配的，所以看上去 MDVE 是个残缺的实验。然而，工具变量法可以弥补这种缺憾。

当局部平均处理效应等于受处理者的处理效应时

局部平均处理效应分析框架出自工具变量法与随机实验之间的类比。但是，一些工具变量确实来自随机实验。工具变量法让我们在 MDVE 这类参与人作出非随机依从决策的实验中捕捉受处理者接受的处理的因果效应。事实上，在这类实验中通常有必要使用工具变量法。根据 MDVE 实验的执行结果进行的简单数据分析，往往会产生具有误导性的结论。

按照执行结果分析 MDVE 实验可能产生误导的原因在于，要求警务人员对施虐嫌疑人做出柔性处理，并且警务人员确实实施了柔性处理的那些案件，是所有被分配了柔性处理的案件的一个非随机子集。因此，对进行了柔性处理和没有进行柔性处理的两类案件进行比较，就会出现选择偏误引起的干扰。被分配了柔性处理但在实际中执行了逮捕命令的案子中的那些施虐嫌疑人，往往处于极富攻击性或极度激动的状态。将具有随机分配特征的处理意愿作为实际执行的处理结果的工具变量，可以消除这类选择偏误。

一如往常，工具变量的反应链条开始于第一阶段。[①]MDVE 实验的第一阶段考察的是被赋予柔性处理并执行了柔性处理的概率，与被赋予逮捕处理但执行了柔性处理的概率之间的差异。令 Z_i 表示赋予柔性处理，令 D_i 表示执行柔性处理。那么，这个情境下的第一阶段就是

$$E[D_i \mid Z_i = 1] - E[D_i \mid Z_i = 0] = 0.797 - 0.01 = 0.786$$

这个差异很大，但是，如果随机赋予的处理都得到完全的执行，这个差异应该是 1，相比之下，实际得到的概率差还是小了很多。

不幸的是，从 MDVE 实验的样本中可以看出一个事实，有 18％的案件是第二次寻求警察干预家庭暴力，因此，家庭暴力往往是一种重复出现的侵犯行为。从 MDVE 研究者角度看，最重要的是，相比赋予了逮捕处理的侵害人，赋予了柔性处理的侵害人中出现累犯的可能性更大。通过计算随机分配柔性处理对结果变量 Y_i 产生的影响，我们就能知道这一点，Y_i 表示施虐嫌疑人被处理后的一段时间内至少有一次疑似施虐

$$E[Y_i \mid Z_i = 1] - E[Y_i \mid Z_i = 0] = 0.211 - 0.097 = 0.114 \qquad (3.3)$$

考虑到整体的累犯率是 18％，估计出的 11％的差距是很大的。

在不完全依从实验规则的随机实验中，对处理的分配和对处理的执行是不一样的，因此，方程(3.3)中计算的随机分配效应被人们称为意向处理效应(intention-to-treat，ITT)。针对意向处理效应进行的分析捕捉到的是被分配到处理的因果效应。但是，意向处理效应忽略了一个事实，即一些被分配了柔性处理的人，最后还是被执行了逮捕命令。因为意向处理效应未能将这种对实验规则的不完全依从纳入考虑，所以，相较于那些被分配了柔性处理并执行了柔性处理的个体的平均因

[①] 我们对 MDVE 实验的工具变量分析基于 Joshua D. Angrist, "Instrumental Variables Methods in Experimental Criminological Research: What, Why and How," *Journal of Experimental Criminology*, vol.2, no.1, April 2006: 23—44。

果效应,意向处理效应的估计值过小。然而,这个问题很容易得到解决:用意向处理效应除以处理组和控制组遵守实验规则的概率差,就能得到实验中依从处理分配并且得到柔性处理的那些人的柔性处理的因果效应。

用随机实验中意向处理效应估计值除以不同组别遵守实验规则的概率差,实际上是使用工具变量法的另一个例子:我们将意向处理效应视为随机分配的工具变量的简约式,具体而言,这个工具变量就是对柔性处理的随机分配。正如我们看到的,很多被分配了柔性处理的施虐嫌疑人最终遭到逮捕。用表示执行柔性处理的虚拟变量对表征随机分配到柔性处理的虚拟变量进行回归,得到的就是与这个简约式相符的第一阶段估计值。工具变量因果链条开始于对处理的随机分配,通过执行处理,最终对结果产生影响。

从 MDVE 数据中得到的局部平均处理效应估计值令人印象深刻:$0.114/0.786 = 0.145$,即使与相应的意向处理效应估计值相比,这也是一个很大的柔性处理效应。很显然,即使在场警员在选择是否遵守实验规则时有很大的灵活性,局部平均处理效应估计值也是对执行处理的因果效应的一个好的估计值。

一如往常,局部平均处理效应的因果解释也与排他性约束有关,这个约束要求感兴趣的处理变量是工具变量影响结果的唯一途径。在 MDVE 实验中,工具变量因果反应链条开始于警务人员出警报告的颜色。这里的排他性约束要求,对施虐嫌疑人实施逮捕或柔性处理的决定,是随机分配的出警报告颜色影响累犯率的唯一途径。这看起来像是个合理假设,因为所有的施暴者和受害者都不知道他们参与了一项实验研究。

真的有必要使用较复杂的工具变量分析方法吗? 假设我们使用 MDVE 实验中与执行处理有关的信息进行分析,忽略在遵守随机分配规则时出现的非随机特征。由此进行的分析比较的是获得和没有获得柔性处理的嫌疑人的累犯率,但是未经进一步的分析或调整:

$$E[Y_i \mid D_i = 1] - E[Y_i \mid D_i = 0] = 0.216 - 0.129 = 0.087$$

在这里,估计出的效应比工具变量估计值得到的 15% 要小很多。

在第 1 章中指出,如果不存在随机分配,对接受处理和未接受处理的对象进行比较得到的结果,就等于感兴趣的因果效应加上选择偏误。对 MDVE 实验进行简单比较时,可能对结果产生干扰的选择偏误来自于获得和没有获得柔性处理的嫌疑人的潜在累犯率(也就是 Y_{0i})可能不同。虽然柔性处理的变化大部分都是由随机分配引起的,但是在场警员拥有自由裁量权。那些被分配了柔性处理但最终被逮捕的施暴者往往处于过度暴力或激动的状态,而当警员依从随机分配柔性处理时,那些嫌疑人往往处于被制服的状态。换言之,被执行了柔性处理的那些嫌疑人,在任何情况下再次犯罪的可能性都较小。基于执行处理的状况进行计算时,由此产生的选择偏误就会低估柔性处理产生的影响。相比于 KIPP 研究(在 3.1 节进行的讨论),这里选择偏误确实有关系。

对 MDVE 实验进行的工具变量分析可以消除选择偏误,从而捕捉到依从者

（在这个例子中，就是警员愿意执行随机分配的柔性处理的那些案件中的施暴者）受到的平均因果效应。MDVE 实验的一个有趣且重要的特征在于，警员执行随机分配的处理时，往往只从一个方向偏离实验规则。当随机分配给出逮捕命令时，警员几乎一定会执行逮捕命令（在 92 个案例中只有 1 个例外）。相比之下，超过 20% 的柔性处理最终被执行了逮捕。

在执行柔性处理时出现的不对称性，意味着 MDVE 实验中几乎没有始终接受者。在我们针对 MDVE 实验进行的工具变量分析中，始终接受者是那些无论分配结果是什么，最终都会被执行柔性处理的嫌疑人。这个组别的规模由分配了逮捕命令但却执行了柔性处理的概率表示，在这个例子中只有 1/92。正如我们在 3.1 节中注意到的，任何被处理的总体都是两个组别的集合，一个组别是被随机分配了处理的依从者，另一个组别是始终接受者。当不存在始终接受者时，所有得到处理的人都是依从者，在这种情况下，局部平均处理效应就是受处理者的处理效应：

$$\lambda = E[Y_{1i} - Y_{0i} \mid C_i = 1] = E[Y_{1i} - Y_{0i} \mid D_i = 1]$$

将不存在始终接受者这一特点运用到 MDVE 实验，我们看到局部平均处理效应就是被分配了柔性处理并且执行了柔性处理的那些人的平均因果效应。具体来说，MDVE 实验中的受处理者的处理效应估计值实际上是对两个累犯率的比较，其中一个是分配了柔性处理（$E[Y_{1i} \mid D_i = 1]$）的那些人的累犯率，另一个是反事实情况下分配了柔性处理但最终被逮捕的那些人（$E[Y_{0i} \mid D_i = 1]$）的累犯率。在所有不存在始终接受者的工具变量分析中，都可以对传统的局部平均处理效应做如上重要简化，包括其他一些只存在单边不守规则的随机实验。被随机分配了处理的个体中有一部分人没有被处理，但是没有被随机分配处理的控制组绝不会受到处理时，将随机处理意向作为执行处理的工具的工具变量法，实际上就捕捉到了受处理者的处理效应。[①]

用最后一点内容来说说计量经济学能起到多大作用：不夸张地说，MDVE 实验对美国执法产生了巨大影响。如今，一般轻微家庭暴力案件的施暴者都会被逮捕。在许多州，逮捕施虐嫌疑人已经是强制性的。

[①] 这个理论结果最初出现在 Howard S. Bloom, "Accounting for No Shows in Experimental Evaluation Designs," *Evaluation Review*, vol. 8, no. 2, April 1984:225—246. 对 Bloom 所得结果赋予局部平均处理效应解释的是 Imbens and Angrist, "Identification and Estimation," *Econometrica*, 1994. 也可参见 Joshua D. Angrist and Jörn-Steffen Pischke, *Mostly Harmless Econometrics: An Empiricist's Companion*, Princeton University Press, 2009 的 4.4.3 节。在我们劳动经济学中出现的一个例子是就业培训合伙法(Job Training Partnership Act, JTPA)。JTPA 实验随机分配的是参加联邦资助的职业培训项目的机会。在获得培训分配的人中，有大约 60% 的人接受了这个培训，但是控制组中的人都没能得到这个培训。对 JTPA 实验进行的工具变量分析使用随机分配的处理作为执行处理的工具变量，以此捕捉受训人得到的培训所产生的影响。欲知详细内容，可见 Larry L. Orr et al., *Does Training for the Disadvantaged Work? Evidence from the National JTPA Study*, Urban Institute Press, 1996。

小蚱蜢：大师，在 MDVE 实验后十年才出现 O.J.辛普森案。具有开创性的 MDVE 实验并未拯救妮可·布朗和罗纳德·戈德曼的性命。

大师 Joshway：小蚱蜢，社会变迁是很缓慢的。最初对 MDVE 实验进行分析的人根据实际执行的处理情况报告了一个过于简单的估计值，同时他们也报告了意向处理效应估计值。我们 2006 年的研究中给出的工具变量估计值要大得多。

小蚱蜢：如果早期研究使用了工具变量法，是不是妮可·布朗和罗纳德·戈德曼的生命就能得到挽救？

计量大师 Joshway：有些事我们永远也不知道。

3.3　人口爆炸

人口爆炸，抑或是种族湮没？

保罗·埃利希（Paul Ehrlich），1968

从 1960 年到 1999 年，世界人口从 30 亿猛增至 60 亿，39 年时间里翻了一倍，这个时间大约是人口从 15 亿增加到 30 亿所用时间的一半。然后，只用了几年时间，人口就超过了 70 亿。但是，当代人口统计学家认为人口增长已经出现显著放缓。使用当前生育率进行的预测指出，可能需要用超过 100 年时间，人口才可能再次翻倍，也有可能，人口数量永远不会再次翻倍。一个广为引用的估计指出，人口会在 2070 年达到 90 亿峰值。[1]尽管当前人们对可持续增长问题仍然束手无策，但是人口爆炸问题已经得到解决——终于松了口气！

人口增长如何影响生活水平，这个问题既有宏观的一面，也有微观的一面。宏观人口学可以追溯到 18 世纪的英国学者托马斯·马尔萨斯（Thomas Malthus），他认为当粮食产出增加时，人口规模也会上升，而人口规模上升的幅度会过大以致生产率的进步不能提高生活水平。马尔萨斯式的结论令人不快，这个结论指出，对于大多数人而言，生活持久停留在最低生存水平。尽管历史一再证明关于经济增长的这种悲观看法是不成立的，但是，这并不妨碍它吸引现代的预言家。生物学家保罗·埃利希（Paul Ehrlich）在 1968 年出版的畅销书《人口爆炸》（*Population Bomb*）中指出，印度即将迎来马尔萨斯式的大规模饥荒。自那时以来，印度的人口增加了两倍，但是其生活水平也得到明显提高。[2]

---

[1] 可见 David Lam，"How the World Survived the Population Bomb：Lessons from 50 Years of Extraordinary Demographic History," *Demography*，vol.48，no.4，November 2011:1231—1262，以及 Wolfgang Lutz，Warren Sanderson，and Sergei Scherbov，"The End of World Population Growth," *Nature*，vol.412，no.6846，August 2，2001:543—545。

[2] 印度人的生活水平提高了多少这个问题引起了广泛争论。不过，学者们大多同意，自 1970 年以来，印度人的生活水平得到了巨大提高（例如，可见 Angus Deaton，*The Great Escape*：*Health*，*Wealth*，*and the Origins of Inequality*，Princeton University Press，2013）。

经济学家们开始用微观视角透视家庭规模和生活水平之间的关系。在这里，人们关注的重点在于不同规模的家庭能够提供舒适生活水平的能力。事实上，我们可能会预期，家庭规模的扩大可能与贫困加剧和教育水平下降相联系——多一张嘴吃饭意味着每个人都要吃少点——这是一种简单的相关关系。对这种关系给出更加详细的理论解释来自于加里·贝克尔（Gary Becker）和他的合作者的研究。这些研究引入了一个叫做"数量和质量间的权衡"的概念，这个思想认为，家庭规模的下降有助于父母提高对子女的投资。例如，孩子越少，则父母越能更加密切地关注孩子的健康状况，而且也能在子女教育上更多投入。[①]

在政策方面，认识到更小的家庭规模是提高生活水平的必要条件，国际机构和许多政府都推动形成更小规模的家庭，有时甚至作为一种强制要求。中国的方式是推出具有争议性的独生子女政策，这个政策自 1979 年起开始实施。此外还出现了另外一些激进的、由政府资助的控制家庭规模的计划，其中包括印度实施的强制绝育计划，以及在墨西哥和印度尼西亚由政府推动的计划生育。到1990 年，85％的发展中世界人口所在的政府都认为，高生育率是造成长期贫困的主要因素。[②]

人们很难对平均家庭规模和类似于教育水平之类的发展指标间存在的负相关性进行争论。家庭规模和子女教育之间确实存在因果联系吗？与之前一样，回答这个问题时面对的挑战是如何做到其他条件相同。在大多数情况下，生育由父母所做的选择决定。[③]因此，不出意料，生活在较大规模家庭中的女性，在很多方面都不同于生活在较小规模家庭中的女性，例如这些女性的教育程度往往较低。而且，低学历母亲的孩子倾向于让孩子接受更低水平的教育。在可观察到的特征上，不同规模的家庭表现出显著差异，这是可能出现选择偏误的危险信号。既然子女数量不同的女性具有如此不同的可观察特征，我们必须认识到，有可能存在与家庭规模相关但是我们观察不到的重大差异。

一如往常，解决遗漏变量问题的理想方案是随机分配。在这种情况下，实验可能这样设计：（i）收集一个样本，这个样本只由养育一个孩子的家庭组成；（ii）为其中某些家庭随机赋予第二个子女；（iii）等待二十年，针对拥有和没有同胞弟妹的头

---

① 可见 Gary S.Becker and H.Gregg Lewis，"On the Interaction between the Quantity and Quality of Children," *Journal of Political Economy*，vol.81，no.2，part 2，March/April 1973：S279—288，以及 Gary S.Becker and Nigel Tomes，"Child Endowments and the Quantity and Quality of Children," *Journal of Political Economy*，vol.84，no.4，part 2，August 1976：S143—S162。

② 可见 John Bongaarts，"The Impact of Population Policies：Comment," *Population and Development Review*，vol.20，no.3，September 1994：616—620。

③ 也许你可能认为只有整个社会能够获得口服避孕药或人工流产之类的现代避孕方法时这个论断才是对的。但是，人口统计学家已经指出，即使无法获得现代的避孕方法，父母也可以实施相当程度的生育控制措施。例如，在一项全面的研究中，Ansley Coale 记录了在 19 世纪和 20 世纪的欧洲，已婚妇女生育率出现大幅下降（可见 http://opr.princeton.edu/archive/pefp/）。这种状况在世界大部分地方重复出现，所以叫做人口转型（demographic transition）。

胎子女收集其教育水平的信息。当然，我们不太可能在很短时间里看到任何类似实验的出现。然而，聪明的计量经济学大师们找到了变动的来源，这种变动可以在不借助真实实验的前提下揭示家庭规模和教育水平之间存在的因果关系。

我们需要回到宝宝从哪儿来这个问题。我们的大多数读者都知道，人类的宝宝是被一只长腿长脖子的鹳鸟带来的（尽管宝宝如何从烟囱里掉下来还是一个谜——烟囱的风门会阻碍婴儿的递送）。* 女性声称自己怀孕后再过九个月，婴儿就能送到，我们将这个女性称为"母亲"。鹳鸟是不会响应男性提出的这种请求的（除非通过女性传达这种请求），所以，在这里我们从母亲及其头胎孩子的视角入手关注这个概念性实验。

我们心目中的实验是为已经有一个孩子的家庭增加一个孩子。头胎子女就成为我们的实验对象。在这里，计量经济学面临的挑战是如何为这些对象提供"和随机分配一样好"的家庭规模变化。不幸的是，鹳鸟助产士协会拒绝这种反自然的随机实验。但是，鹳鸟有时送来的是双胞胎（鹳鸟比较强壮，婴儿比较轻小，所以鹳鸟有时会在储藏婴儿的仓库多挑几个宝宝），通过这种方式，鹳鸟能让家庭规模出现偶然的随机性变化。双胞胎能为家庭规模带来一个实验的想法，最早出现在马克·罗森茨维格（Mark Rosenzweig）和肯尼思·沃尔平（Kenneth Wolpin）的一篇开创性研究中，他们使用一个双胞胎的小样本考察印度的子女数量与子女质量间权衡问题。[①]

为了利用双胞胎实验，我们转向来自以色列的大样本数据，计量大师乔舒亚与其同事维克托·拉维（Victor Lavy）和阿纳莉亚·施洛瑟（Analia Schlosser，简写

---

* 这个说法来自英语国家的鹳鸟送子神话。——译者注

① 可见 Mark R. Rosenzweig and Kenneth I. Wolpin，"Testing the Quantity-Quality Fertility Model：The Use of Twins as a Natural Experiment，" *Econometrica*，vol.48，no.1，January 1980：227—240。

为"ALS研究")对子女数量与子女质量间权衡问题进行了考察。①以色列是一个有趣的案例,因为这个国家的人口非常多样化,其中包括很多出生在发展中国家以及大家庭的人。在以色列的犹太人人口中,大约有一半人具有欧洲血统,另外一半则来自亚洲或非洲。不少阿拉伯人也居住在以色列,但是,相比于以色列的犹太人,非犹太人的数据较为不完整。除了种族多样性高、家庭规模比大多数发达国家高之外,以色列的犹太人样本还具有一个吸引人的特点,就是受访者的家族起源信息是可得的,这些信息包括了年龄和同胞成员的性别。这种不常见的数据结构,构成ALS研究中经验研究策略的基础。

这里,我们关注在由男性和女性组成的随机样本中头胎成年人形成的组,在样本中,男性和女性的母亲都至少生育了两个孩子。这些头胎成年人至少都有一个弟弟或妹妹,有的有两个甚至更多。考虑第二胎是单胞胎的家庭。平均而言,这类家庭会有 3.6 个子女。然而,对于第二胎是双胞胎的家庭,家庭平均规模上升了 0.32,也就是说,多了大约三分之一个子女。为什么双胞胎的出生让家庭规模只增加了很小一个比例?在以色列,许多父母都想要三个或四个孩子;家庭规模在很大程度上不受生育双胞胎的影响的,因为无论是否生育了双胞胎,这些父母都会养育两个以上的孩子。另一方面,一些家庭感到两个孩子就够了。对于这类家庭,当鹳鸟带来双胞胎时,他们的家庭规模就不得不从两个增加到三个。家庭规模存在三分之一个孩子的差异,反映的是一种概率的不同:相比于第二胎是单胞胎的情况,当第二胎是双胞胎时,拥有第三个孩子的概率从 0.7 上升到 1。0.3 就来自概率 1 和概率 0.7 之差。

用家庭规模对头胎成年人完成的最高学历进行回归后发现,每多一位弟弟或妹妹,头胎成年人的受教育年限就会下降四分之一年(这个结果来自对年龄和性别进行控制后的模型)。另一方面,正如 ALS 研究所表明的,即使头胎成年人家庭的第二胎弟弟或妹妹是一对双胞胎,相比于第二胎是单胞胎的家庭,这些成年人在规模更大的家庭中接受的教育也不见得变少。对二胎弟妹是单胞胎和双胞胎的头胎成年人的教育水平进行的比较,相当于工具变量估计法的简约式,其中,用双胞胎做家庭规模的工具变量。

工具变量估计值是由简约式估计值与第一阶段估计值之比构造出来的,因此,如果简约式估计值为零,那么第二胎同胞数量产生的因果效应也等于零。用双胞胎做工具变量后得到的简约式估计值接近于零,以及由此得到的工具变量估计值接近于零,明显与家庭规模越大则子女受教育程度越低的看法相违背。换句话说,双胞胎实验并未给出子女数量与子女质量间存在权衡的证据。

生育多胞胎会对家庭规模产生显著影响,但是,这个双胞胎实验并不完美。因为鹳鸟助产士协会拒绝使用随机分配,所以双胞胎出生事件中也存在某些不平衡。

① 可见 Joshua D. Angrist, Victor Lavy, and Analia Schlosser, "Multiple Experiments for the Causal Link between the Quantity and Quality of Children," *Journal of Labor Economics*, vol. 28, no. 4, October 2010:773—824。

生育多胞胎的母亲往往年纪较大，而且某些种族和族裔群体的妇女更容易生育多胞胎。这可能导致我们在分析双胞胎实验时存在遗漏变量偏误，如果促使母亲生育双胞胎的某些特征很难得到观察和控制，这种问题会尤为突出。[①]幸运的是，第二个生育实验，为子女数量与子女质量间权衡提供了证据。

在许多国家，生育都受到子女性别组成的影响。一方面，家长往往希望生个儿子，在亚洲的部分地区，重男轻女的偏好特别强。在欧洲、美国和以色列，父母似乎不太在乎子女是男的还是女的。相反，很多家长希望拥有一个较为平衡的子女性别组成：对于前两胎都是男孩或都是女孩的家庭，家长更有可能生育第三个孩子。因为新生儿的性别分配基本上是随机的（在没有根据性别进行选择性堕胎的情况下，大约有一半概率生育男孩，几乎没有办法对这个规律进行更改），家长更喜欢比较平衡的子女性别组成，这就产生一个性别组成工具变量。

对于以色列的头胎成年人，如果第二胎同胞的性别与自己相反，那么这类成年人平均而言生活在约有 3.60 个子女的家庭中。但是，对于第二胎同胞的性别与自己相同的头胎成年人，他们平均而言生活在约有 3.68 个子女的家庭中。换句话说，对于以色列的头胎成年人，同性别工具变量的第一阶段估计值是 0.08。与将双胞胎作为工具变量的情况类似，这里的第一阶段估计值也反映出由这个工具引起的子女养育决策差异。在这个例子中，工具变量是虚拟变量，当家庭的前两个孩子都是男孩或女孩时，这个变量等于 1，当前两个孩子是一男一女时等于 0。虽然使用性别组成做工具变量的第一阶段估计值远小于用双胞胎做工具变量时得到的第一阶段估计值，但是受同性别子女影响的家庭数量，却要远大于受双胞胎影响的家庭数量。在所有至少有两个孩子的家庭中，大约有一半的家庭中第一胎和第二胎的性别相同。相比之下，只有约 1% 的母亲生育双胞胎。使用子女性别组成做工具变量还有一个好处，就是这个变量与包括生育年龄和种族在内的母亲特征无关（ALS 研究以及计量大师乔舒亚和威廉·埃文斯之前的一个研究都给出了相关说明）。[②]

事实证明，以色列头胎成年人的教育程度并未受到其同胞的性别组成影响。例如，在子女性别相同和性别不同的家庭中，头胎成年人的平均最高教育程度都等于 12.6 年。因此，同性别工具变量的简约式估计值，以及由此得到的同性别工具变量估计值都等于 0。类似于双胞胎实验中得到的结果，由子女性别组成不同产生的生育变化，并不能就子女数量与子女质量间存在权衡给出证据。

为了对性别组成工具变量得到的估计值赋予一个因果解释，排他性约束要求

① 在最近的样本中，双胞胎工具变量由于人工授精的出现缺陷更大了，人工授精是对不孕不育症的一种治疗方式。对于使用人工授精的母亲而言，生育双胞胎的概率会大大增加，相比于其他母亲，这类母亲的年龄更大，接受的教育水平也更高。

② 可见 Joshua D. Angrist and William Evans, "Children and Their Parents' Labor Supply: Evidence from Exogenous Variation in Family Size," *American Economic Review*, vol.88, no.3, June 1998: 450—477。

性别组成只能通过改变家庭规模这个途径去影响成年人的教育水平。前两名子女的性别组成有可能通过其他原因影响子女的受教育程度吗？例如，相比前两名子女性别不同的情况，两个男孩或者两个女孩更可能长期共用一间卧室，而且同性同胞可能更好地利用现成的旧衣服。这种家庭内部效率的提高，可能会让生育了同性兄弟姐妹的家庭感觉更加富裕一些，这种感觉最终可能会提高家长对子女的教育投资。

我们可以对这个排他性约束进行检验吗？无法直接进行检验，但是经常出现的情况是，我们可以为这个问题提供一些证据。对于一些母亲而言，性别组成不太可能影响生育状况。例如，在以色列的例子中，因为信仰宗教而计划生育三个或更多孩子的妇女，就成为性别组成工具变量的始终接受者。另一方面，受过高等教育的妇女们大多计划形成一个规模较小的家庭，如果生育行为不受性别组成工具变量的影响，那么她们就成为从不接受者。因为始终接受者和从不接受者的生育行为都不受性别组成工具变量的影响，所以在很少存在依从者的样本中，性别组成工具变量和因变量之间的任何关系都可能意味着对排他性约束的违背。

使用方程（3.2）中局部平均因果效应的表达式，我们可以更加正式地表述这个思想。这个表达式将局部平均处理效应定义为简约式估计值和第一阶段估计值之比，也就是：

$$\lambda = \frac{\rho}{\phi}$$

这意味着简约式估计值 ρ 是第一阶段估计值和局部平均因果效应的乘积：

$$\rho = \phi\lambda$$

由此我们总结道，在第一阶段估计值 ϕ 等于零的样本中，简约式估计值也应该等于零。反过来说，我们要担心的是简约式估计值显著不为零但相应的第一阶段估计值不存在的情况，因为这意味着除了处理变量（在这里是家庭规模）之外，还有另外一些作用渠道将工具变量和结果联系起来。基于这种思路，ALS 研究识别了双胞胎工具变量或性别组成工具变量对家庭规模产生很小且不显著作用的人口组。这类"不存在第一阶段的样本"并没有给出简约式估计值显著不为零的证据，而简约式估计值显著不为零，往往标志着对排他性约束的违背。

两阶段最小二乘法的一站式服务

因果效应的工具变量估计值，就等于对由工具变量定义的组别进行简约式比较，然后再除以合适的第一阶段估计值。这是一种普适性的工具变量准则，但是在不同的应用场景下的具体情况往往不同。子女数量和子女质量间进行权衡的案例就与 KIPP 学校入学的案例不同，在前者中，我们针对同一个潜在因果关系有着不止一个工具变量。假设双胞胎工具变量和性别组成工具变量都满足所要求的假设,而且捕捉到了相似的因果效应,我们会希望将这两个工具变量产生的估计值结合起来,从而提高统计精确性。与此同时,双胞胎工具变量可能与生育年龄和种族等产妇特征有关,这会使双胞胎工具变量估计值出现偏误。因此,我们希望有一个简单的工具变量方法,这个方法能将产妇年龄和任何其他可能产生干扰的因素控制起来。这意味着如果能将工具变量的思想与我们在第2章讨论的回归方法结合起来,将会产生好的效果。

两阶段最小二乘法(2SLS)可以从两方面对工具变量法进行一般化。首先,两阶段最小二乘估计可以有效使用多个工具变量。其次,两阶段最小二乘估计可以对协变量进行控制,从而减轻因工具变量不完美所产生的遗漏变量偏误问题。为了看清两阶段最小二乘法是如何发挥作用的,有必要将第一阶段估计值(ϕ)和简约式估计值(ρ)写作回归系数,不再将它们视为均值差。比如,从单个工具变量出发,用虚拟变量Z_i表示第二胎是多胞胎的情况,就可将简约式估计值写为回归方程中的系数ρ:

$$Y_i = \alpha_0 + \rho Z_i + e_{0i} \tag{3.4}$$

正如我们在第2章附录中看到的,用常数项和单一虚拟变量进行回归,得到的就是当虚拟变量从0变到1时因变量的条件均值之差。因此,方程(3.4)中Z_i的系数就是

$$\rho = E[Y_i \mid Z_i = 1] - E[Y_i \mid Z_i = 0]$$

类似地,Z_i的第一阶段效应就是第一阶段方程中的系数ϕ:

$$D_i = \alpha_1 + \phi Z_i + e_{1i} \tag{3.5}$$

这里$\phi = E[D_i \mid Z_i = 1] - E[D_i \mid Z_i = 0]$。既然$\lambda = \rho / \phi$,我们可以得出结论:局部平均处理效应就是回归(3.4)和回归(3.5)中斜率系数之比。

两阶段最小二乘法能够给出另外一种计算ρ / ϕ的方式。两阶段最小二乘法这个名字来源于一个事实,即局部平均处理效应是两个回归得出的结果。在两阶段最小二乘法的第一阶段,我们估计方程(3.5),记录下相应的拟合值$\hat{D}_i$。"第一阶段拟合值"被定义为

$$\hat{D}_i = \alpha_1 + \phi Z_i \tag{3.6}$$

两阶段最小二乘法的第二阶段是使用$\hat{D}_i$对Y_i进行回归,也就是

$$Y_i = \alpha_2 + \lambda_{2SLS}\hat{D}_i + e_{2i}$$

第二步得到的λ_{2SLS}估计值,与简约式估计值和第一阶段估计值之比ρ / ϕ完全相同,我们在本章附录中推导这个理论关系。

可以很简便地将母亲年龄这类控制变量放入这个两阶段回归框架[1],加入母

---

[1] 我们已经看到过带协变量的工具变量法。KIPP学校的录取产生的影响报告在表3.1的第(3)列,这个结果来自于第一阶段回归和简约式回归,这两个回归中都包含了使用虚拟变量表征申请人风险集的协变量。

亲年龄的变量,记为 A_i:

$$简约式: Y_i = \alpha_0 + \rho Z_i + \gamma_0 A_i + e_{0i} \tag{3.7}$$

$$第一阶段: D_i = \alpha_1 + \phi Z_i + \gamma_1 A_i + e_{1i} \tag{3.8}$$

在这里,第一阶段拟合值来自于包含了控制变量 A_i 的模型:

$$\hat{D}_i = \alpha_1 + \phi Z_i + \gamma_1 A_i$$

这里还是用 $\hat{D}_i$ 和 A_i 对 Y_i 进行回归的方式来构造两阶段最小二乘估计值。因此,两阶段最小二乘法中的第二阶段方程就是

$$Y_i = \alpha_2 + \lambda_{2SLS} \hat{D}_i + \gamma_2 A_i + e_{2i} \tag{3.9}$$

其中也包含 A_i。

控制变量在第一阶段和第二阶段都出现,两阶段最小二乘法允许你加入任何数量的所需控制变量。正如我们在本章附录中讨论的,仍然可以通过简约式估计值和第一阶段估计值之比 ρ/ϕ 来构造相应的经过协变量调整的局部平均处理效应。事实上,我们应该分别检查这个比值中的分子和分母,以确保它们都是适当的。但是,当要向公众报告估计结果时,即便是这种相对简单的情况,也还是要用两阶段最小二乘法的方式汇报估计值。计量经济学软件包可以直接计算两阶段最小二乘估计值,从而减少出错,同时在没有额外成本的情况下给出合适的标准误。[1]

那么,如何使用我们的第二个家庭规模工具变量,也就是表征子女性别相同的虚拟变量?我们将这个变量称为 W_i(当 $W_i = 1$ 时,表示头两胎都是男孩或女孩,$W_i = 0$ 表示除此之外的情况)。在这里,尤其需要控制头胎子女的性别,用虚拟变量 B_i 表示,它的值为 1 意味着头胎是男孩的情况(男孩出生概率会稍大于女孩,因此,当头胎是男性时,头两胎是同性别的概率会略大一些)。加入两个工具变量 W_i 和 Z_i 和额外的控制变量 B_i,两阶段最小二乘法的第一阶段就变为

$$D_i = \alpha_1 + \phi_t Z_i + \phi_s W_i + \gamma_1 A_i + \delta_1 B_i + e_{1i} \tag{3.10}$$

这里分别用下标 t 和下标 s 表示双胞胎工具变量和子女性别组成工具变量在第一阶段得到的影响估计值,将它们记为 ϕ_t 和 ϕ_s。两个工具变量的系数带着类似的下标出现在相应的简约式中:

---

[1] 细心的读者将会注意到,这里的处理变量是家庭规模,它不像表征 KIPP 入学情况的处理变量是虚拟变量,而是计算子女数量的一个有序处理变量。你可能会想,是否可以将家庭规模这类变量的效应的两阶段最小二乘估计值解释为局部平均处理效应。虽然在细节上有所区别,但还是可以说两阶段最小二乘估计值捕捉到了所考查问题中依从工具变量者的平均因果效应。将局部平均处理效应拓展到有序处理的研究来自于 Joshua D. Angrist and Guido W. Imbens, "Two Stage Least Squares Estimation of Average Causal Effects in Models with Variable Treatment Intensity," *Journal of the American Statistical Association*, vol.90, no.430, June 1995:431—442. 沿着同样的思路,两阶段最小二乘法可以很容易地允许工具变量不是虚拟变量的情况。在第 6 章中我们会看到这样的一个例子。

3
工具
变量

091

$$Y_i = \alpha_0 + \rho_t Z_i + \rho_s W_i + \gamma_0 A_i + \delta_0 B_i + e_{0i}$$

具备了这些要素，就可以做文章了！

具有两个工具变量和两个协变量的第二阶段估计值来自下面这个回归方程

$$Y_i = \alpha_2 + \lambda_{2SLS}\hat{D}_i + \gamma_2 A_i + \delta_2 B_i + e_{2i} \tag{3.11}$$

在这里，拟合值 $\hat{D}_i$ 来自于第一阶段方程(3.10)。注意到在每个步骤都出现了协变量：在第一阶段、第二阶段以及简约式中。方程(3.11)给出的是控制了协变量 A_i 和 B_i 后，单独使用工具变量 Z_i 和 W_i 时得到的估计值的加权平均。单独使用工具变量得到的结果比较类似，此时两阶段加权平均就是针对同一个因果效应的一个更加精确的估计值。

表 3.4　数量与质量间权衡问题中的第一阶段

	双胞胎工具变量		子女性别组成工具变量		双胞胎工具变量和子女性别组成工具变量
	(1)	(2)	(3)	(4)	(5)
第二胎是双胞胎	0.320	0.437			0.449
	(0.052)	(0.050)			(0.050)
子女的性别相同			0.079	0.073	0.076
			(0.012)	(0.010)	(0.010)
男性		−0.018		−0.020	−0.020
		(0.010)		(0.010)	(0.010)
控制变量	无	有	无	有	有

注：本表报告了使用工具变量和协变量对子女数量进行回归后得到的系数估计值。样本规模是 89 445。括号中给出的是标准误。

两阶段最小二乘法能够为工具变量估计提供一个具有相当灵活性的框架。除了能够加入控制变量并且有效使用多个工具变量之外，这个框架还允许各种类型的变量做工具变量，而不仅仅只能用虚拟变量做工具变量。然而，在实践中，计量大师们并不像方程(3.11)那样使用拟合值估计回归，而是使用专门的统计软件计算两阶段最小二乘估计值。方程(3.11)的估计被称为是"手动两阶段最小二乘法(manual 2SLS)"，它无法给出能够度量样本方差的正确标准误。本章附录解释了为什么是这样。

在表 3.4 中给出了包含和不包含协变量时得到的双胞胎工具变量和性别组成工具变量的第一阶段估计值。使用了控制变量的第一阶段估计值出现在该表的列(2)中，这个结果表明，相比于第二胎是单胞胎的以色列家庭，当第二胎是双胞胎时，头胎成年人的平均家庭规模提高了 0.44 个子女。相比于不存在控制变量时得到的 0.32(报告在列(1))，这个第一阶段估计值要更大。因此，遗漏变量偏误公式告诉我们，双胞胎的出生和母亲年龄类似，都与导致家庭规模减小的某个因素相关。因此，对母亲年龄和其他一些干扰因素进行调整，就可以提高双胞胎工具变量在第一阶段的估计值。另一方面,存在协变量时,子女性别工具变量的第一阶段估计值是 0.073,与不存在协变量时估计出的 0.079 较为接近,因为子女性别组成基本与包含到方程中的控制变量无关(可在列(3)和列(4)中看到这些估计值)。头胎是男孩这个事实也几乎没有对他的家庭规模产生影响。可以从最后一行那个较小的、在边际上显著的男性变量系数中看到这个结果(这是表中报告的唯一协变量系数,方程中的其他协变量是否存在显示在最底下一行)。[①]

表 3.5 给出了数量—质量间权衡问题的第二阶段估计值,同时也给出了相应的传统最小二乘回归(也就是说,不存在工具变量)估计值

$$Y_i = \alpha_3 + \beta D_i + \gamma_3 A_i + \delta_3 B_i + e_{3i}$$

列(1)中给出的传统回归估计显示,即使对有关族裔和母亲生育年龄的家庭背景变量进行调整后,家庭规模和教育程度之间仍然存在很强的负相关关系。相比之下,该表列(2)报告了使用双胞胎工具变量得到的两阶段最小二乘估计值,这个估计值的符号相反,不过,在这个例子中的两阶段最小二乘估计值并不显著异于零。使用性别组成工具变量得到的估计值进一步强化了双胞胎工具变量中发现的结论。在列(3)给出的两阶段最小二乘估计值同样表明,家庭规模对教育程度产生了正面影响(虽然四个估计值中只有一个显著不为零)。

表 3.5　数量与质量间权衡问题的最小二乘估计值和两阶段最小二乘估计值

因变量	最小二乘估计值 (1)	两阶段最小二乘估计值		
		双胞胎工具变量 (2)	子女性别组成工具变量 (3)	双胞胎工具变量和子女性别组成工具变量 (4)
受教育年限	−0.145	0.174	0.318	0.237
	(0.005)	(0.166)	(0.210)	(0.128)
高中毕业	−0.029	0.030	0.001	0.017
	(0.001)	(0.028)	(0.033)	(0.021)
接受了一些大学教育 (对于年龄≥24 岁的人)	−0.023	0.017	0.078	0.048
	(0.001)	(0.052)	(0.054)	(0.037)
大学毕业 (对于年龄≥24 岁的人)	−0.015	−0.021	0.125	0.052
	(0.001)	(0.045)	(0.053)	(0.032)

注:本表报告了家庭规模影响教育水平的最小二乘估计值和两阶段最小二乘估计值。最小二乘估计值出现在列(1)。列(2)、列(3)和列(4)给出的是两阶段最小二乘估计值,这些估计值分别使用列头标示的工具变量进行构造。行(1)和行(2)对应的样本规模是 89 445;行(3)对应的样本规模是 50 561;行(4)对应的样本规模是 50 535。括号中给出的是标准误。

---

① 除了表示男性的虚拟变量外,其他的协变量还包括普查年份、父母种族、年龄、出生月份是否缺失、母亲年龄、母亲第一次生育年龄、母亲在移民时的年龄(若适用)等指标。可在经验研究注释中看到相关细节。

双胞胎工具变量和性别组成工具变量的第二阶段估计值都具有一个重要特点，就是缺乏估计精度。工具变量法剔除了所有不是由工具变量产生的生育率变化。这可能导致难以为统计上确凿的发现提供足够变化。然而，通过汇总多个工具变量，尤其是单独使用各工具变量得到的估计值彼此接近时（在个例子中，双胞胎工具变量和性别组成工具变量都没有为数量—质量间权衡问题的存在提供证据），我们可以提高估计精度。汇总两个工具变量后得到的第一阶段估计值出现在表 3.4 的列（5），相应的第二阶段结果报告在表 3.5 的列（4）。

将工具变量汇总后得到的第二阶段估计值，与使用单个工具变量得到的估计值相差不大，但是得到的标准误要小很多。例如，同时使用两个工具变量，家庭规模对最高学历的影响估计值是 0.24，相应的标准误是 0.13，相比于单独使用双胞胎工具变量或子女性别组成工具变量得到的标准误 0.17 和 0.21，同时使用两个工具变量得到的标准误大幅下降了。重要的是，在列（1）中，家庭规模对最高学历所产生影响的回归估计值非常精确地等于 −0.15，正好处在列（4）中两阶段最小二乘估计值对应的置信区间之外。[①] 这表明，在很大程度上，家庭规模与教育水平之间存在的强负相关关系或许完全是由选择偏误引起的。

计量大师 Joshway：小蚱蜢，来全面概述一下工具变量法。

小蚱蜢：工具变量法的基础由三大支柱构成：（i）第一阶段要求工具变量能够影响我们感兴趣的因果渠道；（ii）独立性假设要求工具变量像随机分配那样好；（iii）排他性约束要求工具变量和结果之间只存在单一因果联系。

计量大师 Joshway：能对这些假设进行检验吗？

小蚱蜢：通过考察工具变量和拟研究的因果渠道之间存在的强相关性，可以对第一阶段进行检验；就像在随机实验中那样，考察工具变量等于 1 和等于 0 时协变量的平衡性，以此来对独立性假设进行检验。

计量大师 Joshway：那排他性约束呢？

小蚱蜢：排他性约束不容易得到检验。然而，有时我们会发现第一阶段估计值很小的一个样本。既然假设的因果影响途径不存在，那么排他性约束意味着这个样本只能产生一个较小的简约式估计值。

计量大师 Joshway：如何计算工具变量估计值？

小蚱蜢：统计软件可以为我们计算两阶段最小二乘估计值。这种方法允许我们加入协变量，允许一次性使用多个工具变量。但是，我们也要考察第一阶段估计值和简约式估计值。

---

① 具体而言，回归估计值 −0.145 位于多工具变量两阶段最小二乘估计值的置信区间 0.237 ± (2 × 0.128) = [−0.02, 0.49] 之外。在某些例子中，你也许会使用过多的工具变量，尤其是它们对第一阶段几乎没有解释力的时候。本章附录对这一点做了更为详尽的说明。

计量大师:了不起的赖特父子

工具变量法是经济学家菲利普·G.赖特在身为遗传学家的儿子休厄尔的协助下发明的。菲利普经常发表关于农业市场的论文。在 1928 年,他出版了一本名叫《动物油脂和植物油脂的关税》(*The Tariff on Animal and Vegetable Oils*)的书。[①]这本书的大部分内容都在考察 20 世纪 20 年代初期对农产品施加的过高关税是否让国内生产者受益。在 1929 年的一篇评论文章中,作者注意到"且不论对供求弹性进行复杂计算并运用于分析黄油所产生的实用价值有多大,这本书的讨论具有很高的理论价值"。[②]

在竞争性市场中,供给曲线和需求曲线移动同时产生了均衡价格和均衡数量。人们并不知道如何从观察到的均衡价格和均衡数量入手推断产生这类价格和数量的供给曲线和需求曲线。如何从观察到的价格和数量关系推断供给弹性与需求弹性,被称为识别问题(identification problem)。在菲利普所处的时代,人们对计量经济学的识别理论还知之甚少。经济学家们唯一明确知道的是,并不能使用观察到的价格和数量间关系推导需求和供给,因为从某种程度上讲,它们是由需求或供给共同决定的。

在《动物油脂和植物油脂的关税》这本书的附录 B,作者运用联立方程模型对识别问题进行了很好的表述。这篇附录接着解释了为什么可以用在一个方程中出现但在另一个方程中不出现的变量去解决识别问题。菲利普将这个未出现在另一个方程中的变量称为"外部因素",因为,通过移动外部因素所在的那个方程,可以追踪不包含外部因素的那个方程(也就是说,对这个方程而言,该变量是外生的)。如今,我们将这种移动的因素称为工具。之后,菲利普得到并使用工具变量估计了黄油市场和亚麻籽(亚麻籽被用于生产亚麻籽油,它是油漆的一种成分)市场的供给曲线和需求曲线。菲利普对亚麻籽市场的分析使用替代品的价格作为导致需求的移动的因素,而主要受天气条件影响的每英亩农场产出作为供给的移动因素。

附录 B 是计量思想的重大突破,十分了不起、十分出人意料,以至于有些人在想这是否真是菲利普写的。也许附录 B 是休厄尔写的,他也是一名在自己领域里的杰出学者。类似在第 1 章和第 2 章末尾描述的计量大师高尔顿和费希尔,休厄尔是一位遗传学家和统计学家。在附录 B 出现之前,休厄尔就已经发展出一种名叫"路径分析"的统计方法,目的是解决与遗漏变量偏误有关的问题。在今天,我们认识到路径分析就是第 2 章讨论的多元回归方法的一种应用;但是它还不能解决联立方程模型提出的识别问题。附录 B 的一些内容引用了休厄尔关于"路径系数"的思想,但菲利普关于外部因素的方法是全新的。

① 可见 Philip G.Wright, *The Tariff on Animal and Vegetable Oils*, Macmillan Company, 1928。

② 可见 G.O.Virtue, "The Tariff on Animal and Vegetable Oils by Philip G.Wright," *American Economic Review*, vol.19, no.1, March 1929:152—156。这里引用的文字来自第 155 页。

1926年2月，菲利普·赖特写信给儿子休厄尔："我觉得我很笨，不像以前那样可以很快进入一个新的数学领域……"

计量大师詹姆斯·斯托克(James Stock)和弗朗西斯科·特里比(Francesco Trebbi)使用计量文体学(Stylometrics)研究了休厄尔的著者身份问题。①计量文体学通过词语使用和句法结构的统计规律识别作者。计量文体学确认菲利普是附录B的作者。然而，最近斯托克与其学生克里·克拉克发现了这对父子之间的一些信件，发现附录B的思想是两人在相互影响和激发的过程中共同形成的。在这次思想交流中，菲利普描述了工具变量的强大和简洁。但是他认为应用这种方法并不简单。在1926年3月给休厄尔的信中，就发现外部因素的可能性，菲利普评论道："我恐怕，尤其是在需求条件这种例子中，这类因素是很难找到的"。②在之后的几十年里，寻求识别方法一直不是很容易。

菲利普的探求历程是个人性质的，而且也是在智识层面进行的。他在伊利诺伊州盖尔斯堡一所偏僻的Lombard学院当了很多年老师。Lombard学院没能熬过大萧条，但是菲利普在那段时光里发表了令人印象深刻的成果。在Lombard，他指导了年轻的卡尔·桑德堡(Carl Sandburg)，卡尔·桑德堡的那种结构松散和令人回味的诗歌，使其在后来成为一位美国文化名人。这是桑德堡对其闪耀着经验的人生路径的描述③：

---

① 可见 James H. Stock and Francesco Trebbi, "Who Invented Instrumental Variables Regression?" *Journal of Economic Perspectives*, vol.17, no.3, Summer 2003：177—194。

② 这里的引用以及素描中的人物都来自未公开的信件，这些信件被 James H. Stock 和 Kerry Clark 发现。可见 "Philip Wright, the Identification Problem in Econometrics, and Its Solution," Tufts University Department of Economics Special Event in honor of Philip Green Wright, October 2011 (http://ase.tufts.edu/econ/news/documents/wrightPhilipAndSewall.pdf)，以及 Kerry Clark, "The Invention and Reinvention of Instrumental Variables Regression," 2012 Harvard senior thesis。

③ "Experience." From *In Reckless Ecstasy*, Asgard Press, 1904，菲利普·格林·赖特进行了编辑并作前言。

今天早上,我看着当天的地图

并且对自己说,"这就是路! 这就是我将要前行的路;

因此,我漫步在通往成就的路上,

这条路是如此清晰——在标示出的路线上,应该充满快乐"。

然而,我却来到了一个陌生的地方,——

这是个地图上没有的地方!

我一个踉跄跌倒在地,趴在了杂草上,

懊悔一整天。

我正在一点点学习——永远不能肯定——

只对过去感到确定。

有时凝视即将到来之物

就像个游子走过暗夜

迷乱的群星既不点头也不招手,

在所有的道路中,没有道路是确定。

我看到那些有地图的人在交谈

他们说着如何到达,从哪里达到和为什么达到;

我侧耳聆听他们口中的言语,

他们随手在地图的标记上指指点点;

只有一个人看起来强健、孤独且易怒

就像他去过一个遥远的国度

然后自己画了张地图

我对他喊道,"让我看看你的地图!

我会跟从它的指引!"

附录:工具变量理论

工具变量、局部平均处理效应,以及两阶段最小二乘法

我们先复习只有一个工具变量且不存在协变量的工具变量概念。将工具变量与处理变量联系起来的第一阶段是:

$$D_i = \alpha_1 + \phi Z_i + e_{1i}$$

将工具变量与结果变量联系起来的简约式是:

$$Y_i = \alpha_0 + \rho Z_i + e_{0i}$$

两阶段最小二乘法中的第二阶段是用第一阶段拟合值对结果变量进行的回归：

$$Y_i = \alpha_2 + \lambda \hat{D}_i + e_{2i}$$

注意到，可以用第一阶段和简约式的回归系数表示局部平均处理效应公式(3.2)

$$\lambda = \frac{\rho}{\phi} = \frac{C(Y_i, Z_i)/V(Z_i)}{C(D_i, Z_i)/V(Z_i)} = \frac{C(Y_i, Z_i)}{C(D_i, Z_i)} \tag{3.12}$$

我们在这里使用的事实是，方程(3.2)的分子和分母中的均值差，就等于回归系数 ϕ 和 ρ。也就是说，可以用协方差之比表示 λ，它被称为工具变量公式(IV formula)。它在样本中对应的就是工具变量估计量。

在这个简单设定下，用 $\hat{D}_i$ 对 Y_i 进行回归(两阶段最小二乘估计的第二阶段)，就等于方程(3.12)。你一旦写出两阶段最小二乘估计的第二阶段，这就显而易见了：

$$\lambda_{2SLS} = \frac{C(Y_i, \hat{D}_i)}{V(\hat{D}_i)}$$

$$= \frac{C(Y_i, \alpha_1 + \phi Z_i)}{V(\alpha_1 + \phi Z_i)} = \frac{\phi C(Y_i, Z_i)}{\phi^2 V(Z_i)} = \frac{\rho}{\phi} = \lambda$$

在推导过程中，我们使用了第2章附录中的方差和协方差的运算法则。

增加纳入第一阶段和第二阶段的协变量——例如人口爆炸例子中的变量 A_i——两阶段最小二乘估计的第二阶段就是方程(3.9)。这里，两阶段最小二乘法和工具变量公式又一次等价，后者还是简约式系数和第一阶段系数之比。类似于方程(3.7)和方程(3.8)，在估计这些系数时方程中都包含了 A_i：

$$\frac{\rho}{\phi} = \frac{C(Y_i, \tilde{Z}_i)/V(\tilde{Z}_i)}{C(D_i, \tilde{Z}_i)/V(\tilde{Z}_i)} = \lambda_{2SLS}$$

这里 $\tilde{Z}_i$ 是用 A_i 对 Z_i 做回归后得到的残差(我们可以从回归解构公式中知道这一点)。第二个等号的证明细节留给读者完成。

两阶段最小二乘估计的标准误

就像样本均值和回归估计值那样，工具变量估计值和两阶段最小二乘估计值也会随着样本的不同而发生变化。在我们决定任何一组估计值是否有意义时，都必须衡量样本的变异程度。可以用合适的标准误来衡量两阶段最小二乘估计值的抽样方差。

对于使用 Z_i 做 D_i 的工具变量，同时使用 A_i 做控制变量的模型，它的两阶段最小二乘估计标准误可按以下方式计算。首先，两阶段最小二乘估计的残差可以构造为

$$\eta_i = Y_i - \alpha_2 - \lambda_{2SLS} D_i - \gamma_2 A_i$$

$\hat{\lambda}_{2SLS}$的标准误就是

$$SE(\hat{\lambda}_{2SLS}) = \frac{\sigma_\eta}{\sqrt{n}} \times \frac{1}{\sigma_{\hat{D}}} \tag{3.13}$$

这里σ_η是η_i的标准差,$\sigma_{\hat{D}}$是第一阶段拟合值$\hat{D}_i = \alpha_1 + \phi Z_i + \gamma_1 A_i$的标准差。

重要的是要注意到,η_i不是手动两阶段最小二乘估计的第二阶段得到的残差。这个不正确的残差是

$$e_{2i} = Y_i - \alpha_2 - \lambda_{2SLS}\hat{D}_i - \gamma_2 A_i$$

e_{2i}的方差并未出现在方程(3.13)中,所以手动两阶段最小二乘估计的第二阶段得到的是不正确的标准误。标准是清楚的:在你自己电脑里怎么计算都行,但是一旦你准备向公众公开估计值和标准误时,让专业的软件做这个工作。

两阶段最小二乘法的偏误

工具变量是个强大且灵活的工具,但是计量大师也要明智地运用他们手里这个最有力的工具。正如我们已经看到的,为了产生单个因果效应的精确估计值,两阶段最小二乘法可以同时使用多个工具变量,通常情况下,有幸获得多个工具变量的研究者知道某些工具变量能够产生比其他工具变量更大的第一阶段估计值。他们往往倾向于始终使用全部工具变量(计量经济学软件不会因此而多收取费用)。这里的风险是,很多弱工具变量产生的两阶段最小二乘法估计值可能是错的。弱工具变量是一种与回归元没有高度相关性的工具变量,因此,这个工具变量相应的第一阶段估计值可能很小,或是估计不精确。使用很多这类工具变量后得到的估计值,可能接近于同一个模型的最小二乘法估计值。当两阶段最小二乘估计值接近最小二乘估计值时,你会很自然地得出结论说无需担心最小二乘估计中存在的选择偏误,但是这个结论可能站不住脚。因为存在有限样本偏误(finite sample bias),使用很多弱工具变量得到的两阶段最小二乘估计值几乎无法就你感兴趣的因果关系提供什么信息。

什么时候需要担心有限样本偏误?计量大师们往往关注第一阶段的F统计量,存在多个工具变量的环境下,这个统计量可以检验所有的第一阶段系数是否都等于0(F统计量是对t统计量的一个推广,它可以检验多个假设)。通行的经验法则要求F统计量至少等于10,这样才能保证不存在多个弱工具变量的情况。有一种叫做有限信息极大似然估计(limited information maximum likelihood estimator,LIML)的方法可以替代两阶段最小二乘法,这种方法不会受到有限样本偏误太大的影响。既然存在很多弱工具变量时有限信息极大似然估计不太会受到有限样本偏误的影响,那么你应该希望有限信息极大似然估计值和两阶段最小二乘估计值越接近越好(不过,相比于对应的两阶段最小二乘估计,有限信息极大似然估计的标准误更大)。

当你使用单个工具变量估计单个因果效应时，存在很多弱工具变量的问题就不那么严重了。在估计数量—质量间权衡效应时，要么使用表征多胞胎的单个虚拟变量做家庭规模的工具变量，要么使用表征子女性别组成的单个虚拟变量做家庭规模的工具变量，这两类估计值不大可能受到有限样本偏误的困扰，这些估计值出现在表 3.5 的列（2）和列（3）中。最后，永远都有必要对简约式估计值进行仔细考察，因为它们都是最小二乘估计值，不受有限样本偏误的影响。当简约式估计值较小而且与零没有显著差异，会提供一种强有力且无偏的信号，它说明感兴趣的因果关系很弱或不存在，至少就手里的数据而言，这种因果关系很弱或不存在（也可以使用 F 统计量对多个简约式估计值进行检验）。我们始终这样教导学生：如果在简约式中看不到效应，那它就是不存在的。

▶4

回归断点设计

年轻的金贵祥问到:师傅,我们能进一步谈谈命运的力量吗?

宝师傅:说吧。

金贵祥说:当面前有两条路时,我们怎么知道究竟是左边那条路还是右边那条路通向命运呢?

宝师傅回答说:年轻人,你说的是机缘。好像这种事情确实存在。就你说的命运而言,不存在机缘这回事。

《功夫》,第三季第 62 集

本章内容结构

人类行为受到规则制约。加利福尼亚州要求小学班级规模不能超过 32 名学生,33 就是过多。在 62 岁之前,美国社会保障总署不会向你支付一分钱的退休金。美国军队招募新兵时,测试得分处于末尾 10％ 的那部分人将不会被征召入伍。虽然很多此类规则貌似比较随意,没什么科学或经验的依据,但是我们会说:它们大有用武之地! 在人类活动中,对某些可能性作出限制的规则,往往能够带来有趣的实验。计量大师们使用一种被称为回归断点(regression discontinuity,RD)设计的工具来发掘这类实验中蕴含的信息。回归断点并不适用于所有的因果问题,但是在很多情况下它都能发挥作用。当这种方法能够发挥作用时,我们基本可以得到等同于随机实验的那种解释力。

4.1 生日和葬礼

凯蒂:这就是你在余生要做的事情吗?

布恩:你什么意思?

凯蒂:我是说整天和一群混蛋到处瞎逛,然后每个周末都喝醉酒。

布恩:不! 我毕业后,会每晚都喝醉的。

《动物屋》(1978)

二十一岁生日是你人生中的一个重要里程碑。美国人可以在21岁后合法饮酒（有人会说："终于……"）。当然，有些人未达年龄也在饮酒。我们从布恩及其兄弟会成员的事迹中知道，并非所有未达饮酒年龄的人都会节制饮酒。为了解决与低龄饮酒相关的社会问题和公共健康问题，一群美国的大学校长们在各州进行游说，希望再次将最低法定饮酒年龄（minimum legal drinking age，MLDA）设定为越战时期的18岁。这种努力（被称为紫水晶倡议，Amethyst Initiative）背后的理论依据在于，18岁的最低法定饮酒年龄有助于减少酗酒并促进一种成熟的饮酒文化。这个理论与传统观点形成鲜明对比，后者认为21岁的最低法定饮酒年龄尽管是一种直接粗暴的不完美的政策工具，但它可以减少青少年对酒精的接触，由此防止一些相应危害的出现。

幸运的是，最低法定饮酒年龄制度的发展历史产生了两个可以更加清晰地评估酒精政策的自然实验。我们在本章中讨论第一个自然实验，并在下一章中讨论第二个自然实验。[1]第一个最低法定饮酒年龄的自然实验来自于以下事实，年龄的微小变化（用月甚至是天来计算）会对能否合法饮酒产生重大影响。年龄相差一天造成的影响可见图4.1，这幅图绘出了生日和葬礼日之间的关系。这幅图给出了1997年至2003年之间，20—22岁的美国人群的死亡人数。在这里，我们按照死亡时距离生日的天数绘出了死亡人数，并将生日这天标记为第0天。例如，有个人在1990年9月18日出生，在2012年9月19日死亡，那么就记这个人在22岁的第一天死亡。

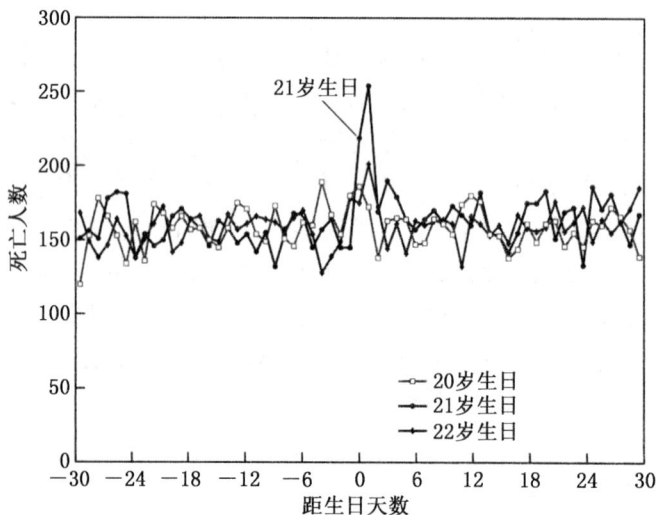

图 4.1　出生日和葬礼日

---

[1]　我们对最低法定饮酒年龄的讨论来自 Christopher Carpenter and Carlos Dobkin，"The Effect of Alcohol Consumption on Mortality：Regression Discontinuity Evidence from the Minimum Drinking Age," *American Economic Journal—Applied Economics*，vol.1，no.1，January 2009：164—182，以及"The Minimum Legal Drinking Age and Public Health," *Journal of Economic Perspectives*，vol.25，no.2，Spring 2011：133—156。

在 21 岁生日当天及随后几天,死亡风险急速上升,从图中醒目的尖峰可以看出这些天死亡人数激增。相比于每天死亡 150 人左右的基准情况,图中尖峰对应的死亡人数多出大约 100 人。看起来,21 岁附近出现的死亡人数激增现象,并不是一般性的生日派对狂欢效应。如果这种死亡人数激增只反映出生日派对的狂欢效应,那么我们应该在 20 岁生日和 22 岁生日附近也看到死亡人数的激增,但是这种情况并未发生。21 岁生日一定有点不寻常。不过,还需要考察的是,能否将 21 岁生日时出现的这种效应归因于最低法定饮酒年龄制度,以及图 4.1 中升高的死亡风险是否长期存在,从而值得我们关注这个问题。

精确回归断点

从图 4.2 可以看出最低法定饮酒年龄和明确且持续的死亡率上升之间的联系。这幅图以 21 岁生日为中心,根据以月份为单位的年龄(将 30 天的时间区间定义为一个月)绘出了死亡率(每年每十万人中死亡人数)。X 轴以 21 岁为中心分别向前和向后延伸了 2 年,图中每个点都表示某个月内的死亡率。在不同月份,死亡率存在波动,但是在 21 岁这个年龄临界点左侧,极少出现死亡率超过 95 的情况。然而,年龄超过 21 岁后,死亡率增加,在 21 岁这个年龄临界点右侧,极少出现死亡率低于 95 的情况。

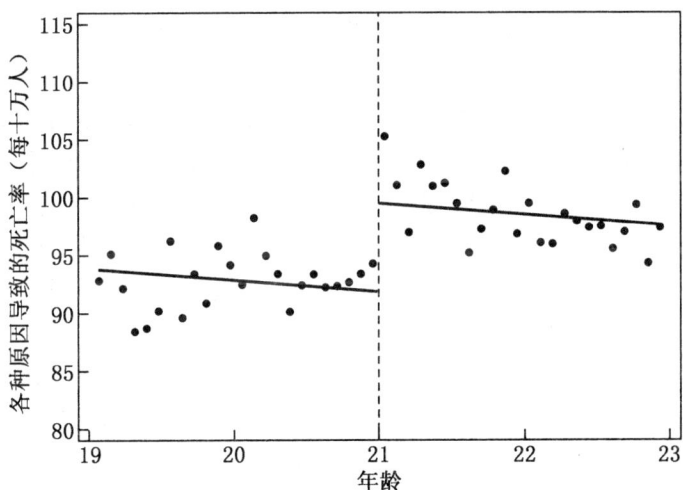

注:这幅图根据年龄(单位:月)绘出了各种原因造成的死亡率。图中两条直线表示用表征超过 21 岁的虚拟变量和年龄对死亡率做回归后得到的拟合值(垂直虚线表示最低法定饮酒年龄临界点)。

图 4.2　对最低法定饮酒年龄造成的死亡影响进行的一项精确回归断点估计

幸运的是,随着年龄的增长,年轻人的死亡率在下降,可以从图 4.2 中向下倾斜的死亡率拟合曲线中看出这一点。但是,如果对 21 岁年龄临界点左侧的趋势线进行外推,我们可以预期 21 岁的死亡率应该在 92 左右,但是,21 岁年龄临界点右侧的趋势线开始的位置显著升高,大约在 99 左右。在 21 岁时趋势线出现的跳跃,正是本章的研究主题,即回归断点(RD)设计。回归断点源自一种看似悖论的想法:严格的规则——在一开始看上去会减少甚至消除随机性——创造了有价值的实验。

图 4.2 要解决的因果问题是,合法饮酒的权利会对死亡率造成什么影响。在这个例子中,处理变量可以记为 D_a,$D_a = 1$ 时表示可以合法饮酒,$D_a = 0$ 表示其他情况。D_a 是年龄 a 的函数,a 表示最低法定饮酒年龄将 21 岁的年轻人从未达年龄的未成年人转变为可以合法饮酒的消费者。我们通过下面给出的数学表达式表示这种转换:

$$D_a = \begin{cases} 1 & \text{如果 } a \geqslant 21 \\ 0 & \text{如果 } a < 21 \end{cases} \tag{4.1}$$

上面这个表达式凸显出回归断点设计的两个标志性特征:

- 处理状态是 a 的一个确定性函数,因此,我们知道 a 的取值,就能知道 D_a 的取值。
- 处理状态是 a 的不连续函数,因为不论 a 如何接近临界点,除非达到临界点,否则 D_a 的取值都不会发生变化。

决定处理状态的变量被称为分配变量(running variable),在这个例子中就是年龄。分配变量在回归断点分析中发挥着核心作用。对于精确回归断点设计,随着分配变量跨越临界值,处理状态会明确地表现出是或否的变动特征。最低法定饮酒年龄就是年龄的一个精确函数,因此,研究最低法定饮酒年龄对死亡率产生的影响,实际上就是个精确回归断点分析。本章后半部分考察第二类回归断点,它们被称为模糊回归断点(fuzzy RD),在这类回归断点中,处理变量的概率或强度在临界点跳跃。

由于最低法定饮酒年龄之外的原因,死亡率显然随着分配变量 a 的变化而变化。对于十八九岁或二十岁出头的年轻人而言,癌症等疾病引起的死亡率(被流行病学家称为内部原因)虽然较低但出现上升,与此同时,车祸、他杀和自杀等外部原因引起的死亡数量在下降。为了从任何可能的最低法定饮酒年龄效应中分离出这种趋势变化,回归断点分析要控制由 a 引起的死亡率平滑变动。回归断点之所以得到这个名字,就是因为它使用回归模型执行这种控制。

一项针对最低法定饮酒年龄的简单回归断点分析使用如下所示的回归方程估计因果效应

$$\overline{M}_a = \alpha + \rho D_a + \gamma a + e_a \tag{4.2}$$

其中 $\overline{M}_a$ 是第 a 个月的死亡率(这里再次说明,月份被定义为以 21 岁生日为中心的一个为期 30 天的时间区间)。方程(4.2)包含了作为虚拟变量的处理变量 D_a,以及针对月份为单位的年龄设置的线性控制变量。根据方程(4.2)中得到的拟合值,可以绘出图 4.2 中的直线。γ 是负的斜率,表示随着年轻人趋向成熟,死亡率在平滑地下降。参数 ρ 表示在 21 岁时出现的死亡率跳跃。回归方程(4.2)给出 ρ 的估计值等于 7.7。与平均 95 左右的死亡率相比,这个估计值意味着在最低法定饮酒年龄这个临界值附近,死亡风险会出现显著上升。

这是对最低法定饮酒年龄因果效应的一个可信估计吗?我们难道不该控制其

他条件吗？遗漏变量偏误（OVB）公式告诉我们，在短回归和任何长回归中估计的 ρ 之间的差别，依赖于加入长回归的变量与 D_a 之间的关系。但是方程(4.1)告诉我们 D_a 只取决于 a。假设 a 对死亡率的影响已经在线性方程中得到体现，那么我们可以确定，短回归方程中并不会出现遗漏变量造成的偏误。

方程(4.2)之所以不存在遗漏变量偏误，是因为这里利用了内部信息：虽然处理不是随机分配的，但是我们知道这种处理来自何处。具体而言，处理是由分配变量决定的——这是上面给出的确定性函数表达的含义。因此，因果关系是否存在，取决于在回归中线性控制年龄的方式是否准确刻画了分配变量和结果之间的关系。

虽然回归断点使用回归法估计因果效应，但最好还是将回归断点设计视作与我们在第2章讨论的回归方法存在重大不同的一类独特分析工具。在第2章中，我们在控制变量取特定值时比较处理结果和控制结果，希望在给定控制变量后，处理能够接近随机分配。这里，不存在既能让我们观察到处理组个体，又能让我们观察到控制组个体的分配变量取值。哇哦，小年轻！我们在第2章讨论的匹配和回归策略，都要在给定协变量取值的基础上比较处理组和控制组，与它们不同的是，回归断点的有效性取决于我们在分配变量的不同取值处进行外推的意愿，至少是在处理状态发生跳跃的临界点邻域内进行外推的意愿。

在图4.2中，断点附近进行比较的局部特征显而易见。在最低法定饮酒年龄对应的临界点处趋势线发生的跳跃，实际上比较了处在临界点两侧的人面对的死亡率——这两类人的年龄都接近21岁。换句话说，在这里，名义上的实验涉及在成年人可以自由饮酒的世界中年轻人接触酒精程度的变化。这个实验得到的结果虽然与目前针对酒精政策的讨论有关，但它并未告诉我们禁止饮酒这类更为剧烈的政策变化会带来什么后果。

回归断点的细节

断点回归工具并不能确保产生可靠的因果估计。图4.3说明了原因。在图4.3的第一幅图中，分配变量(X)和结果变量(Y)之间的关系是线性的，而且，从断点的一侧到另一侧，$E[Y|X]$ 出现明显跳跃。图4.3的第二幅图看上去类似，只是 X 和 Y 的均值之间是非线性关系。不过，在 $X = 0.5$ 处发生的跳跃也是显而易见的。图4.3的第三幅图凸显出回归断点设计者面对的挑战。在这里，图中显示出怪异的非线性趋势，从临界点的左侧到右侧，趋势线出现明显转折，但却不是非连续的。使用类似方程(4.2)的线性模型构建估计值，可能会将这种非线性特征误解为存在断点。

有两种策略可以减少回归断点出错的可能性，不过，这两种策略都无法提供完全的保证。第一种策略是直接对非线性进行建模，第二种策略是只关注临界点附近的观察值。我们从非线性建模策略开始，并在本节最后部分简单讨论第二种策略。

在回归断点框架中，人们往往用分配变量的多项式函数对非线性进行建模。在理想情况下，使用这种方法得到的结果不会因方程的非线性阶数变大而发生重大改变。然而,正如图 4.3 中第三幅图所示,有时却不是这样。对多少阶非线性才够用这个问题的回答往往需要主观判断。这里存在的风险是你可能会选用结果最有吸引力的模型,也许会选出最接近你的偏见的那个模型。因此,使用回归断点设计的人士需要向读者们提供一份报告,详细说明构建回归模型时细节的变化,对回归断点估计值产生的影响。

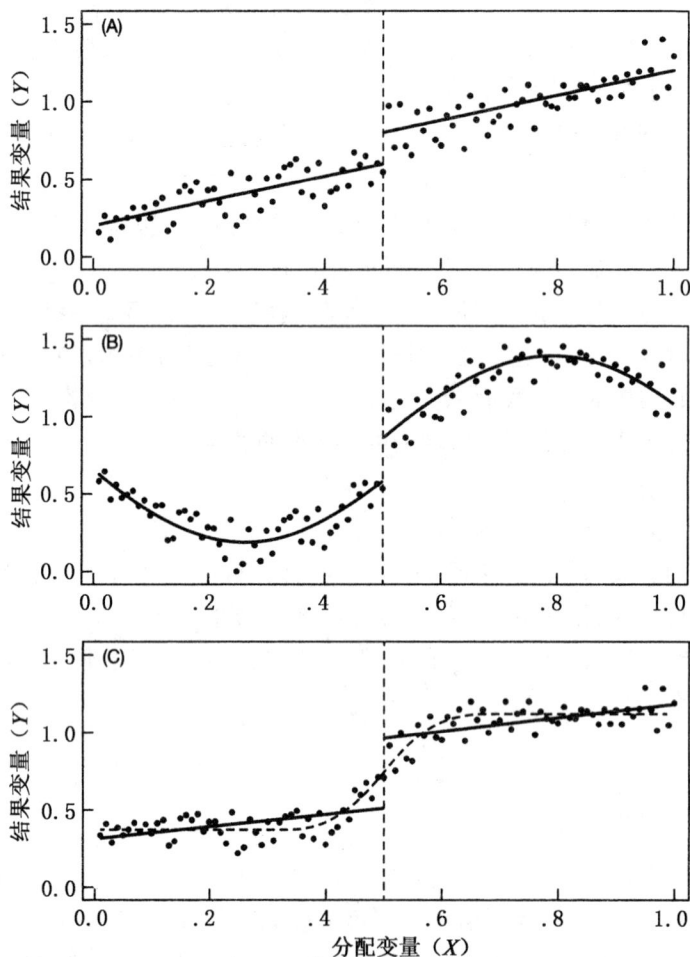

注:第一幅图给出的是为 $E[Y_i|X_i]$ 设定线性模型后得到的断点回归估计;第二幅图为直线增加了一些弯曲。第三幅图指出将非线性误认为存在断点的错误。垂直虚线表示假设的回归断点临界点。

图 4.3 实际使用的回归断点,三种方式

图 4.2 意味着 $\overline{M}_a$ 和 a 之间的关系可能存在一定弯曲,至少对于临界点右侧的那些点而言是这样的。对方程做简单拓展,使模型中存在这种曲率的一种方式是使用分配变量的二次项进行控制,而不是仅仅使用线性项。将分配变量的二次项作为控制变量的回归断点模型就变为

$$\overline{M}_a = \alpha + \rho D_a + \gamma_1 a + \gamma_2 a^2 + e_a$$

在这里，$\gamma_1 a + \gamma_2 a^2$ 是年龄的二次函数，γ_1 和 γ_2 是需要估计的参数。

与之相关的一类修正方式是允许截断点左侧和右侧的分配变量参数取不同值。这种修正会产生一个 a 和 D_a 的交互项。为了让存在交互项的模型易于解释，我们通过减去临界值 a_0 的方式来对分配变量进行中心化。用 $a - a_0$ 代替 a（这里 $a_0 = 21$），并在模型中加入交互项（interaction term）$(a - a_0)D_a$，于是，断点回归模型就变为

$$\overline{M}_a = \alpha + \rho D_a + \gamma(a - a_0) + \delta[(a - a_0)D_a] + e_a \qquad (4.3)$$

对分配变量取中心值，可以确保方程（4.3）中的 ρ 仍然能够度量临界点处平均结果发生的跳跃（在方程中假设 $a = a_0$，便能看出这个结果）。

为什么年龄与死亡率之间的趋势关系会在临界点附近发生变化？在临界点左侧的数据反映了饮酒行为受最低法定饮酒年龄制约的那类人组成的样本中表现出的年龄与死亡率之间的关系。在这个样本中我们可以预期，随着年轻人变得越来越成熟，他们会越来越不愿冒风险，死亡率应该稳步下降。然而，在 21 岁之后，饮酒不再受限可能会改变这个过程，也许会使死亡率的下降趋势放缓。另一方面，如果支持紫水晶倡议的大学校长们是对的，那么负责任的合法饮酒行为有助于形成成熟的行为方式。斜率出现的这种变化的方向还仅仅是个假设——要点在于，方程（4.3）允许斜率在任何一个方向上发生变化。

具有交互项的模型的微妙含义在于，远离 a_0 点，最低法定饮酒年龄的处理效应可以表示为 $\rho + \delta(a - a_0)$。我们可以用 $D_a = 1$ 时得到的拟合值减去 $D_a = 0$ 时得到的拟合值来看出这个结果：

$$[\alpha + \rho + (\gamma + \delta)(a - a_0)] - [\alpha + \gamma(a - a_0)] = \rho + \delta(a - a_0)$$

然而，离临界点较远处的估计值往往是一种大胆外推，对它的使用应该多做一些推敲和说明。我们无法从年龄在 21 岁以上仍然禁止饮酒的世界中获得反事实的死亡率数据。同样，在临界点左侧远离临界点的地方，我们也很难说明在年龄很小时就能合法饮酒的世界中死亡率会是怎样的。相比之下，似乎合理的说法是，年龄距 21 岁已经非常接近的那群人的死亡率，为年龄刚刚超过 21 岁的那群人的死亡率提供了一个好的反事实比较。这使我们认为，估计出的参数 ρ（恰好位于临界点处的因果效应）是最可靠的，即使用于估计的模型隐含的信息要比这个还多。

在类似下面的模型中，我们还可以结合考虑临界点附近斜率出现的非线性趋势和变化

$$\overline{M}_a = \alpha + \rho D_a + \gamma_1(a - a_0) + \gamma_2(a - a_0)^2 \qquad (4.4)$$
$$+ \delta_1[(a - a_0)D_a] + \delta_2[(a - a_0)^2 D_a] + e_a$$

在这个设置中，当跨越临界点时，线性项和二次项都会发生变化。与之前一样，最低法定饮酒年龄的处理效应 ρ 捕捉到了最低法定饮酒年龄时死亡率出现的跳跃。

现在,在远离临界点的地方,处理效应是 $\rho+\delta_1(a-a_0)+\delta_2(a-a_0)^2$,不过,相比于针对 ρ 给出的因果解释,对这个值的因果解释推测的成分更多一些。

图 4.4 显示,根据方程(4.4)估计出的趋势函数已经有了一定弯曲,在 21 岁左侧出现轻微的凹性,超过 21 岁后出现显著的凸性。相比于线性模型,这个模型估计出的最低法定饮酒年龄效应更大,等于每十万人中约有 9.5 人死亡。图 4.4 还给出了方程(4.2)估计出的线性趋势线。方程(4.4)作为一个更加精巧的模型,其拟合程度似乎比简单模型要高:在 21 岁时死亡率激增,但是在 21 岁生日后没几个月的时间里,死亡率就恢复正常了。这个状况是对图 4.1 中 21 岁附近死亡率出现尖峰的一个回应。与布恩及其兄弟会成员不同,刚刚可以合法饮酒的人似乎很快就厌倦了整夜宿醉。方程(4.4)很好地捕捉到了这种跳跃——以及下降,尽管需要以更复杂的技术为代价。

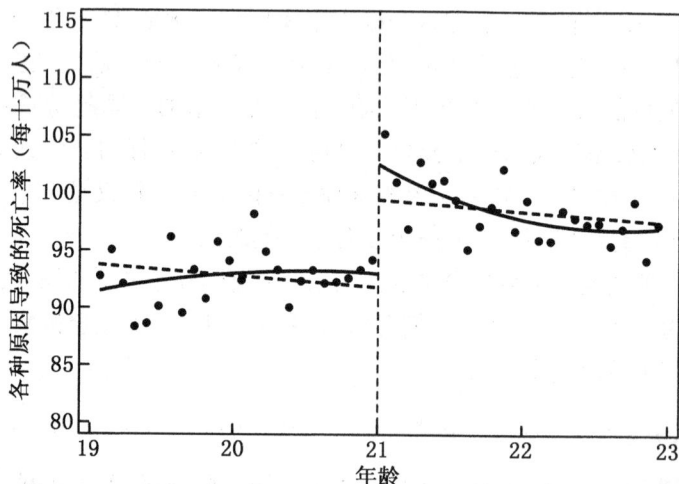

注:这幅图根据以月份为单位的年龄绘出了各种原因造成的死亡率。图中虚线表示用表示超过 21 岁的虚拟变量和以月份为单位的年龄对死亡率做回归后得到的拟合值。实线表示用表示超过 21 岁的虚拟变量、年龄的二次项,以及年龄与表示是否超过 21 岁的虚拟变量构成的交互项对死亡率进行回归后得到的拟合值(垂直虚线表示最低法定饮酒年龄形成的临界点)。

图 4.4　在回归断点设计中使用二次项做控制变量

哪种模型更好,是更加精巧的那个还是比较简单的那个? 这里并无一般性规则,除了对数据做充分考察之外别无选择。如图 4.4 所示,估计结果对建模选择的细节不是高度敏感,这是我们的幸运。在这个围绕 21 岁生日进行研究的例子中,简单的回归断点模型似乎具有足够的灵活性,可以捕捉到临界点附近的效应。更加精巧的那个模型不仅可以拟合出在 21 岁生日附近死亡率出现的尖峰,还可以捕捉到之后死亡率出现的些许下降。

临界点附近的效应未必是最重要的。假设我们将合法饮酒年龄提高到 22 岁。当酒精过量致死完全由最低法定饮酒年龄那年的生日派对造成时,这种变化只会将某些人的生命延长一年,除此之外几乎不会产生什么影响。因此,图 4.4 中出现明显的死亡率持续上升是重要的,这意味着限制饮酒确实能够产生持久的好处。在上文中我们就指出,相较于在临界点附近发现的死亡率激增证据,在远离临界点的地方出现的相关证据更具推测性。另一方面,当分配变量和结果之间的趋势关系近似为线性关系时,有限外推似乎是合理的。死亡率在临界点附近的跳跃,说明饮酒行为确实受是否合法饮酒的影响,这种影响表现在死亡率上,这一点很重要,而最低合法饮酒年龄效应外推到 23 岁时,这个效应看上去仍然显著可信,表现为每十万人中死亡人数多出五人。这种模式凸显出"可视化回归断点"(visual RD)的价值,也就是说,仔细评估类似图 4.4 的曲线。

将图 4.4 中死亡率的激增归因于饮酒的论点在多大程度上是可信的?按死因对死亡率进行分类的数据有助于我们厘清这个问题。虽然酒精有毒,但很少有人仅仅因为酒精中毒而死亡,与酒精有关的疾病导致死亡只发生在年龄较大的人群中。但是,酒精与机动车辆事故(motor vehicle accidents,MVA)密切相关,后者是年轻人的头号杀手。如果酒后驾车是酒精致死的主要原因,那么我们应该看到,在机动车辆事故造成的死亡大幅上升的同时,因其他内部因素造成的死亡率几乎未出现变化。类似于表 1.3 中对兰德医疗保险实验进行的平衡性检验,以及类似

表 4.1　最低合法饮酒年龄对死亡率产生影响的精确回归断点估计值

被解释变量	年龄在 19—22 岁		年龄在 20—21 岁	
	(1)	(2)	(3)	(4)
所有死亡因素	7.66	9.55	9.75	9.61
	(1.51)	(1.83)	(2.06)	(2.29)
机动车辆事故	4.53	4.66	4.76	5.89
	(0.72)	(1.09)	(1.08)	(1.33)
自杀	1.79	1.81	1.72	1.30
	(0.50)	(0.78)	(0.73)	(1.14)
他杀	0.10	0.20	0.16	−0.45
	(0.45)	(0.50)	(0.59)	(0.93)
其他外部因素	0.84	1.80	1.41	1.63
	(0.42)	(0.56)	(0.59)	(0.75)
所有内部因素	0.39	1.07	1.69	1.25
	(0.54)	(0.80)	(0.74)	(1.01)
与酒精相关因素	0.44	0.80	0.74	1.03
	(0.21)	(0.32)	(0.33)	(0.41)
控制变量	年龄	年龄、年龄二次方,及其与表示超过 21 岁的虚拟变量形成的交互项	年龄	年龄、年龄二次方,及其与表示超过 21 岁的虚拟变量形成的交互项
样本规模	48	48	24	24

注:本表报告了表征超过 21 岁的虚拟变量的系数,这是对以月份为单位的年龄的死亡率进行回归后的结果,表中区分了造成死亡的因素,还用年龄的线性项或二次项进行了控制。标准误报告在括号中。

于表 3.1 中 A 部分对 KIPP 录取资格工具变量进行的平衡性检验，是否得到处理并不影响个体的特征结果，这可以提高我们对所研究的因果效应的信心。

作为与具体死亡原因相关的一个基准结果，表 4.1 中第一行给出了针对所有死亡原因进行的估计，这些估计值分别是用方程(4.2)给出的简单回归断点和方程(4.4)给出的精巧回归断点进行构造的，分别展示在列(1)和列(2)。表 4.1 的第二行揭示了合法饮酒对机动车辆事故致死造成重大影响，这个效应大到足以解释大部分与最低合法饮酒年龄相关的超额死亡。这里得到的估计值并不会因为使用了简单回归断点或精巧回归断点而发生大的变化。我们预期因饮酒造成的其他死亡原因是自杀和其他外部原因，其中包括非车祸事故。事实上，在最低合法饮酒年龄临界点附近，针对自杀和其他外部原因(不包括他杀)估计出的效应虽然较小，但在统计上是显著的。

重要的是，在列(1)和列(2)中，所有因内部因素(这些因素包括死于癌症和其他疾病)造成的死亡都对应于比较小的估计值，而且这些估计值和零没有显著差别。该表最后一行所示，因直接酒精中毒致死产生的影响看上去也比较适度，大约和其他内部因素造成的死亡处在相同量级，但是前者在统计上显著不同于零。因此，综合而言，表 4.1 支持我们提出的最低合法饮酒年龄效应，为最可能因酒精引起但不是内部因素引起的死亡估计出了一个明确的效应。

图 4.5 也支持这个结论，该幅图绘出了针对机动车辆事故死亡率给出的拟合值，它由计算表 4.1 中列(2)的模型进行构建。这幅图显示，在最低合法饮酒年龄附近，死亡率出现明显上升，而且不存在具有误导性的非线性趋势。与此同时，并

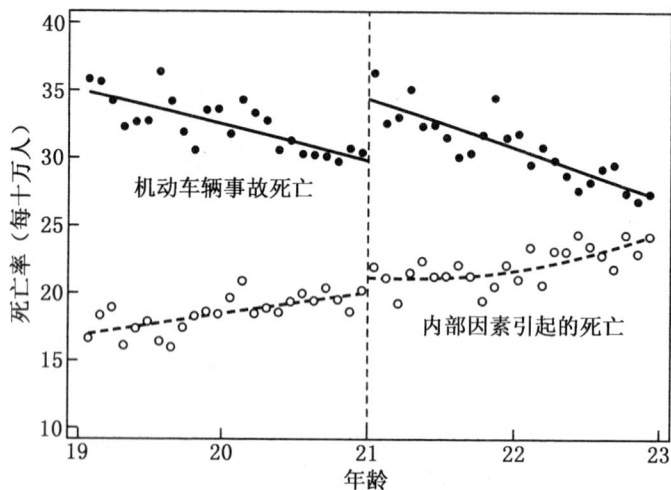

注：这幅图根据以月份为单位的年龄绘出了因机动车事故和内部原因造成的死亡率。图中直线绘出的是按照死亡原因，用表示超过 21 岁的虚拟变量、以月份为单位的年龄的二次函数及其与虚拟变量组成的交互项进行回归后的拟合值(垂直虚线表示最低合法饮酒年龄临界点)。

图 4.5　按照死亡原因对最低合法饮酒年龄效应进行的回归断点估计值

无因内部原因造成的明显死亡率跳跃,表 4.1 中的标准误也指出,图中内部因素造成的死亡率出现的小幅跳跃,更可能源于偶然。

除了使用简单的回归估计这种计量大师们称之为参数回归断点(parametric RD)的方法,还有第二种从非线性趋势中识别出跳跃的回归断点策略,这个方法认为,只要我们瞄准临界点附近的观测值,就能看得清楚。对于临界点附近数量很少的一组观测值集合而言,我们根本不用再去担心非线性趋势。这意味着可以比较临界点左侧和右侧非常狭窄的两个区间的平均值。缺点在于,如果区间非常狭窄,那么几乎没有观测值能够留下,意味着由此得到的估计值很可能很不精确,没有意义。尽管如此,在临界点附近,我们还是可以在减少偏误和剔除数据造成方差过大之间求得一个平衡,从而找到某种大小最优的观察窗口。

能够进行这种权衡的计量经济学程序就是非参数回归断点(non-parametric RD)。非参数回归断点等于是在临界点附近很窄的一个观察窗口中估计方程(4.2)。也就是说,我们要在满足 $a_0 - b \leqslant a \leqslant a_0 + b$ 的样本中去估计

$$\overline{M}_a = \alpha + \rho D_a + \gamma a + e_a \tag{4.5}$$

参数 b 描述了观察窗口的宽度,被称为带宽。表 4.1 中结果可被视为带宽等于 2 年的非参数回归断点估计值,相关估计结果展示在列(1)和列(2),列(3)和列(4)给出了带宽减半(也就是说,样本中只包含 20—21 岁的人,而不是 19—22 岁的人)后的估计值。当只在临界点附近一个很窄的年龄窗口进行估计时,无论选择较为简单的方程(4.5),还是选择更加精巧的方程(4.4),对结果产生的影响都应该是微乎其微的。表 4.1 给出的结果支持这种推测,虽然在不同列的估计值之间存在一些

变化，但是我们有理由将这种变化归因于抽样方差。[①]

简单吧！但是，我们应该如何挑选带宽？一方面，为了避免陷入如何选择多项式的困境，我们希望使用临界点附近的数据。另一方面，较少的数据意味着更低的精度。因此，对于初学者来说，带宽应该是样本规模的一个函数，它会随着样本规模而变化。在回归断点的临界点附近，有关结果的可用信息越多，我们设定的带宽就可以越小，这也能产生一个精度足够的结果。为了对偏误—方差之间权衡做出有效决策，理论计量经济学家提出了复杂的策略，即使如此，带宽选择算法仍然并不完全依赖于数据，也需要研究者选择特定参数。[②]在实践中，带宽的选择——类似于在参数模型中对多项式的选择——需要主观判断。目标不在于找到一个完美带宽，而是在于说明任何特定的带宽选择所得到的结果都不具有偶然性。

从这个思路出发，看上去我们基于最低法定饮酒年龄进行的研究实在是一项非常完美的回归断点设计（也许这是对作者们自己节制饮酒的一种奖励），与用参数模型进行不同形式的多项式控制得到的回归断点估计值比较类似，也与相应的一组非参数估计得到的结果类似。这些非参数估计值在很大程度上对带宽选择不敏感。[③]这个结果的一致性表明，对最低法定饮酒年龄进行的回归断点分析结果，确实捕捉到了真实的因果效应。一些年轻人似乎确实为获得法定饮酒权利付出了沉重的代价。

4.2　精英幻觉

> 金贵祥：我寻求的不是答案，而是理解这个问题。
>
> 《功夫》，第一季第 14 集

在波士顿和纽约城的公立学校系统中，有几所通过选拔性考试才能入学的学校。与美国的大多数其他公立学校不同，考试型公立学校会通过竞争性入学考试筛选申请人。与美国中学的许多高年级学生为就读该国最挑剔的大学竞争类似，在一些城市里，年龄更小的学生及其家长们也对需要考试才能入学的顶级学校垂涎三尺。在波士顿，向考试型公立学校提出入学申请的学生中，大约不到一半人进

[①] 熟悉非参数回归断点的专家们一般用加权最小二乘法估计类似方程(4.2)的模型。这个过程将最大权重赋予临界点附近的观察值，观察值离临界点越远，赋予的权重就越小。出于这个目的使用的加权函数被称为核函数(kernel)。表 4.1 给出的估计值隐含使用了一个均匀核函数(uniform kernel)；也就是说，为带宽中所有观察值赋予相同权重。

[②] 可见 Guido W. Imbens and Karthik Kalyanaraman, "Optimal Bandwidth Choice for the Regression Discontinuity Estimator," *Review of Economic Studies*, vol.79, no.3, July 2012：933—959。

[③] 对参数和非参数估计结果的比较可见 Carpenter and Dobkin, "The Effect of Alcohol Comsumption," *American Economic Journal：Applied Economics*, 2009 的表 4 和表 5。在这篇文章的在线附录(DOI：10.1257/app.1.1.164)中，作者讨论了结果对带宽选择的敏感性。2009 年的这篇研究按照出生的精确日期分析了死亡率，但是在这里我们使用以月份为单位的年龄数据。

入了 John D. O'Bryant School、Boston Latin Academy 或者是 Boston Latin School (BLS)；在纽约市，只有六分之一的申请人可以进入纽约市最早的考试型公立学校（它们分别是 Stuyvesant，Bronx Science, and Brooklyn Tech）。

乍一看，人们对考试型公立学校的录取资格展开激烈竞争是可以理解的。考试型公立学校的毕业生往往能在科学、艺术和政治领域都取得杰出的事业成就。以任一标准衡量，考试型公立学校的毕业生都取得了遥遥领先于其他公立学校学生的成就。很容易看出为什么有些父母宁可卖肾（也许是卖肝）也要让孩子进入这类学校。经济学家和其他社会学家们也对考试型公立学校带来的处理结果产生了浓厚兴趣。一方面，考试型公立学校能够将高能力的学生聚集在一起。这肯定是件好事：聪明的学生从同学那里学到的东西，几乎可以和老师教授的内容相媲美，或者，具有高度选拔性的麻省理工学院和伦敦经济学院也具有如上特征。

我们可以很容易地说明考试型公立学校所具备的优势，但同样明确的是，至少从某些方面讲，考试型公立学校毕业生所表现出的一些成就上的优势，可能反映了学校推行的选拔性入学政策。当学校只允许高水平学生入校学习时，无论学校本身是否能提供价值，在这些学校学习的学生必然是高水平的。这听起来像是一种选择偏误，事实确实是这样。从富有远见的俄勒冈州卫生主管部门及其医疗保险抽签中得到启发，我们可能希望说服 Stuyvesant 高中和 Boston Latin 高中不要根据测试录取学生，而是通过随机方式录取学生。然后，我们可以使用由此得到的实验数据了解考试型公立学校是否真的提供了价值。我们能做到这一点吗？要知道，如果考试型公立学校选择随机招收学生，就不再是考试型公立学校了。

对于考试型公立学校而言，如果选拔性招生是其必须具备的一个条件，我们该如何设计实验揭示这类学校的有效性？正如受人尊敬的哲学家柏拉图（Plato）和弗兰克·扎帕（Frank Zappa）提醒我们的：需要是发明之母。利用考试型公立学校的招生政策存在的离散性，我们可以创造一个自然实验。在考试分数接近录取分数的那些申请人中，无论他们处于临界点右侧还是左侧，都接近于随机分配。然而，这种情况下这个实验很微妙：它不再是一个简单的录取—不录取问题，对于就读考试型公立学校而言，临界点处经历的是一种不连续变化，因为很多得到录取的学生会选择去其他地方读书，同时，很多未被某个学校录取的学生最终会被另一所考试型公立学校录取。当断点产生的不是录取—不录取这种明确的转换，而是改变了处理概率或平均特征（简单说，它改变了处理的强度）时，这样的回归断点设计被称为模糊回归断点。

模糊回归断点

那么，考试型公立学校能够产生什么样的处理？图 4.6 至图 4.8 关注的是向 BLS 提出入学申请的学生，这几幅图有助于我们找到这个问题的答案。与所有希望进入波士顿选拔性公立学校学习的人一样，向 BLS 提出入学申请的学生们要参加独立学校入学考试（Independent Schools Entrance Exam，ISEE）。在用来构造上述图例的样本中，就包含了 ISEE 得分处在 BLS 录取分数线附近的那些申请人。图中的圆点是 y 轴上针对分数相差在一分范围内的申请者计算的 ISEE 分数平均值，穿越圆点的那条线表示用注脚中提供的方法对数据平滑后得到的拟合线[①]。图 4.6 表明，大多数但不是所有符合要求的申请人都会就读于 BLS。

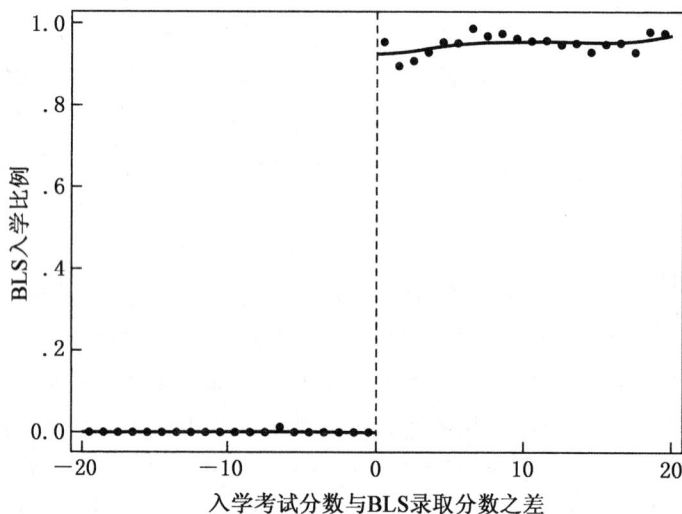

注：这幅图根据入学考试分数绘出了处于 BLS 录取线附近的申请人的入学率。实线表示对临界点两侧用局部线性回归法得到的拟合值（垂直虚线表示临界点）。

图 4.6　BLS 的入学情况

BLS 是波士顿地区最著名的考试型公立学校。考试成绩未到达 BLS 录取分数线的学生去哪里读书了呢？他们大部分都去了 Boston Latin Academy，这也是一所历史悠久的学校，排名仅次于 BLS。这种入学状况变化表现在图 4.7 中，这幅图针对入学考试成绩在 BLS 录取分数线附近的人绘出了他们进入波士顿任意一所考试型公立学校学习的概率。图 4.7 指出，在 BLS 录取线附近未能进入 BLS 的大部分申请人，最终会进入另一所考试型公立学校。因此，在 BLS 录取线附近，进入某所考试型公立学校的概率并未发生重大变化。看起来，我们进行的实验实际上是比较选拔性很高的 BLS 和选拔性略低的 Boston Latin Academy 会产生何种局部差异，

[①]　在这几幅图中，决定录取结果的变量是每个申请人的 ISEE 分数和 GPA 分数的加权平均值，但是，为了简单起见，我们将这个分配变量称为 ISEE 分数。在这里，圆点来自一种被称为局部线性回归的数据平滑方法，这个方法的作用原理是对每个点附近带宽范围内的小样本进行回归拟合。得到的平滑值就是这个过程产生的拟合值。欲知更多详情，可见我们在这里的讨论所基于的研究：Atila Abdulkadiroglu, Joshua D. Angrist, and Parag Pathak，"The Elite Illusion: Achievement Effects at Boston and New York Exam Schools," *Econometrica*，vol.81, no.1, January 2014:137—196。

而不是从总体上评估考试型公立学校能够带来的优势这一更有趣的问题。

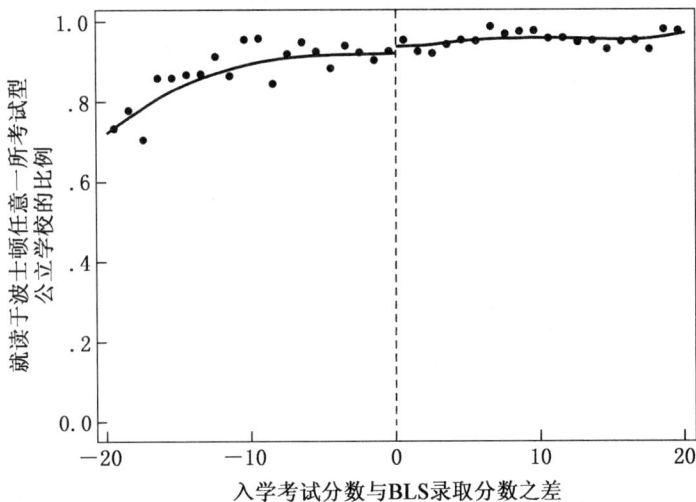

注：这幅图依照入学考试分数绘出了得分在 BLS 录取线附近的申请人进入波士顿任意一所考试型公立学校的概率。实线表示分别对临界点两侧进行局部线性回归后得到的拟合值(用垂直虚线表示临界点)。

图 4.7　就读于波士顿任意一所考试型公立学校的状况

我们真的能做到吗？教育研究中最有争议的问题之一就是同群效应的性质；也就是说,你同学的能力是否确实对你的学习产生因果影响。如果你足够幸运进入一所同学们都很棒的学校,这将对你的成功有帮助。另一方面,如果你降级到一所大多数学生都不那么好的学校,这可能会拖你的后腿。对于与学校派位有关的政策——也就是决定孩子在哪里上学的那些规章制度——而言,同群效应是重要的。例如,在许多美国城市,学生都在家附近的学校上学。因为穷人、非白人以及差生往往住得离富裕的优等生很远,后者居住在大部分居民为白人的社区,按照家庭住址进行学校派位的做法,可能降低了贫困的少数族裔儿童出人头地的机会。因此,很多学区都用公交车接送儿童去远离自家的地方上学,希望能够增加不同背景和不同族裔儿童的融合程度。

考试型公立学校为研究同群质量提供了一个很好的实验。具体而言,入学考试分数超过录取分数线的申请人可以就读于波士顿更好的考试型公立学校,因此相较于入学考试分数堪堪低于录取分数线的申请人,拥有更高水平的同学,尽管后者也会就读于另一所考试型公立学校。从图 4.8 可以看出 BLS 申请人身上发生的这一现象。在这里,用申请人的同学们在四年级时(也就是在申请考试学校之前两年)完成的一次测验中的数学成绩衡量同群质量。正如我们在第 3 章讨论特许学校时所做的,这幅图用标准差作为衡量考试成绩的单位,一个标准差用希腊字母 1σ 表示。成功进入 BLS 学习的申请人会拥有考试成绩远远更高的同学,这个同学组的数学成绩高了 0.8σ,这相当于波士顿内城与波士顿富裕郊区之间学生组平均质量的差异。在任何模糊回归断点研究设计中,这种处理强度上存在的差别都是核心所在。模糊回归断点和精确回归断点的区别在于,使用模糊回归断点时,人们认为高于某个临界点的申请人受到的处理强度更大,而在精确回归断点设计中,处理是非常明确的,或者得到处理,或者没有得到处理。

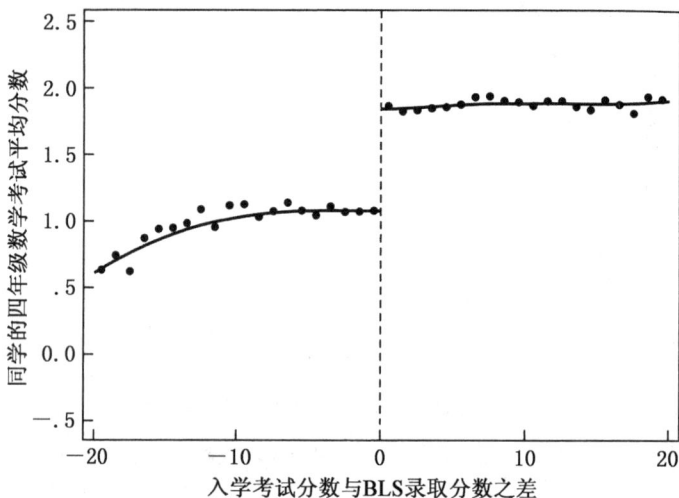

注:这幅图根据入学考试分数绘出了处于 BLS 录取分数线附近的那些申请人在七年级时同学的学习水平。度量同学学习水平的指标是这些同学在四年级时的数学考试分数。实线表示分别对临界点两侧进行局部线性回归后得到的拟合值(用垂直虚线表示临界点)。

图 4.8 在 BLS 录取分数线附近的同学学习水平

模糊回归断点就是工具变量方法

在一项有关回归分析的重大仪式中,全世界的社会科学家都会将学生成绩与这些学生的同学的平均能力联系起来。这种回归可靠地揭示出学生成绩与其同学成绩的强关联性。在波士顿地区所有的考试型公立学校申请人中,用七年级学生的同学在四年级时取得的平均数学考试成绩对他们在七年级时的数学成绩进行回归,得到的系数大致为四分之一。这个推断的同群效应来自下面这个回归模型

$$Y_i = \theta_0 + \theta_1 \overline{X}_{(i)} + \theta_2 X_i + u_i \qquad (4.6)$$

其中 Y_i 表示学生 i 在 7 年级时的数学成绩,X_i 是学生 i 在四年级的数学成绩,$\overline{X}_{(i)}$ 是学生 i 七年级的同学们在四年级时取得的数学成绩的平均值(下标(i)表示在计算他或她的同学的平均水平时,学生 i 未被包含进来)。同群质量系数(θ_1)的估计值大约是 0.25,意味着高中同学的能力每提高一个标准差——我们用小学成绩衡量同学能力,同时控制了学生们自己在小学的表现——学生们在中学的表现会提高 0.25σ。

父母和老师对于"同群很重要"这件事情有着强大的直觉认同,因此,听上去学生的表现与其同学们的表现之间存在的强大正相关性也是现实的。但是,在一起接受教育的孩子们变得相似有很多理由,这个简单的同群效应回归无法给出一个因果解释。例如,本书作者有四个孩子,和他们的父母一样,这些孩子都是早早就成了学霸的,并且有幸与很多家庭背景类似的学生一起读书。在方程(4.6)的回归

中,因为家庭背景并未得到控制,所以学生及其同学之间被观察到的这种联系无疑反映出这些学生共同受到的一些影响。为了打破这种因果僵局,我们要将学生随机分配给一组不同的同学群体。

考试型公立学校能帮我们这个忙！图 4.8 给出了 BLS 的录取行为对同学群体能力产生的显著影响,在 BLS 录取分数线附近,同群质量跳高五分之四个标准差。在考试型公立学校录取分数线附近出现的同群质量跳跃源自就读选拔性学校的学生构成不同,这是录取程序有意设计的结果,也是计量经济学家从所谓的理想的同群实验中指望得到的结果(正是因为同群质量的提高使得很多家长希望并梦想孩子能够进入一所考试型公立学校)。此外,虽然同群质量在录取分数线附近出现跳跃,但是在分数线两侧,一系列与申请人自身能力、动机和家庭背景有关的变量——也就是我们经常担心的选择偏误的来源——都没有出现跳跃。例如,申请人自己的小学成绩并未出现跳跃。同群效应在录取分数线附近发生不连续的改变,但是申请人自己的特征并未发生改变。[①]

尽管有着希望、梦想,以及从我们简单的同群回归中得到的结果(可见方程(4.6)),这个实验还是让人怀疑波士顿的考试型公立学校能否为申请人带来具有因果关系的同群效应。图 4.9 为我们播下了怀疑的种子,针对 BLS 分数线附近的申请人,这幅图绘出了 7 年级和 8 年级学生的数学分数(在进入中学 1 年或 2 年后进行的考试)与其 ISEE 考试分数(这是考试学校的分配变量)之间的关系。得到录取的学生将会面对一个更加强大的同学组,但这并未使申请人的中学成绩产生相应的跳跃。

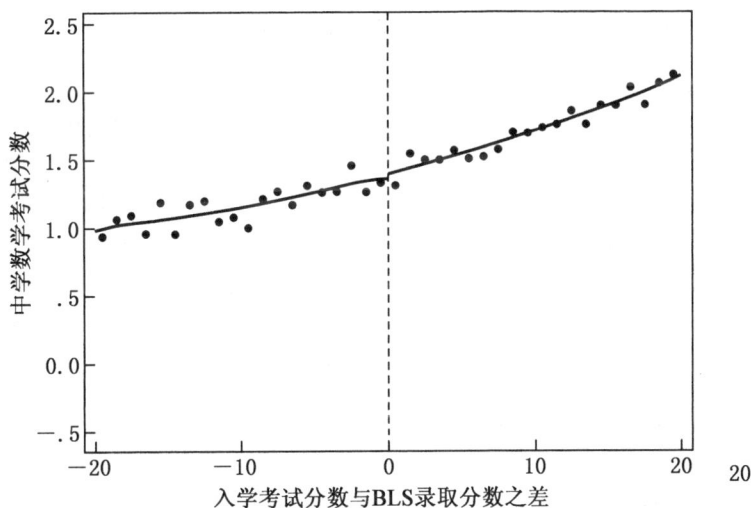

注:这幅图根据入学考试分数绘出了处于 BLS 录取分数线附近的那些申请人在七年级和八年级时的数学考试分数。实线表示分别对临界点两侧进行局部线性回归后得到的拟合值(用垂直虚线表示临界点)。

图 4.9　在 BLS 录取分数线附近的数学考试成绩

---

① 这些内容出现在 Abdulkadiroglu et al., "The Elite Illusion," *Econometrica*, 2014。

类似于方程(4.2)，可以通过下面这个方程来估计图4.9中出现的跳跃：

$$Y_i = \alpha_0 + \rho D_i + \beta_0 R_i + e_{0i} \tag{4.7}$$

在这里，D_i 是虚拟变量，表示符合条件的申请人，R_i 是分配变量，决定申请人是否被录取。在一个由申请 BLS 的 7 年级学生组成的样本中，Y_i 是他们的中学数学成绩，这个回归得出的估计值是 -0.02，标准差为 0.10，在本书中，这个结果在统计上为零。

我们该如何解释由此得到的 ρ 的估计值？当然，我们要通过相应的第一阶段回归的视角考察这个问题！方程(4.7)是两阶段最小二乘法的简化式，其中，内生变量是平均同群质量 $\overline{X}_{(i)}$。因此，这个简化式模型的一阶段回归方程应该是

$$\overline{X}_{(i)} = \alpha_1 + \phi D_i + \beta_1 R_i + e_{1i} \tag{4.8}$$

这里，参数 ϕ 表示因为获得考试型公立学校录取而产生的平均同群质量的跳跃。这就是图 4.8 给出的跳跃，对它的精确估计是 0.80σ。

两阶段最小二乘法的后一个过程就是我们感兴趣的因果关系，也就是两阶段最小二乘法的第二阶段。在这个例子中，第二阶段要捕捉的是同群质量对 7 年级和 8 年级数学成绩产生的影响。与往常一样，第二阶段包含了与第一阶段相同的控制变量。由此产生的第二阶段回归方程可写为

$$Y_i = \alpha_2 + \lambda \hat{X}_{(i)} + \beta_2 R_i + e_{2i} \tag{4.9}$$

在这里，λ 是同群质量产生的因果效应，变量 $\hat{X}_{(i)}$ 是通过估计方程(4.8)得到的第一阶段拟合值。

注意到方程(4.9)使用了简约式和第一阶段回归方程中使用的协变量，即分配变量 R_i。另一方面，表示跳跃的虚拟变量 D_i 被排除在第二阶段回归之外，因为这是让两阶段最小二乘法得以生效的工具变量。本质上讲，我们假设在录取分数线附近，通过使用线性控制变量以调整分配变量产生的影响后，被考试型公立学校录取这件事情并不能直接影响考试成绩，而只会通过同群效应影响学生成绩。在这个问题背景下，该假设便是工具变量必须满足的排他性约束。

方程(4.9)使用两阶段最小二乘法得到的 λ 估计值是 -0.023，相应标准误是 0.132。[①]因为简约式方程的估计值与零接近而且与零没有显著差异，所以相应的最小二乘估计值也是如此。这个估计值与简单同群效应回归方程(4.6)得到的估计值 0.25σ 相去甚远。另一方面，谁说考试型公立学校发挥作用的唯一因素是同学质量？排他性约束要求我们研究特定的因果渠道。但是，我们假设的因果渠道

---

① 按照申请人对标准误进行了聚类。正如我们在第 5 章中解释的，可以使用聚类标准误（clustered standard error）来对数据中观测值之间的相关性（在这个例子中，每位 BLS 申请人在 7 年级和 8 年级的考试分数是相关的）问题进行调整。

未必是实际中唯一发挥作用的渠道。

除了同群效应之外，考试型公立学校营造的环境还具有一个特别之处，就是它的种族构成。在波士顿地区大多数针对少数族裔开设的公立学校中，考试型公立学校为学生们提供了接触更为多样化人群的机会，这种多样化意味着更多的白人同学。法院之所以强制废除美国学校系统中存在的种族隔离，目的之一就是提高教育水平。在1954年，美国最高法院有句名言，"种族隔离的教育设施是种固有的不平等"，基于此，法院下令要求公立学校提供班车服务以提高种族平衡性。提高种族平衡性确实能提高成绩吗？考试型公立学校与关于种族融合的争论有关，因为考试型公立学校的录取极大提高了少数族裔接触同龄白人的可能。与此同时，我们知道，如果我们将同群质量$\overline{X}_{(i)}$替换成同群中白人占比，得到的第二阶段系数仍然是零，这是因为，随着因果渠道的改变，简约式并未发生变化。

相比于非选拔性的公立学校，考试型公立学校在其他方面也可能是不同的，也许考试型公立学校能够吸引更好的老师，或者能够提供（大学水平的）AP（Advanced Placement）课程。重要的是，在录取分数线附近，学校资源和学校环境的其他特征的改变可能是有益的。这意味着，针对考试型公立学校的同群效应进行的两阶段最小二乘回归中，任何遗漏变量偏误都是正向的。这种说法与第2章对选拔性大学进行评估时讨论遗漏变量偏误方向的内容相呼应。因为对结果有正面影响的遗漏变量很可能与考试型公立学校的录取存在正相关性，把考试型公立学校的录取作为同群质量的工具变量的两阶段最小二乘估计值可能高估我们想要的纯同群效应。然而，更令人惊讶的是，这个估计值等于零。

与工具变量法类似，模糊回归断点要求对工具变量影响结果的因果渠道作严格判断。在实践中，很多影响渠道都可能是因果效应的中介，在这种情况下我们只能另寻他途。同样地，我们容易衡量的因果渠道未必是唯一起作用的那个。寻求因果效应的旅途永远不会结束；新问题也会不断出现。但是，使用回归断点构造工具变量的模糊回归断点框架依然有用。

Stevefu大师：小蚱蜢，请为我总结一下回归断点。

小蚱蜢：回归断点设计希望发掘当处理过程被一个临界点决定时处理状态产生的突然变化。

大师Stevefu：回归断点和随机实验一样好吗？

小蚱蜢：回归断点要求我们了解分配变量和不存在处理时的潜在结果之间关系。当使用断点识别因果效应时，我们必须控制这种关系。随机实验则无需这种控制。

大师Stevefu：你如何才能知道控制策略足够充分？

小蚱蜢：这一点无法保证。但是，当我们改变回归断点模型的细节后，如果回归断点估计值仍然相似，那么我们对这种因果结论的信心就能有所加强。

大师 Stevefu：精确回归断点和模糊回归断点有何区别？

小蚱蜢：在临界点两侧分别表现出得到处理和未被处理两种状态时，就是精确回归断点。当处理状态按照某个概率或强度在临界点处跳跃时，就说这是模糊回归断点。在模糊回归断点设计中，表示临界点两侧的那个虚拟变量就变成工具变量；模糊回归断点设计需要用两阶段最小二乘法进行分析。

大师 Stevefu：你已经到了精通此术的临界点。

计量大师：唐纳德·坎贝尔

回归断点最初是由心理学家唐纳德·西斯尔斯威特(Donald L. Thistlethwaite)和唐纳德·坎贝尔(Donald T. Campbell)提出的，他们在 1960 年使用回归断点研究了美国优秀学生奖学金竞赛(National Merit Scholarship)对获奖者的职业和态度产生的影响。[1]众所周知，美国优秀学生奖学金竞赛是一个多轮评选过程，最终只有几千名优秀的高中高年级学生能够获得一项大学奖学金。这项奖学金基于申请人在 PSAT 和 SAT 考试中得到的成绩进行评选，这两个考试是绝大多数申请人都会参加的大学入学考试。

在美国优秀学生奖学金评选中获胜的候选人需要取得高于某个分数线的 PSAT 考试分数（然后须在随后的 SAT 考试中表现良好，以证明 PSAT 成绩的有效性）。在这些候选人中，一小部分人获得评选委员会给予的奖学金奖励，剩下的人获得美国优秀学生证书，即表明这个学生获得美国优秀学生奖学金决赛资格。后者也有理由高兴：这个证书是对他们取得的成绩的认可，他们的名字将被送至学院、大学和其他奖学金赞助机构。如果在即将成立的大学班级中有多名获决赛资格的学生，那么大学也会乐于宣传这个事实。西斯尔斯威特和坎贝尔想要问的问题是，美国优秀学生奖学金决赛选手这个称号是否会对获奖人产生持久影响。

在早期依赖匹配方法（第 2 章所述）进行的研究中，西斯尔斯威特估计指出，相比于没有获得证书的情况，获得这种证书使申请者最终计划成为一名高校老师或研究人员的概率要高出 4%。[2]但是，利用取得证书要求的 PSAT 分数线造成的断点所进行的回归断点设计给出的估计值却只有 2%，并且该估计值在统计上并不显著。图 4.10 再现了依照这项结果绘出的图像。由此可见，公众认可本身几乎不会对获奖人的职业选择或研究生学业计划产生什么影响。

---

[1] 可见 Donald L. Thistlethwaite and Donald T. Campbell, "Regression-Discontinuity Analysis: An Alternative to the Ex Post Facto Experiment," *Journal of Educational Psychology*, vol.51, no.6, December 1960, pages 309—317。

[2] 可见 Donald L. Thistlethwaite, "Effects of Social Recognition upon the Educational Motivation of Talented Youths," *Journal of Educational Psychology*, vol.50, no.3, 1959, pages 111—116。

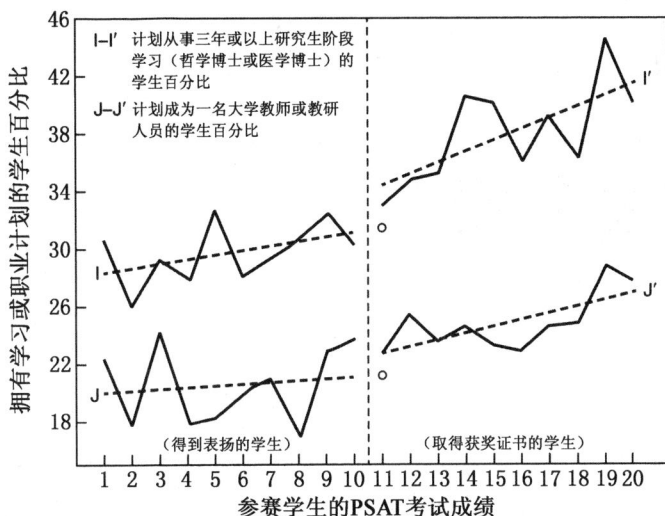

注：这幅图绘出了参加 PSAT 考试者计划从事研究生阶段学习的比例（曲线 I-I'）以及拥有职业规划的比例（曲线 J-J'）与决定能否获得美国优秀学生奖励的分配变量之间的关系。

图 4.10　西斯尔斯威特和坎贝尔的可视化回归断点

唐纳德·坎贝尔被人们记住的原因不仅仅在于他发明了回归断点，而且在于他在 1963 年与朱利安·斯坦利（Julian C.Stanley）合作发表的论文《教育研究中的实验和准实验设计》（Experimental and Quasi-Experimental Designs for Research on Teaching），最终，这篇文章以一本书的形式得以出版。坎贝尔和斯坦利的这篇论文为本章以及后面章节中讨论的计量方法提供了先驱性的研究。作为对论文内容的更新，坎贝尔和托马斯·库克（Thomas D.Cook）合著的书直到今天仍是重要的参考文献。①

---

① 可见 Donald T.Campbell and Julian C.Stanley，"Experimental and Quasi-Experimental Designs for Research on Teaching," Chapter 5 in Nathaniel L. Gage (ed.)，*Handbook of Research on Teaching*，Rand McNally，1963；以及 Donald T.Campbell and Thomas D.Cook，*Quasi-Experimentation：Design and Analysis Issues for Field Settings*，Houghton Mifflin，1979。

▶5

双重差分法

> 康师傅：在建造房子时，如果木匠钉完一颗钉子后发现这颗钉子是坏的，它变弯了，那木匠是否会对所有钉子都失去信心，进而不再建造房子？经验研究也是如此。
>
> 《功夫》，第一季第 7 集

本章内容结构

可信的工具变量和突然的政策断点都是可遇不可求的；你的工具箱里还需要其他计量工具。双重差分法（differences-in-differences，DD）指出，当不存在随机分配时，处理组和控制组很可能在很多方面不一样。但有时候，在缺乏处理时，处理组和控制组会平行变动。当出现这种情况时，处理后的趋势路径和对照组的趋势路径之间产生的差异，可能就显示了一种处理效应。我们通过一项大萧条时期货币政策如何影响银行破产的研究来讲解双重差分法。我们也会再次考察最低法定饮酒年龄这个问题。

5.1 一项在密西西比州进行的实验

在美国历史上最大的经济衰退——大萧条——前夕，各个金融机构的大厅里正情绪高涨。考德威尔（Caldwell）公司的口号是"我们是南方的银行"，暴露了这个区域性金融帝国的雄心。考德威尔公司的总部设在纳什维尔，该公司在 20 世纪 20 年代经营着美国南方最大的连锁银行，还拥有许多非银行业务。罗杰斯·考德威尔（Rogers Caldwell）也被称为南方的 J.P.摩根，他安逸地生活在一个拥有获奖的纯种马的庄园里。呜呼，在 1930 年 11 月，因为管理不善，同时也因为 1929 年 10 月股灾余波的冲击，考德威尔帝国坍塌了。几天之内，考德威尔公司的倒闭快速波及它在田纳西州、阿肯色州、伊利诺伊州和北卡罗来纳州的银行网络。考德威尔危机预示着全国各地银行倒闭浪潮的来临。

银行业是建立在信心和信任基础上的行业。银行借钱给企业主和物业主，希望当贷款到期时他们能够付清绝大部分债务。储户们相信他们在需要时可以拿回自己的资金。尽管存在这种信心,但银行持有的现金一般少于所有储户都去提款时需要的资金数量,因为储户的大部分资金都以贷款的方式被借出去。在正常时期,当没有多少储户每天都去取钱时,这种期限错配不会产生什么问题。

如果信心动摇,银行系统就会出问题。在 20 世纪 30 年代,如果为你服务的银行倒闭,你的储蓄很可能随着银行的倒闭而消失。即使为你服务的银行所持有的按揭和贷款投资组合看起来是安全的,你也不希望自己成为最后一个拿到现金的储户。一旦看到其他储户因恐慌取回现金,你也会开始恐慌。银行挤兑就是这样开始的。

考德威尔公司的倒闭动摇了整个美国南部的储户的信心,并在 1930 年 12 月导致密西西比州的银行出现挤兑。一开始,密西西比州各家银行的存款出现缓慢下降,但是在 12 月 19 日,当储户出现恐慌时,挤兑的闸门一下子被打开。在那天,密西西比州的银行管理部门关闭了三家银行。一天后,另外两家银行停止营业,在此之后的六个月里,又有 29 家银行关门。1930 年发生的区域性恐慌,只是即将到来的恐慌的前奏。在 1933 年,大萧条时期的银行倒闭数量达到顶峰,在全国范围内有超过 4 000 家银行破产。

长期以来,经济学家们都试图理解货币政策是否以及如何加剧了大萧条,以及更激进的货币干预政策是否能够挽救在那些黑暗日子里发生的金融崩溃和经济自由落体。大萧条时期的教训可以帮助我们了解现在。尽管如今的金融市场更加复杂,但是金融业的支柱几乎未变:银行的借和贷,它们通常具有不同期限,并且指望在债务到期之前能够筹措到足够的现金(用银行业的术语讲,这就是"流动性")以偿还债务。

我们非常不幸地生活在一个经济波动的时代。在 2008 年,我们看到抵押贷款支持证券市场的崩溃如何撼动了美国的金融体系,之后是始于 2009 年末的欧洲主权债务危机。卡门·莱因哈特(Carmen Reinhart)和肯尼思·罗戈夫(Kenneth Rogoff)最近出版的书记录了自 14 世纪以来发生的金融危机,他们认为这些金融危机有着某些共性。这种明显的相似使我们想要知道是否可以避免金融危机,或者说,至少想要知道能否减轻金融危机产生的影响。在 1963 年出版的关于美国货币史的名著中,米尔顿·弗里德曼(Milton Friedman)和安娜·施瓦茨(Anna Schwartz)让许多经济学家相信,正确理解货币政策效应是回答这个问题的关键。[①]

一个密西西比、两个密西西比

面临银行挤兑时,政策制定者可以打开信贷闸门,也可以关掉信贷闸门。弗里

---

① 可见 Carmen Reinhart and Kenneth Rogoff, *This Time Is Different: Eight Centuries of Financial Folly*, Princeton University Press, 2009;以及 Milton Friedman and Anna Schwartz, *A Monetary History of the United States*, 1867—1960, Princeton University Press, 1963。

德曼和施瓦茨认为，在大萧条开始之时，美联储（美国央行）愚蠢地限制了信贷。本来可以通过放宽资金让银行满足日益增加的紧急提款需求，从而延缓储户恐慌。通过向陷入困境的银行提供无限贷款，中央银行有能力遏制流动性危机，从而可以在第一时间消除紧急援助的必要。

但是，当发生危机时，谁敢说危机只是一场信心危机？一些危机是真实存在的。由于存在大量不良债务，银行资产负债表的状况可能很差，可能任何数量的暂时的流动性支持都难以解决这个问题。毕竟，银行不是通过随机分配的方式失去流动性的。相反，银行经理发放的贷款要么无法偿还，要么能够带来收益。将中央银行的资金注入坏账银行，可能就是花钱填无底洞。在这种情况下，最好还是宣布破产，然后能够有序分配该银行剩余的所有资产。

对坏账银行提供支持还会引起经济学家所谓的道德风险问题。如果银行家们知道，当银行的流动性枯竭时，中央银行会廉价地将资金借给他们，那么银行就不会把小心翼翼地将避免危机放在第一位。在1873年，《经济学人》杂志的主编沃尔特·白芝浩（Walter Bagehot）用以下方式描述了这种危险：

> 如果银行经营状况不好，政府就出手支持和鼓励它们的话，它们肯定会继续坏下去，而且极有可能会变得更差。主要的原理在于，为当前的坏银行提供任何援助，是消灭未来的好银行的最可靠方法。[1]

白芝浩是一位公开的社会达尔文主义者，他相信社会事务和生物学一样也适用进化原则。哪种政策立场更有可能使经济加速走出低迷，是提供流动资金支持，还是让银行业适者生存？与往常一样，计量大师也希望通过一个随机实验回答这个问题。我们有个正在过审的课题申请来为银行流动性实验融资；如果课题获批，我们一定会在博客上公布消息。同时，我们必须从历史上的银行业危机以及为此提出的政策应对中了解货币政策产生的效果。

这一研究方案的幸运之处在于，美国联邦储备系统分为12个区，每个区都由一个独立的联邦储备银行负责运营。在大萧条时期，地区性联邦储备银行的领导者们有着相当大的政策独立性。在第六地区运营的亚特兰大联邦储备银行（Atlanta Fed）支持向问题银行提供借款。相比之下，在第八地区运营的圣路易斯联邦储备银行（St.Louis Fed）则奉行所谓的真实票据学说（Real Bills Doctrine），他们认为，在经济衰退时期中央银行应该限制信贷。对于从事货币政策研究的人士而言，这个事实令人愉快，因为第六地区和第八地区的边界地带正好由西至东从密西西比州正中穿过（地区边界是在1913年美国联邦储备系统诞生之时按照人口规模划定的）。这个边界定义出一个发生在州内部的自然实验，我们可以从中进行研究。

加里·理查森（Gary Richardson）和威廉·特鲁斯特（William Troost）两位计

---

[1] 来自 Walter Bagehot, *Lombard Street：A Description of the Money Market*，Henry S. King and Co.，1873 的第4.4章。

量大师分析了密西西比州的两类货币政策。①与我们的预期相同,亚特兰大联邦储备银行和圣路易斯联邦储备银行对考德威尔危机的反应非常不同。在考德威尔破产的四周内,亚特兰大联邦储备银行将向第六地区商业银行的借款提高了40%。在同一时期,圣路易斯联邦储备银行向第八地区商业银行提供的借款下降了大约10%。

理查森和特鲁斯特的政策实验将第八地区作为控制组,在该地区,货币政策放任银行倒闭,甚至出台限制借款的货币政策,同时,他们将第六地区作为处理组,在该地区,货币政策增加了借款。第一个结果是在1931年7月1日两个地区仍在运营的银行数量,这个时期大约是危机发生后的第八个月。在那天,第八地区有132家银行仍然开张,在第六地区有121家银行仍然开张,比第八地区少了11家银行。这意味着银根松动政策适得其反。但是再做一番考察就会发现:第六地区和第八地区类似但不相同。我们认识到,在1930年7月1日时,这两个地区中正常经营的银行数量存在显著差别,这是在考德威尔危机之前,当时第六地区有135家银行,第八地区有165家银行。为了对发生处理之前两个地区存在的这种差别进行调整,我们用一种被称为双重差分的方法分析密西西比实验。

平行世界

令 Y_{dt} 表示第 t 年在地区 d 正常运营的银行数量,这里下标 d 告诉我们正在考察的数据来自第六地区还是第八地区,下标 t 告诉我们正在考察的数据来自1930年(危机前)还是来自1931年(危机后)。在第六地区,使用双重差分对放松银根的效应做出的估计值(δ_{DD})就是

$$
\begin{aligned}
\delta_{DD} &= (Y_{6,1931} - Y_{6,1930}) - (Y_{8,1931} - Y_{8,1930}) \\
&= (121 - 135) - (132 - 165) \\
&= -14 - (-33) = 19
\end{aligned} \tag{5.1}
$$

双重差分法并没有直接比较考德威尔危机后第六地区和第八地区仍在经营的银行的数量,而是比较了两个地区仍在经营的银行数量的变动水平。

之所以比较变化值而不是比较水平值,是为了可以对处理之前第八地区银行数量多于第六地区的这个事实做出调整。为了看清这一点,注意到我们可以用下面方式重新得到双重差分估计值:

$$
\begin{aligned}
\delta_{DD} &= (Y_{6,1931} - Y_{8,1931}) - (Y_{6,1930} - Y_{8,1930}) \\
&= (121 - 132) - (135 - 165) \\
&= -11 - (-30) = 19
\end{aligned} \tag{5.2}
$$

---

① 可见 Gary Richardson and William Troost, "Monetary Intervention Mitigated Banking Panics during the Great Depression: Quasi-Experimental Evidencefrom a Federal Reserve District Border, 1929—1933," *Journal of Political Economy*, vol.117, no.6, December 2009:1031—1073. 这部分的结果是我们使用理查森和特鲁斯特的数据自己计算出来的。

用这种方式进行双重差分计算,是从处理后的差异中减去第六地区和第八地区在处理之前就存在的银行数量差异,因此,这是对两地在一开始的银行数量就不相同这一事实进行的调整。双重差分估计值表明,向问题银行提供贷款的做法,使很多问题银行能够持续运营。具体而言,亚特兰大联邦储备银行多拯救了 19 家银行——这个数量超过了 1930 年在密西西比州第六地区经营的银行数量的 10%。

图 5.1 绘出了双重差分法蕴含的逻辑,这幅图给出了 1930 年和 1931 年第六地区和第八地区的银行数量,并用直线将每个地区在两个时期里的银行数量连接起来。图 5.1 凸显出一个事实,虽然两个地区都出现银行破产,但是第八地区的破产数量更大。

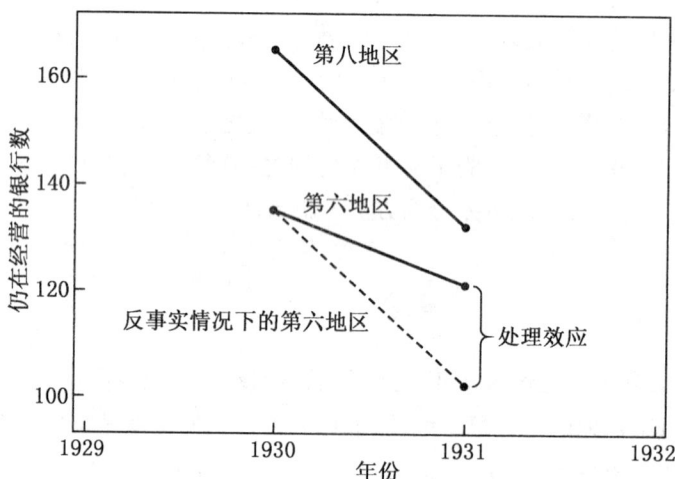

注:这幅图给出了 1930 年和 1931 年在密西西比州的联邦储备银行第六地区和第八地区经营的银行数量。虚线绘出的是,如果同一时期第六地区破产的银行数量和第八地区一样多,在这种反事实情况下第六地区银行数量的变化。

图 5.1　联邦储备银行第六地区和第八地区的倒闭银行数量

双重差分工具等于是比较不同地区的斜率或者说趋势。图 5.1 的虚线表示在双重差分研究设计中居于核心地位的反事实结果:这条线告诉我们,如果在第六地区推行类似第八地区那样的政策,在第六地区会发生的结果。第六地区对应的实线的下降速度要比表示反事实结果的那条虚线慢,这就是放松银根确实有效的证据。我们用双重差分法发现的 19 家倒闭银行,就是实际出现的倒闭银行数量,再减去如果两地银行活动的变化趋势平行时倒闭银行的数量。

双重差分给出的反事实来自一个很强但很容易说明的假设:共同趋势(common trend)。在密西西比实验中,双重差分法假定,如果不存在任何政策上的分歧,我们应该在第六地区看到第八地区出现的趋势。这个假设虽然比较强,但是共同趋势假设看上去是个合理的起点,它考虑到接受处理前观测对象在水平值上存在的差异。随着拥有的数据扩大,我们还可以探查、检验或放松这个假设。

图 5.2 为密西西比州的联邦储备地区中存在的共同趋势假设提供了证据。这个证据来自在更长的时间序列中对银行活动的考察。在 1931 年之前,大萧条对密西西

比州的冲击并不大。在这个相对轻松的时期,两地的区域性联邦储备银行实施的政策也大致类似。因此,在1929年和1930年之间,两个地区破产银行的数量几乎平行变动,在这两个地区,银行数量都出现小幅下降,这与未接受处理时期的共同趋势假设相符。通过考察第八地区出现的趋势,图5.3根据第八地区的趋势外推出了1930年之后第六地区银行数量的反事实状况。直到1934年之前,第六地区银行活动的真实情况和反事实情况之间存在的差异几乎未发生过变化。

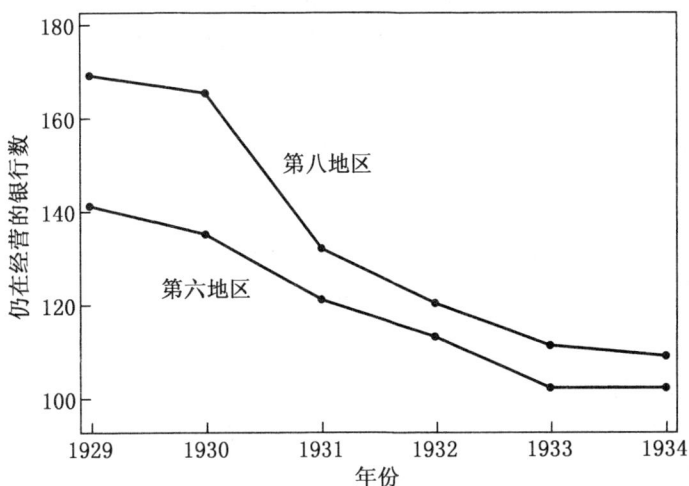

注:本图给出了在1929年和1934年之间,密西西比州的联邦储备银行第六地区和第八地区中仍然在经营的银行数量。

图5.2　联邦储备银行第六地区和第八地区的银行破产趋势

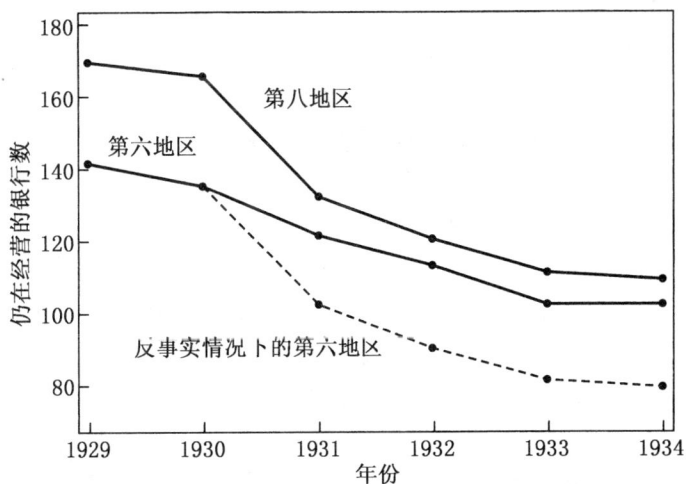

注:在图5.2绘出的银行数据的基础上,这幅图加入了双重差分法给出的反事实情况。虚线表示的是,如果在1930年之后第六地区和第八地区破产的银行数量一样多,在这个反事实情况下第六地区银行数量的变化。

图5.3　联邦储备银行第六地区和第八地区的银行破产趋势,
以及第六地区的双重差分反事实情况

类似于图 5.1，在图 5.2 和图 5.3 中，我们也能清楚地看到考德威尔公司破产后第八地区银行活动出现相对陡峭的下降。但是这两幅图更进一步阐释了一些问题。从 1931 年 7 月开始，圣路易斯联邦储备银行放弃了紧缩的货币政策，开始向陷入困境的银行提供无限贷款。换句话说，在 1931 年以后，两个地区的美联储政策又趋于一致，两地美联储都愿意慷慨地为问题银行提供流动性。此外，虽然在 1932 年时大萧条远未结束，但是考德威尔危机已经逐渐解除，银行提款行为再次回到危机前水平。鉴于两个地区的联邦储备银行愿意在需要时给予足够的借款，1931 年之后两地银行活动的趋势应该又出现趋同。1931 年到 1934 年的数据曲线符合这个假设。

Just Do It：针对大萧条的回归

最简单的双重差分计算只涉及四个数字，类似于方程(5.1)和方程(5.2)。然而，在实践中双重差分法最好与回归模型结合起来使用，从而对多于四个数据点的样本进行拟合，例如，图 5.2 就绘出了 12 个数据点。除了能够研究超过两期的情况之外，双重差分回归还可以简单地将两个以上的横截面个体纳入分析，我们在5.2 节对最低法定饮酒年龄做多州分析时就会看到这一点。同样重要的是，双重差分回归还便于统计推断，在双重差分情形下，统计推断问题往往是件棘手的事情（详细内容请参阅本章附录）。

图 5.2 所示的双重差分回归法有三个重要元素：

（i）一个表示受处理地区的虚拟变量，记为 $TREAT_d$，在这里，下标 d 提醒我们这个值会随着地区的不同取不同数值；$TREAT_d$ 用于控制比较的各个个体之间存在的固定差异。

（ii）用于表示处理后时期的虚拟变量记为 $POST_t$，在这里，下标 t 提醒我们这个值会随着时间的不同取不同值；$POST_t$ 要控制的事实在于，随着时间的变化，无论观察对象是否受到处理，它们面对的条件都在发生变化。

（iii）交互项 $TREAT_d \times POST_t$ 是两个虚拟变量的乘积；这一项前面的系数就是双重差分法得到的因果效应。

我们将面对流动性危机时提供宽松信贷资金作为考德威尔时期的实验处理，因此，当数据点来自第六地区时，变量 $TREAT_d$ 等于 1，其他情况下都等于 0。在 1931 年之后，随着考德威尔危机平息，银行破产速度开始降低。然而，在 30 年代还没有僵尸银行：该死的银行就活不过来。考德威尔危机时期持续的银行破产，也导致在 1932—1934 年之间运营的银行数量进一步减少，即使从那时起圣路易斯联邦储备银行也开始提供无限信贷。因此，我们用变量 $POST_t$ 表示自 1931 年以来的所有观察值。最后，交互项 $TREAT_d \times POST_t$ 表示第六地区接受处理后的观察值。更精确地说，$TREAT_d \times POST_t$ 表示来自第六地区的观察值，对应的时间是亚特兰大联邦储备银行针对考德威尔危机的响应影响到活跃银行数量的那个时期。

把这些要素组合在一起,在一个规模为 12 的样本中,密西西比实验的双重差分回归就是

$$Y_{dt} = \alpha + \beta TREAT_d + \gamma POST_t + \delta_{rDD}(TREAT_d \times POST_t) + e_{dt} \quad (5.3)$$

我们通过考察两地所有可得年份(每个地区都是 6 年)的数据来构造样本。交互项前面的系数 δ_{rDD} 就是我们感兴趣的因果效应。类似图 5.1 这样只考虑两期情况时,δ_{DD} 和 δ_{rDD} 的估计值是相同的(在第 2 章附录中我们讨论了具有虚拟变量的回归具有的性质)。在图 5.2 这类存在多期数据的情况下,基于方程(5.3)的估计值应该更为精确,相较于只包含四个数字的双重差分估计,方程(5.3)的估计值能够提供更加可靠的政策影响评价。[①]

用图 5.2 中的 12 个观察值对方程(5.3)进行拟合后得到如下估计值(括号中给出的是标准误):

$$Y_{dt} = 167 - 29 TREAT_d - 49 POST_t + 20.5(TREAT_d \times POST_t) + e_{dt}$$
$$\qquad\quad (8.8) \qquad\quad (7.6) \qquad\quad (10.7)$$

这些结果表明,第六地区提供贷款的政策使大约 21 家银行得以存活。这个估计值与使用四个数据的双重差分法得到的 19 家银行获救的估计接近。系数 δ_{rDD} 的估计值的标准误是 11,因此 21 是一个边际上显著的结果,在一个小样本中,这已是我们可以期望的最好结果了。

[①] 事实上,正如我们在附录中解释的那样,很难对只运用两个时期和两个截面个体构造出的双重差分回归估计值的精确性作出评估。

让我们面对现实

亚特兰大联邦储备银行很可能帮助第六地区的许多银行避免了倒闭。但是，银行的价值不是来自它们本身。亚特兰大联邦储备银行放松银根的政策支持了实体经济活动吗，也就是说，是否有助于非银行类企业的发展和工作机会的创造？在那个时期，在各个州内部对商业活动进行的统计非常缺乏。但是，有限的几个指标指出，亚特兰大联邦储备银行提供流动性的行为确实产生了实际的经济收益。相关信息汇总在表 5.1 中，这张表上给出的数字是亚特兰大联邦储备银行提供流动性后，对当地批发商数量和销售状况所产生影响的一个简单双重差分分析结果。

针对密西西比州批发商的情况进行的双重差分估计，与针对密西西比州银行数量进行的分析类似。在 1929 年到 1933 年间，第六地区和第八地区中批发企业的数量及销售额都出现下降，但是在第八地区这种下降更为陡峭，在该地区，倒闭的银行也更多。在 20 世纪 20 年代和 30 年代，批发商往往严重依赖银行信贷为其存货融资。表 5.1 中给出的估计值显示，在考德威尔危机出现时，第八地区银行信贷的减少也造成批发商业务活跃性下降，并可能引发当地经济的连锁反应。第六地区的批发商则更可能避免这种不幸。然而，当只用四个观察值进行双重差分分析时，表 5.1 中就流动性处理效应给出的证据，要弱于使用更大样本研究银行活跃性得到的证据。

表 5.1　在 1929 年和 1933 年间批发商的破产状况和销售状况

	1929	1933	差值 (1933－1929)
A. 批发商数量			
第六联邦储备区（亚特兰大）	783	641	－142
第八联邦储备区（圣路易斯）	930	607	－323
差值（第六联邦储备区的数量减去第八联邦储备区的数量）	－147	34	181
B. 批发商净销售额（百万美元）			
第六联邦储备区（亚特兰大）	141	60	－81
第八联邦储备区（圣路易斯）	245	83	－162
差值（第六联邦储备区的数量减去第八联邦储备区的数量）	－104	－23	81

注：本表提供了一个双重差分分析，分析对象是联邦储备银行提供流动性后对当地批发商数量和销售状况产生的影响，本表中列数字与图 5.1 中联邦储备银行提供流动性后对银行活跃性的分析类似。

考德威尔实验提供了一个来之不易的教训，它告诉我们该如何将银行业危机扼杀在萌芽状态。也许圣路易斯联邦储备银行的行长在看到第六地区的银行破产状况好于第八地区后，吸取了考德威尔危机的教训，因此，他在 1931 年对政策导向进行了调整。但是，在很多年之后，联邦政府才理解了金融危机中货币政策具有的能量。米尔顿·弗里德曼和他的妻子罗丝在回忆录中给出了这样一段著名叙述：

> 他们并没有使用自己手中的权力去抵抗大萧条，从 1929 年到 1933 年，[在华盛顿特区的联邦储备委员会]将货币发行量压低了三分之一。如果按照联邦储备委员会建立者的初衷来运营，他们本来可以阻止货币量的下降，甚至增加货币量，以适应经济的常态增长。[1]

这并不是说自那时起金融危机管理问题就有了定论。如今，很多原因都会导致复杂的金融市场运行出现脱轨，并不是所有问题都可以由美联储的印钞机解决。但是，那场刻骨铭心的教训仍然值得今天的货币当局引以为鉴。

5.2 喝，醉了……

沈王爷：你愿意为追求真理而死吗？

阿宝：我当然会！……但我宁愿选择活着。

《功夫熊猫》，第二部

随着 1933 年联邦禁酒令的废除，美国各州可以自由监管酒精类饮品。大部分州都将最低法定饮酒年龄设定在 21 岁，但是在堪萨斯州、纽约州和北卡罗来纳州，人们允许年轻人在 18 岁以后饮酒。随着 1971 年宪法第二十六次修订，为了对越南战争引发的骚动给予回应，宪法将投票年龄降低至 18 岁，很多州也下调了最低法定饮酒年龄。但是，并非所有州都这么做：阿肯色州、加利福尼亚州和宾夕法尼亚州仍然将最低法定饮酒年龄设定在 21 岁。不过在 1984 年，最低法定饮酒年龄为 18 岁的州被联邦政府收回了向其提供的高速公路建设援助，以此作为《最低饮酒年龄法案》(National Minimum Drinking Age Act)对这些州放纵年轻人的行为给予的惩罚。到 1988 年，美国所有的 50 个州和哥伦比亚特区都选择将最低法定饮酒年龄设定在 21 岁，只不过有些州比其他州更快领会了联邦高速公路的暗示。

与美国的很多决策过程类似，联邦和州法律的相互作用产生了丰富多彩且易于变化的法律标准。这种政策变化是对计量大师的恩赐：在双重差分框架中，可以很容易地利用不同州在最低法定饮酒年龄上的变动。在揭示酒精政策产生的影响时，这个框架可以成为我们在第 4 章中详细阐述的回归断点法的一种替代。[2]

从拼图中找图案

在 1975 年，阿拉巴马州将最低法定饮酒年龄降低到 19 岁，但是，自禁酒令被

---

[1] 可见 Milton Friedman and Rose D.Friedman, *Two Lucky People：Memoirs*, University of Chicago Press, 1998：233。

[2] 可见 Carpenter and Dobkin, "The Minimum Legal Drinking Age," *Journal of Economic Perspectives*, 2011，他们在双重差分框架下分析了最低法定饮酒年龄。

废除以来,在字母顺序和地理方位上都与阿拉巴马州接近的阿肯色州,其最低法定饮酒年龄是 21 岁。阿拉巴马州对年轻饮酒者的放纵,是否牺牲了更多人的生命呢?利用 1970—1983 年间介于 18—20 岁的年轻人的死亡率数据,通过运用双重差分回归模型进行拟合,我们可以回答这个问题。这里的因变量记为 Y_{st},表示第 t 年 s 州的死亡率。在只有阿拉巴马州和阿肯色州的样本中,针对 Y_{st} 的双重差分回归模型采取下面的形式:

$$Y_{st} = \alpha + \beta TREAT_s + \gamma POST_t + \delta_{rDD}(TREAT_s \times POST_t) + e_{st} \quad (5.4)$$

其中 $TREAT_s$ 是表示阿拉巴马州的虚拟变量,$POST_t$ 是表示 1975 年以后年份的虚拟变量,交互项 $TREAT_s \times POST_t$ 表示降低饮酒年龄的那年之后的阿拉巴马州观测值。交互项前面的系数 δ_{rDD} 表示将最低法定饮酒年龄设定在 19 岁时,这个政策对死亡率造成的影响。

方程(5.4)与研究密西西比州两个联邦储备区的双重差分回归模型类似。但是,为什么只研究阿拉巴马州和阿肯色州?在立法记录中存在不止一个最低法定饮酒年龄实验。例如,在 1971 年,田纳西州的最低法定饮酒年龄下降到 18 岁,然后在 1979 年又上升到 19 岁。阿拉巴马州和田纳西州在降低最低法定饮酒年龄的时点选择上存在的差异带来了一个复杂但可控的后果,那就是缺乏一个共同的处理后时期。当在双重差分模型中将多个最低法定饮酒年龄实验结合起来进行研究时,我们将单个虚拟变量 $POST_t$ 替换成一组表示样本中每一年的虚拟变量,将其称为时间效应(time effect),用来捕捉所有各州都相同的死亡率的时序变化。[1]

这个存在多个最低法定饮酒年龄实验的双重差分回归过程也反映出一个事实,即在很多州之间都会出现因果比较。譬如,与 5.1 节密西西比实验里仅控制联邦储备第六地区和第八地区之间的差异不同,也与我们在上例中提到的控制阿拉巴马州和阿肯色州之间的差异不同,存在多个州时,需要对每个州各自不同的死亡率进行控制。可以通过引入州效应(state effect)实现这个目的,州效应是一组针对样本中除一个州之外的每个州给出的虚拟变量,被排除的州作为参照组。例如,针对阿拉巴马州、阿肯色州和田纳西州的数据进行的双重差分回归分析就包括两个州效应。州效应代替了在对两个州进行分析时出现的单个虚拟变量 $TREAT_s$。

这个方案中的最后一个复杂之处在于不存在取 0、1 值的共同处理变量。当最低法定饮酒年龄从 18 岁到 21 岁不等时,在 18 岁、19 岁或 20 岁时的合法饮酒行为都可以产生处理效应。计量大师可以对这种问题做出简化,用一个单一指标来表示受到政策影响的程度,在这个例子中就是能否获取酒精。在我们的简化策略下,可以用变量 $LEGAL_{st}$ 替代 $TREAT_d \times POST_t$。这个变量度量了第 t 年 s 州中

---

[1] 相比于出现在数据中的年份,我们少使用了一个时间效应。时间效应度量的是相对于起点的暂时性变化,往往用样本中的第一年作为起点。

允许饮酒的 18—20 岁年轻人所占的比例。在一些州中,年龄低于 21 岁的人都不许饮酒,但是在最低法定饮酒年龄定为 19 岁的州中,年龄在 18—20 岁之间的人中约有三分之二可以饮酒,在最低法定饮酒年龄定为 18 岁的州中,年龄在 18—20 岁之间的人全部可以饮酒。我们对 $LEGAL_{st}$ 的定义也捕捉到出台最低法定饮酒年龄的具体时间所造成的变动性。例如,在 1975 年 7 月,阿拉巴马州最低法定饮酒年龄为 19 岁的规定开始生效。因此,$LEGAL_{AL, 1975}$ 就反映出在那年阿拉巴马州中 19—20 岁的人只有半年可以自由饮酒的事实。

存在多个州的双重差分回归模型形如

$$Y_{st} = \alpha + \delta_{rDD} LEGAL_{st} + \sum_{k=\text{Alaska}}^{\text{Wyoming}} \beta_k STATE_{ks} + \sum_{j=1971}^{1983} \gamma_j YEAR_{jt} + e_{st} \quad (5.5)$$

不要让这个方程式中大写的连加符号吓到你。这种表示法能够用很紧凑的方式描述存在很多虚拟变量的方程,与我们在第 2 章讨论大学选拔性组别时给出的一组虚拟变量类似。在这里,除了某个州(即参照州)之外的所有州都有自己的虚拟变量,用下标 k 表示第 k 个州。下标 s 是对提供观测值的州进行跟踪的一个变量。当观测值来自第 k 个州时,虚拟变量 $STATE_{ks}$ 等于 1,也就是说 $s=k$ 时它等于 1,其他情况下都等于 0。例如,当观测值来自于加利福尼亚州时,$STATE_{CA, s}$ 等于 1,其他州的虚拟变量都等于 0。

表示州效应的 β_k 就是州虚拟变量前的系数。例如,加利福尼亚州的效应 β_{CA} 就是 $STATE_{CA, s}$ 前的系数。除了在构造州虚拟变量时作为参照的那个州被省略之外,方程(5.5)中所有州都有一个州效应。因为存在很多州效应,所以我们使用连加号 $\sum_{k=\text{Alaska}}^{\text{Wyoming}} \beta_k STATE_{ks}$,避免将这么多州效应一一写出来。在年份虚拟变量 $YEAR_{jt}$ 前面的时间效应 γ_t 也类似。当观察到的数据来自 j 年时,也就是 $t=j$ 时,这些虚拟变量取值为 1。因此我们将其称为年份效应(year effect)。变量 $YEAR_{1975, t}$ 前的系数 γ_{1975} 就是 1975 年的年份效应。在这里,除了作为参照年份的那一年之外,样本中所有年份都具有一个年份效应,因此,我们用连加符号来紧凑地表达这些年份效应。[1]

我们的跨州最低法定饮酒年龄分析中使用了 51 个州(包括哥伦比亚特区)在

---

[1] 这里有另外一种方式来考察连加符号是如何发挥作用的。考虑 $s = \text{NY}$ 时的一个观察值。于是我们有

$$\sum_{k=\text{Alaska}}^{\text{Wyoming}} \beta_k STATE_{ks} = \beta_{NY}$$

因此,所有可能的州虚拟变量之和就捕捉到纽约州的州效应 β_{NY},这时观测值来自纽约州。其他所有的虚拟变量之和等于零。类似地,如果 $t = 1980$,那么我们就有

$$\sum_{j=1971}^{1983} \gamma_j YEAR_{jt} = \gamma_{1980}$$

因此,这个求和公式就等于观测值来自 1980 年时的年份效应。

14年里的数据组成的数据集,总计714个观测值。这种数据结构被称为州—年份面板数据。在方程(5.5)中,州效应控制了不同州之间存在的固定差异(例如,平均而言,在偏远的州里车速较高,致命性汽车事故的发生会更加频繁)。在这个方程中,时间(年份)效应控制了所有州都共同面对的死亡率趋势(例如,饮酒或车辆安全等全国性趋势造成的影响)。方程(5.5)将州内部的死亡率变化归因于 $LEGAL_{st}$ 的变化。不久我们就会看到,这个因果归因依赖于一个共同趋势假设,与我们在前一节分析考德威尔危机引起的银行倒闭时一样。

表 5.2　最低法定饮酒年龄对死亡率产生影响的双重差分回归估计

因变量	(1)	(2)	(3)	(4)
所有死亡原因	10.80	8.47	12.41	9.65
	(4.59)	(5.10)	(4.60)	(4.64)
机动车辆事故	7.59	6.64	7.50	6.46
	(2.50)	(2.66)	(2.27)	(2.24)
自杀	0.59	0.47	1.49	1.26
	(0.59)	(0.79)	(0.88)	(0.89)
所有内部原因	1.33	0.08	1.89	1.28
	(1.59)	(1.93)	(1.78)	(1.45)
州趋势	无	有	无	有
权　重	无	无	有	有

注:本表报告了最低法定饮酒年龄对18—20岁年轻人死亡率(每十万人的死亡人数)产生影响的双重差分回归估计。在控制了州效应和年份效应后,本表按照所在州和所处年份报告了合法饮酒者占比对应的系数。用来构造列(2)和列(4)中各估计值的模型包含了特定州的线性时间趋势。列(3)和列(4)报告了加权最小二乘估计值,权重为各州人口。样本规模为714。括号中报告的是标准误。

方程(5.5)中对 δ_{rDD} 的估计意味着,在18—20岁的人群中,合法饮酒会导致每十万人的死亡人数提高11人,其中有七到八例死亡由机动车辆事故造成。这些结果报告在表5.2中的列(1),比我们在第4章中表4.1报告的回归断点估计值大一些,但基本一致。表5.2对机动车辆事故造成的死亡率给出了相当准确的估计,标准误大约是2.5。重要的是,与回归断点估计类似,这个双重差分回归模型几乎没有为合法饮酒引起的内部原因导致的死亡率给出丝毫证据。运用双重差分回归方法发现,对自杀产生的影响给出的估计值也比表4.1中相应的回归断点估计值要小。同时,这两种分析策略都指出,自杀导致死亡数量的上升要小于机动车辆事故造成的死亡数量。

探究双重差分法的假设

包含许多州和许多年份的样本允许我们可以放松共同趋势假设。也就是说,在缺乏处理效应时,引入各州在结果上的某种程度的非平行变动。对各州特定趋

势进行控制的双重差分回归模型形如

$$Y_{st} = \alpha + \delta_{rDD}LEGAL_{st} + \sum_{k=\text{Alaska}}^{\text{Wyoming}} \beta_k STATE_{ks} + \sum_{j=1971}^{1983} \gamma_j YEAR_{jt}$$

$$+ \sum_{k=\text{Alaska}}^{\text{Wyoming}} \theta_k(STATE_{ks} \times t) + e_{st} \tag{5.6}$$

这个模型假定,不存在处理效应时,k 州的死亡率会偏离共同的年份效应,其偏离程度体现在系数 θ_k 所代表的线性趋势上。

迄今为止,我们一直在说双重差分法都是需要共同趋势的。那么,我们如何能放松发挥关键作用的共同趋势假设,将模型改造成方程(5.6)的样子?为了看看这类模型是如何发挥作用的,考虑只由两个州组成的样本:第一个州是 Allatsea,在1975 年,该州将最低法定饮酒年龄降低到 18 岁,但是相邻的 Alabaster 仍然将最低法定饮酒年龄保持在 21 岁。作为基准,图 5.4 简要绘出了共同趋势的情况。在1975 年之前,两个州的每十万人的死亡率都是平行变动的(在 20 世纪 70 年代,大多数事情都变糟了,死亡率也在上升)。在 1975 年,Allatsea 州的死亡率也出现跳跃,当时该州降低了最低法定饮酒年龄。给定平行趋势假设和政策生效的时点,看起来有理由将 Allatsea 州出现的死亡率跳跃归咎于该州降低了最低法定饮酒年龄。

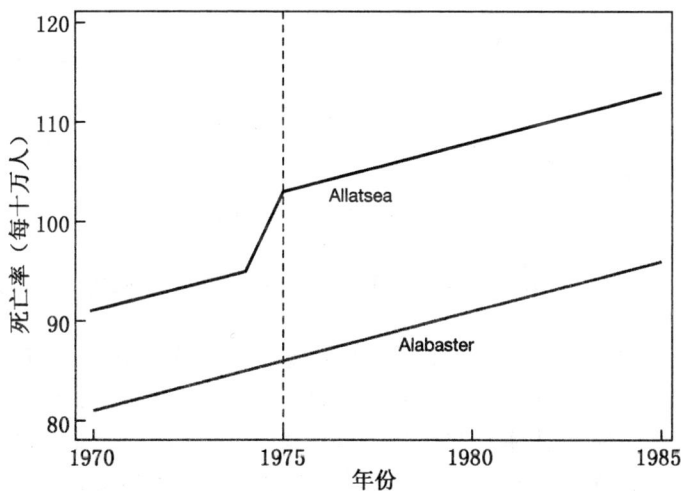

图 5.4   各州中存在共同趋势时的最低法定饮酒年龄效应

图 5.5 绘出了 Allatsea 州的趋势线比 Alabaster 州更陡峭的情形。正如在前一幅图中绘出的数据,在这个例子中,简单的双重差分回归估计值使最低法定饮酒年龄效应变得复杂(对比 Allatsea 州前后的差异要大于对比 Alabaster 州前后的差异)。然而,在这种情况下,由此得到的双重差分估计值是虚假的:州趋势中存在的差异要早于 Allatsea 州对最低饮酒年龄的放宽,因此必定与此无关。

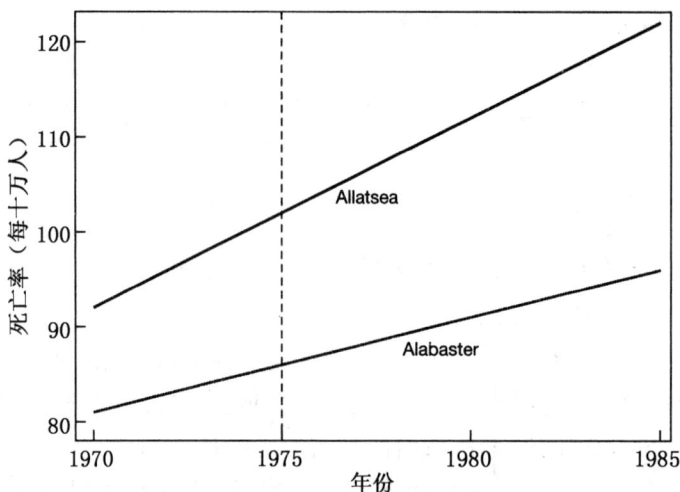

图 5.5 各州之间不存在共同趋势时表现出的虚假最低法定饮酒年龄效应

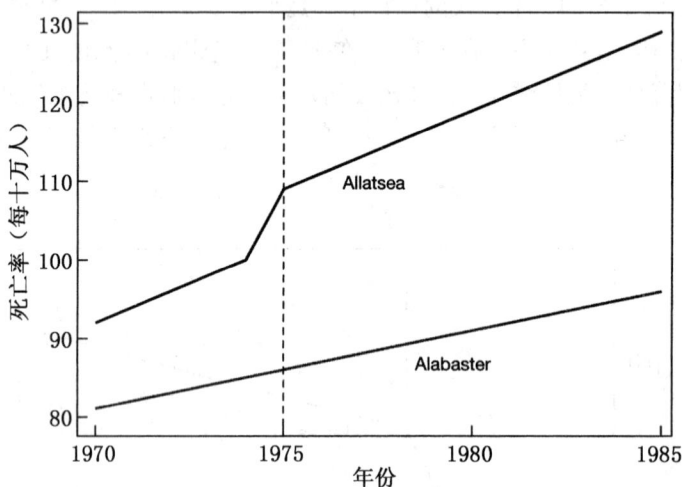

图 5.6 各州之间不存在共同趋势时,也能看出的真实最低法定饮酒年龄效应

幸运的是,使用方程(5.6)里出现的州特定趋势参数 θ_k,可以捕捉在趋势上存在的此种差异。在控制了州特定趋势的模型中,能够证明存在最低法定饮酒年龄效应的证据来自相对原本平稳趋势的大幅偏离,即使在趋势并非共同趋势时也是如此。图 5.6 给出在面对非共同趋势时双重差分回归是如何捕捉处理效应的。在整个样本期内,Allatsea 州的死亡率上升要比 Alabaster 州更为陡峭。但是从 1974 年到 1975 年,Allatsea 州死亡率上升特别快,当时 Allatsea 州降低了最低法定饮酒年龄。在方程(5.6)中,因为模型允许不同州的死亡率从一开始就按照不同轨迹运行,所以 $LEGAL_{st}$ 的系数就捕捉到了这个特点。

存在州特定的线性趋势的模型,为使用多期数据的双重差分回归模型给出的估计值是否具有因果解释提供了一个重要的检查手段。然而,在实践中,相比于图 5.4 至图 5.6 给出的程式化例子,经验现实往往更加复杂,更难去解释。方程(5.6)

这类回归模型给出的结果往往不够精确。由因果效应引起的对趋势的偏离程度越大,我们越可能发现这种效应。另一方面,如果处理效应只是逐渐显现出来,那么对方程(5.6)这类模型进行的估计就可能无法从差异化的趋势中分离出处理效应,最终得到的结果不精确,结论也会不确定。

令人高兴的是能为最低法定饮酒年龄效应给出一致的因果效应双重差分分析,引入州特定趋势并没有对双重差分回归结果产生什么影响。我们可以从表5.2的列(2)中看出这一点,该列报告了方程(5.6)描述的模型所能得到最低法定饮酒年龄效应的双重差分回归估计值。加入趋势项后,只是将标准误提高了一点,但精确度的损失并不大。列(2)报告的结果,支持为列(1)报告的更加精确的最低法定饮酒年龄效应给出因果解释。

表 5.3 控制啤酒税后,最低法定饮酒年龄对死亡率产生影响的双重差分回归估计

因变量	不存在趋势项		存在趋势项	
	合法饮酒者占比 (1)	啤酒税 (2)	合法饮酒者占比 (3)	啤酒税 (4)
所有死亡原因	10.98 (4.69)	1.51 (9.07)	10.03 (4.92)	−5.52 (32.24)
机动车辆事故	7.59 (2.56)	3.82 (5.40)	6.89 (2.66)	26.88 (20.12)
自　　杀	0.45 (0.60)	−3.05 (1.63)	0.38 (0.77)	−12.13 (8.82)
内部原因	1.46 (1.61)	−1.36 (3.07)	0.88 (1.81)	−10.31 (11.64)

注:本表报告了在控制了州啤酒税因素后,最低法定饮酒年龄对 18—20 岁年轻人死亡率(每十万人中死亡人数)产生影响的双重差分回归估计。这张表按照所在州和所处时间给出了合法饮酒者占比的系数,以及啤酒税的系数,使用的模型控制了州效应和年份效应。列(1)和列(2)给出了简单回归模型中放入合法饮酒者占比和啤酒税这两个变量后,不包含趋势项的估计值,列(3)和列(4)给出了包含州特定线性趋势的估计值。样本规模为700。括号中报告的是标准误。

州层面的政策制定是复杂的,因为会在多条线上出现频繁变动。无论是否存在州特定趋势,最低法定饮酒年龄效应的双重差分估计都可能受到该地区同时期其他政策变化的干扰。例如,在有关酒精的研究中的一个重要考量是酒类价格。税收是政府影响酒类价格的最有力工具。许多州都对啤酒征收重税,我们按照每加仑酒精含量支付的美元来度量对啤酒收取的税。在有些州,每加仑啤酒税只有几便士,而在南方一些州,每加仑啤酒税超过 1 美元。啤酒税会经常发生变化,大部分时间都在上升,啤酒研究所对此非常失望(怀俄明州是啤酒的天堂,自 1935 年以来,该州对每加仑征收 2 美分税)。有理由认为,一个州在提高最低法定饮酒年龄的同时也会提高啤酒税率,也许这是减少饮酒的更大范围政策的一个组成部分。如果是这样,我们在估计最低法定饮酒年龄效应时,应该控制随时间变化的州啤酒

税因素。

　　将州啤酒税作为控制变量包含进分析的双重差分回归模型给出的最低法定饮酒年龄效应,与不含这类控制变量得到的估计值类似。在表5.3中可见这个结果,这张表报告了变量 $LEGAL_{st}$ 的系数估计值,也针对表5.2中四类死亡率报告了啤酒税的系数估计值。在表5.3中,列(1)和列(2)给出了不含州特定线性趋势时使用简单回归模型得到啤酒税和最低法定饮酒年龄效应估计值,列(3)和列(4)的估计值来自将州特定线性趋势作为控制变量的回归模型。相比最低法定饮酒年龄效应,对啤酒税效应的估计值不是那么精确,这很有可能是因为啤酒税的变动频率要小于最低法定饮酒年龄的变动频率。从包含了州趋势的模型中得到的啤酒税估计值尤其不准确。尽管如此,啤酒研究所看到这些估计值后会感到高兴,因为这些估计值并不支持进一步提高啤酒税。我们也同样高兴地知道,即使加入啤酒税这个控制变量,我们得到的最低法定饮酒年龄效应的估计值也是稳健的;让我们喝瓶啤酒来庆祝这件事!

我们针对什么分配权重?

　　在表5.2中,列(1)和列(2)给出了方程(5.5)和方程(5.6)的估计结果,这个结果对所有观测值都赋予相同权重,好像每个州的数据都具有同等价值。然而,至少从一个重要方面看,各州自设立之时就不是平等的:得克萨斯州和加利福尼亚州等地方的规模比大部分其他州都大,而佛蒙特州和怀俄明州等地方的人口数量还不及美国的许多城市。我们可能希望在估计结果中反映这个事实,也就是为人口较多的州赋予更大权重。能够完成这个目标的回归过程被称为加权最小二乘法(weighted least squares,WLS)。标准的最小二乘估计量是拟合出一条可以最小化残差平方的样本均值的直线,在加总过程中对每个残差平方都赋予相同权重。[1]顾名思义,加权最小二乘法按照人口规模或研究者选定的其他权重,对残差平方和的每项赋予权重。

　　根据人口规模进行加权可以带来两个后果。首先,如第2章指出的,研究处理效应的回归模型能够捕捉到数据所代表的组群或单元的加权平均效应。在州—年份面板数据模型中,这些组群就是各个州。州—年份面板的最小二乘回归估计值给出的平均因果效应忽略了人口规模,因此估计结果是各州的平均效应,而不是各州居民的平均效应。按照人口进行加权可以产生居民的加权平均值,其中,得克萨斯州这样的地区的因果效应能够比佛蒙特州得到更大权重。按照人口进行加权的方法看上去十分诱人,但是未必需要。一个典型居民更可能生活在得克萨斯州而不是佛蒙特州,但是,佛蒙特州最低法定饮酒年龄的变动性,可能与得克萨斯州最低法定饮酒年龄的变动性对于效应的估计而言是同样

---

[1]　在第2章附录中定义的回归残差,是指我们估计的模型给出的拟合值与模型中因变量的值之差。

有用的。因此,你应该指望州—年份面板的回归估计值不会对加权方式过于敏感。

按照人口进行加权也可能提高回归估计的精度。由于佛蒙特州的司机数量远少于得克萨斯州,所以佛蒙特州每年的机动车辆事故死亡率的变化要比得克萨斯州大(这反映出我们在第1章附录中讨论的抽样变动性)。从统计意义上说,来自得克萨斯州的数据更加可靠,因此,也许值得为这些数据赋予更大权重。然而,这不是一个显然的结论。从计量经济学理论看,计量大师们可以宣称,只有当一系列限制性技术条件得到满足后,加权估计值才能比非加权估计值更为精确。[1]这再次说明,不同的估计结果(即估计值和标准误)最好对加权方式不太敏感。

表5.2的列(3)和列(4)报告了方程(5.5)和方程(5.6)的加权最小二乘估计值。这些结果与该表列(1)和列(2)给出的普通最小二乘估计值对应,只是加权最小二乘估计对每个观测点赋予的权重由该州18—20岁年龄的人口规模决定。幸运的是,在对最低法定饮酒年龄效应的理解中,是否加权并不重要。看上去滴酒不沾的计量大师们再次从节制中得到了回报。

> Stevefu 大师:小蚱蜢,总结一下。

> 小蚱蜢:即使未接受处理,处理组和控制组也可能是不同的,但会平行变化。这个特征开启了使用双重差分估计因果效应之门。

> Stevefu 大师:为什么双重差分法要优于简单的组间比较?

> 小蚱蜢:通过比较变化值而不是水平值,我们可以消除不同组之间的固有差异,否则会造成遗漏变量偏误。

> Stevefu 大师:当存在多个对照组、多个年份时,如何使用双重差分法?

> 小蚱蜢:大师,我已经见识到双重差分回归的威力和灵活性。例如,在州—年份面板数据中,存在最低法定饮酒年龄这类随时间变化的州政策时,我们只需要控制州效应和年份效应。

> Stevefu 大师:双重差分估计值的好坏取决于什么?

> 小蚱蜢:平行趋势,也就是说在没有处理时,处理组和控制组的结果应该平行变动。这是双重差分法成败的关键。虽然在面板数据足够长时我们允许出现州特定线性趋势,但是计量大师希望,加入这些控制项,不会大幅改变结果。

计量大师:约翰·斯诺

英国医生约翰·斯诺(John Snow)是现代流行病学的创始人之一,该门学科研究疾病如何在人群中传播。在对1849年爆发于伦敦的霍乱进行研究时,斯诺挑战

---

[1] 其中一个条件是潜在的条件期望函数是线性的。然而,第2章的附录提到许多回归模型仅仅是条件期望函数的线性近似。

了这种疾病是由空气不良所引起的这类传统认识。相反，他认为霍乱可能是由受污染的水引起的，他在 1849 年的论文《论霍乱的传播模式》(*On the Mode of Communication of Cholera*)中第一次提出这个想法。

1853 年和 1854 年霍乱疫情的进一步传播，使伦敦附近的苏活区有多人丧生。斯诺将苏活区的流行病归因于从布罗德大街的一根水管中流出的水。斯诺并不介意搞出个自然实验，为此他说服当地教区理事会，将布罗德大街的水管把手移除。随后，苏活地区的霍乱死亡很快平息，不过，斯诺也注意到，布罗德大街区域这一处理组的死亡率原本就在下降，这让他很难对自然实验中得到的数据进行解释。和今天一样，从诞生之日起，双重差分法就难以捉摸。

TABLE XII.

Sub-Districts.	Deaths from Cholera in 1849.	Deaths from Cholera in 1854.	Water Supply.
St. Saviour, Southwark .	283	371	
St. Olave . . .	157	161	
St. John, Horsleydown .	192	148	
St. James, Bermondsey .	249	362	
St. Mary Magdalen .	259	244	
Leather Market . .	226	237	Southwark & Vauxhall Company only.
Rotherhithe* . .	352	282	
Wandsworth . .	97	59	
Battersea . . .	111	171	
Putney . . .	8	9	
Camberwell . .	235	240	
Peckham . . .	92	174	
Christchurch, Southwark	256	113	
Kent Road . . .	267	174	
Borough Road . .	312	270	
London Road . .	257	93	
Trinity, Newington .	318	210	
St. Peter, Walworth .	446	388	
St. Mary, Newington .	143	92	
Waterloo Road (1st) .	193	58	Lambeth Company, and Southwark and Vauxhall Compy.
Waterloo Road (2nd) .	243	117	
Lambeth Church (1st) .	215	49	
Lambeth Church (2nd) .	544	193	
Kennington (1st) .	187	303	
Kennington (2nd) .	153	142	
Brixton . . .	81	48	
Clapham . . .	114	165	
St. George, Camberwell .	176	132	
Norwood . . .	2	10	
Streatham . . .	154	15	Lambeth Company only.
Dulwich . . .	1	1	
Sydenham . . .	5	12	
First 12 sub-districts	2261	2458	Southwk. & Vauxhall.
Next 16 sub-districts	3905	2547	Both Companies.
Last 4 sub-districts	162	37	Lambeth Company.

* A small part of Rotherhithe is now supplied by the Kent Water Company.

图 5.7　约翰·斯诺的双重差分结果

斯诺是一位细致的数据工作者，给自己设定了一个今天的我们仍在努力渴望达到的高标准。在 1855 年对论文进行修订时，斯诺按照地区和水源报告了伦敦多个地区的死亡率。他注意到，伦敦南部很多高死亡率地区都由两家公司供水，它们是 Southwark and Vauxhall 公司和 Lambeth 公司。在 1849 年，两家公司都从受污染的泰晤士河伦敦段取水。然而，自 1852 年起，Lambeth 公司开始从泰晤士河迪顿段取水，这是上游未受污染的水源。斯诺指出，从 1849 年到 1854 年，在 Lambeth 公司供水的地区，因霍乱引起的死亡数量出现下降，但是由 Southwark and Vauxhall 公司供水的地区死亡率还在上升。我们在图 5.7 中转载了斯诺在 1855

年发表的那篇文章中的表 12 。①这张图包含了斯诺根据水源不同对死亡率所做的两期双重差分分析。

附录:双重差分回归中的标准误

双重差分回归是面板数据估计的一种特殊情形。州—年份面板数据包含了各州随时间变化的重复观察值。数据集的这种重复结构产生了特殊的统计问题。这种经济数据通常表现出序列相关(serial correlation)的特征。序列相关的数据具有持续性,意味着相邻几期的数据很可能是类似的。

我们知道时间序列数据(例如,年度失业率)中存在序列相关问题。当某个州在某一年的失业率高于平均水平时,它在下一年也可能高于平均水平。因为面板数据将各个州(如最低法定饮酒年龄的例子)或地区(如密西西比州实验的例子)的重复观测值整合在一起,这类数据往往是序列相关的。当回归中的因变量存在序列相关时,用来解释这个变量的任何回归模型的残差也往往存在序列相关。序列相关的残差和序列相关的回归元结合在一起,会改变计算标准误的公式。

如果我们忽略序列相关性,使用方程(2.15)给出的简单标准误公式,那么由此得到的统计结论很可能产生误导。忽略序列相关性造成的后果在于,你会夸大回归估计结果的精度。这是因为,在第 1 章附录中用于回归推断的抽样理论假设手头数据来自随机样本。序列相关是对随机性的偏离,可能产生的严重后果在于,在序列相关的时间序列数据中,每个新的观测值所包含的信息都少于随机抽样得到的数据所包含的信息。

与我们在第 1 章附录修正异方差性时讨论的稳健标准误类似,这里也存在一个修正的标准误公式,可以解决序列相关问题。在这种情况下,聚类标准误(clustered standard error)是适当的计算公式。计算聚类标准误的公式要比方程(2.16)中计算稳健标准误的公式复杂一些;考试不要求这个内容。重点在于,聚类(在大多数回归软件中都提供的一种选项)允许数据在研究者所定义的类中存在序列相关。相比于所有数据都是随机抽样的假设,计算聚类标准误的公式只要求类是随机抽样的,在类内部并不需要随机抽样的假设。

在本章讨论最低法定饮酒年龄的那个例子中,每个州都是一个类。但更经常在我们的样本中重复出现的往往是个人。兰德医疗保险实验的参与人贡献了其医疗护理使用情况的至多五个年度的观察值,这个样本被用来构造表 1.4,在方程(4.9)估计同群效应时,样本中的儿童在两个不同年级重复出现。在这些例子中,来自同一个人的重复结果往往相关,因此我们要按照个体聚类的方式作出调整。

在密西西比实验中,类是联邦储备区。要重点注意的是,这里只有两个类。在

---

① 可见 John Snow, *On the Mode of Communication of Cholera*, John Churchill, second edition, 1855。

密西西比实验中,序列相关可能不是个问题,但是,如果它是个问题,我们需要更多数据才能为流动性对银行存续产生的效果给出确凿结论。一旦你开始聚类,统计推断背后的正式理论假定你有很多类,而不是(或不仅仅是)在类内部存在很多个体观测值。在实践中,"很多"也许只代表几十个,比如美国的州。这样大致上还是可以的,但是两三个或十几个类可能就不够了。[1]

聚类标准误不仅适用于面板数据,也适用于更广泛的情形。原则上聚类可以解决你的数据中存在的任何相关问题(尽管你可能不喜欢由此造成的数值较大的标准误)。例如,如果同一个班级的孩子拥有同一位老师并且有着类似的家庭背景,那么这个班级学生的水平测验分数有可能是相关的。当类似于方程(4.6)的同群效应研究或第2章中的私立大学效应研究那样报告教育干预措施的效应估计时,计量大师都会按照班级、学校或大学对标准误进行聚类。

---

[1] 欲知这方面更加详细的讨论,可见我们的著作 *Mostly Harmless Econometrics*,Princeton University Press,2009。对联邦储备区边界两侧的数百个县进行的分析中,Andrew Jalil 对密西西比实验进行了聚类。可见"Monetary Intervention Really Did Mitigate Banking Panics during the Great Depression: Evidence along the Atlanta Federal Reserve District Border," *Journal of Economic History*,vol.74,no.1,March 2014:259—273。

▶6

教育水平与收入

传奇故事传颂着一名传奇计量经济学家，他的计量经济学功夫无人能敌。

大师在工作

本章从多个方面入手考察教育水平对工资产生的因果效应，以此结束我们从原因到结果的探寻之旅。我们工作的基础是提出一个好问题，提高教育水平是否真的能够增加收入这个问题就是经典一例。计量大师们使用手中的各种工具探讨教育水平问题，但是，具有讽刺意味的是，他们没有使用随机分配。计量大师们给出的答案尽管不完整，但足够有趣。

6.1 教育、经验和收入

英国的二战老兵伯蒂·格拉德温（Bertie Gladwin）在 14 岁时辍学，但他仍然在英国的情报部门找到一份无线电通信工程师的工作。在 60 多岁时，伯蒂回到学校完成了心理学学士学位。后来，伯蒂还取得微生物学学士学位，并在 91 岁时获得军事情报学硕士学位。伯蒂现在正考虑攻读博士学位。[①]

活到老，学到老。然而，与伯蒂·格拉德温不同，大多数学生在完成学业后才会开始自己的职业生涯。大学生要在书本和学费的账单中度过很多年，而那些没去上大学的高中同学们可能已经开始工作并实现了一定的财务独立。为了让费时费力费钱的大学生活有所回报，大学毕业生们希望在未来获得更高收入。希望和梦想是一回事；但是生活则会沿着很多路径展开。值得为获取大学学位而损失收入并支付学费吗？这可是个价值百万美元的问题，我们对这个问题的兴趣超越了个人层面。在世界各地，纳税人都为进入大学学习的学生提

---

① 可见 "'I'm Just a Late Bloomer'：Britain's Oldest Student Graduates with a Degree in Military Intelligence Aged 91," *The Daily Mail*, May 21，2012。

供补贴,出台这个政策的部分动机在于,人们认为大学是经济成功发展的关键所在。

经济学家将教育对收入产生的因果效应称为教育的回报。这个术语强调一个概念,即教育是一项人力资本投资,能够得到和一项金融投资类似的货币收益。一代代的计量大师们都对教育的经济回报进行估计。他们做出的努力正好可以阐述四类工具:回归、双重差分、工具变量和断点回归。

计量大师雅各布·明瑟(Jacob Mincer)最先使用回归的方法对教育回报问题进行量化分析。[①]通过使用美国的人口普查数据,明瑟进行了下面这个回归

$$\ln Y_i = \alpha + \rho S_i + \beta_1 X_i^2 + \beta_2 X_i^2 + e_i \tag{6.1}$$

其中 $\ln Y_i$ 是男性 i 的年收入对数值,S_i 是他的教育水平(以年为单位度量的学习时间),X_i 是他以年为单位度量的工作经验。明瑟将工作经验定义为年龄减去读书时间再减去 6,这是一种把学校毕业后的时间都算作工作时间的计算方法。计量大师将这种方式计算出的 X_i 称为潜在经验(potential experience)。虽然收入会随着经验的增加而提高,但是增速是递减的,在中年后收入增长变得相当平坦,考虑到这个事实,我们通常会控制潜在经验的二次函数。

明瑟用 1960 年人口普查数据中 31 000 名非农业白人男性组成的样本对方程(6.1)进行了估计,

$$\ln Y_i = \alpha + 0.070 S_i + e_i$$
$$(0.002)$$
$$\ln Y_i = \alpha + 0.107 S_i + 0.081 X_i - 0.0012 X_i^2 + e_i \tag{6.2}$$
$$(0.001) \quad (0.001) \quad (0.000\,02)$$

当不加入控制变量时,$\rho = 0.07$。这个估计值是从因变量取对数的模型中得到的,因此,$\rho = 0.07$ 意味着教育水平每提高一年,可使平均收入水平提高7%(第 2 章附录中讨论了方程左边是对数形式的回归模型)。当把潜在经验当做控制变量加入模型后,估计出的回报增加到 0.11。

加入潜在工作经验这个控制变量是因为教育水平越高的人工作经验越少,因为受过教育的人往往较晚才会开始全职工作(也就是说,在学业完成后才去工作),因为 S_i 和 X_i 负相关,遗漏变量偏误公式告诉我们,由于工作经验会对收入产生正向影响,如果将这个因素遗漏,那么相比于我们将经验作为控制变量纳入模型的长回归而言,对教育回报的估计值会被低估。明瑟的估计意味着,在给定工作经验后,每多接受一年教育,可使白人男性的收入提高 11%。然而,还需要弄清楚的是

---

① 明瑟所做的工作汇总在他那本里程碑式的著作中,*Schooling, Experience, and Earnings*, Columbia University Press and the National Bureau of Economic Research,1974。

这个估计值是否是种因果效应。①

歌手、击剑手和博士：能力偏误

在保持工作经验不变的前提下，方程(6.1)比较了受教育多几年或少几年的白人男性。控制潜在工作经验就足够满足其他情况相同的条件了吗？换句话说，给定工作经验后，多接受或少接受教育的人都同等勤劳和能干吗？这些人都拥有同等的可在劳动力市场中提供一定帮助的家庭关系吗？这些疑问似乎难以回答。和其他的计量大师一样，我们都是教育程度很高的人。我们比别人更聪明，更加努力，相比在教育过程中未能坚持下去的大多数人，我们得到了更好地培养，至少我们自己是这样认为的。我们认为，自己和其他教育程度很高的工人所共有的好特质与能够获得更高收入也存在联系，这使得方程(6.2)中得到的回归估计值变得更加难以进行因果解释。

我们可以寄希望于把和教育相关的各种特质都控制住，从而改进简单回归中得到的估计值，我们将这些变量统称为 A_i（A 是能力一词的英文缩写）。现在，我们忽略表示经验的那一项，关注遗漏变量偏误的其他来源，由此得到的长回归方程可以写为

$$\ln Y_i = \alpha^l + \rho^l S_i + \gamma A_i + e_i \tag{6.3}$$

遗漏变量偏误公式告诉我们的是，不包含控制变量的短回归给出的回归斜率 ρ^s，与模型(6.3)中长回归得到的斜率之间的关系

$$\rho^s = \rho^l + \underline{\delta_{AS}}\gamma$$
$$\text{能力偏误}$$

在这里，δ_{AS} 是用 S_i 对 A_i 做二元回归后得到的斜率。一如往常，短回归系数（ρ^s）等于长回归系数（ρ^l），再加上二元回归系数（δ_{AS}）与长回归中遗漏变量产生的影响（γ）之间的乘积。在本例中，短回归和长回归之间的差别被称为能力偏误（ability bias），因为这里的遗漏变量就是能力。

能力偏误会朝哪个方向变动？我们对 A_i 的定义保证长回归中 γ 是正的（否

---

① 这些估计值给出的经验和收入之间的关系，反映出收入随着年龄增长趋缓的现象。为了看出这一点，假设我们将 X_i 从 x 提高到 $x+1$。变量 X_i 提高了 1，但是 X_i^2 增加了

$$(x+1)^2 - x^2 = 2x + 1$$

工作经验增加一年的净效应是

$$(0.081 \times 1) - (0.0012 \cdot (2x+1)) = 0.08 - 0.0024x$$

因此，估计出第一年的工作经验能够将收入提高 8%，但是第十年的工作经验只能将收入提高 5.6%。事实上，正如这种被称为经验曲线（experience profile）的关系所显示的，在积累了 30 年的工作经验后，曲线变得完全平坦。

则,我们会将 A_i 称为无能变量),δ_{AS} 当然也是正的,这表明能力偏误是正的:我们预期短回归中得到的 ρ^s 会大于存在更多控制变量的模型中得到的 ρ^l。毕竟,伦敦政治经济学院和麻省理工学院的学生往往具有更高能力,至少从取得高的考试分数和高中成绩的角度看是这样的。另一方面,有些人将学校学习时间缩短以便投入更快获利的活动。米克·贾格尔(Mick Jagger)爵士在 1963 年放弃了攻读伦敦政治经济学院的学位,转而为成立滚石乐队做准备。贾格尔的大学生涯难称满意,他当然再也没有完成大学教育,但是作为一个摇滚乐队歌手,他赚了很多钱。还有一个同样令人印象深刻的例子,在麻省理工学院学习两年后,瑞典的重剑运动员约翰·哈门贝里(Johan Harmenberg)在 1979 年离开了学校,他在 1980 年的莫斯科奥运会上获得奥运会冠军,并为此放弃了麻省理工学院的文凭。后来,哈门贝里成为一名生物技术企业的高管和成功的研究员。这些例子说明,即使没有从教育中获益,在音乐、体育、创业或其他方面拥有高能力的人也能获得经济回报上的成功。这表明 δ_{AS} 以及能力偏误既有可能是正的,也有可能是负的。

度量人类:控制能力因素

面对存在的能力偏误问题,有一个容易的解决方法:收集有关 A_i 的信息,在类似方程(6.3)的回归中将其作为控制变量。为了在估计教育回报时解决遗漏变量偏误,计量大师兹维·格里利切斯(Zvi Griliches)使用智商作为能力的控制变量。[1]当模型中未用智商作为控制变量时,格里利切斯在控制了潜在工作经验的模型中估计出的 ρ^s 等于 0.068。格里利切斯在短回归中估计出的教育回报远低于明瑟估计出的 11%,可能是因为样本和因变量存在差异(格里利切斯考察的是小时工资而非年收入)。重要的是,将智商这个控制变量加入模型后,格里利切斯得到的估计值下降到 $\rho^l = 0.059$,这个结果源于智商和教育年限之间存在强烈正相关关系,并且智商越高的人赚得越多(因此,长回归中的能力被遗漏所产生的效应确实是正的)。

格里利切斯的发现很有趣,但很难被视作定论。智商并不能捕捉到米克·贾格尔的魅力或约翰·哈门贝里的毅力,在统计样本中,几乎无法对能力的这些维度做出度量。在这里,准确的能力概念应该是个人的收入潜力(earnings potential),这个概念让人联想到我们在整本书中都用来描述因果效应的潜在结果。潜在结果的问题总是在于我们无法看到所有潜在结果,我们只能看到某人选定的某个结果。例如,在大学毕业生组成的样本中,我们只能看到"教育程度很高"的潜在结果。我们不知道如果沿着约翰和米克的人生路径离开大学,这些人会取得什么成就。尝试用单一的智商测试分数代表潜在收入的做法很可能是不够的。更进一步,正如

---

[1] 可见 Zvi Griliches, "Estimating the Returns to Schooling—Some Econometric Problems," *Econometrica*, vol.45, no.1, January 1977:1—22。

我们在 6.2 节解释的原因（在本章附录中还会加以更细致描述），当教育水平存在测量误差时（通常如此），将能力作为控制变量后得到的估计值也可能具有误导性，会偏小。

谨防不好的控制变量

也许加入更多控制变量是解决问题的答案。例如，为什么不对职业进行控制？很多报告收入的数据集也会对职业进行分类，例如划分为经理人或劳动者。确实，职业是一个能够很好预测教育水平和收入水平的指标，或许能够捕捉到米克、约翰等人不同于普通人的特质。因此，按照遗漏变量偏误提供的逻辑，我们应该控制职业，将表示职业的虚拟变量加入回归就能很容易地完成这个任务。

虽然职业和教育水平以及工资关系密切，但是，在度量教育水平对收入产生的因果效应的回归分析中，表示职业的虚拟变量是一类不好的控制变量。计量大师乔舒亚在今天成为一个教授而不是医护助手（他曾经从事的职业），部分是对他接受的大量教育的回报。当试图量化分析教育的经济价值时，不应该只去比较教授和教授之间的差别或医护助手和医护助手之间的差别，却不将职业选择的收益纳入计算。即使所有教授每年都同样赚取 100 万美元（希望这一天很快到来），同时所有医护助手每年都赚取 1 万美元，随机分配教育水平的实验也将表明教育可以提高收入。在这个假想实验中，收入得以提高的途径在于从低收入的医护助手转变为高收入的教授。

这里存在第二种更加微妙的引起混淆的力量：不好的控制变量可能造成选择偏误。为了说明这个问题，假设我们估计大学学位带来的效应，而且能否完成大学学业是随机分配的。人们可以在白领和蓝领两种职业中选择一种，获得大学学位自然使得人们更可能变成白领。即使大学学位是随机分配的，从而无条件比较是苹果和苹果间的比较，但由于大学会使一些人改变职业，给定职业前提下根据是否获得大学学位进行的收入比较反而不具备可比性。

这种令人担忧的现象被称为构成效应（composition effect）。根据随机分配，拥有大学学位和没有大学学位的人在其他方面都是相同的，至少平均而言是这样。最重要的是，他们的平均 Y_{0i} 相同，也就是说，具有相同的收入潜力。然而，假设我们仅仅在获得白领工作的那些人中进行比较。此时，没有得到大学学位的控制组所包括的都是一些特别优秀的、能够在未得到大学学位的情况下获得白领工作的人。但是对于具有大学学历的白领组别而言，其中既包括在任何情况下都能成为白领的人，也包括仅是因为完成大学学位才变成白领的那些能力偏弱的人。

通过假设三个规模相同的工人组别，我们可以看到这种成分差别产生的后果。第一组是无论是否获得大学学位都将成为蓝领的人（始终是蓝领，记作 AB）。第二组是无论是否获得大学学位都将成为白领的人（始终是白领，记作 AW）。第三组是只有当获得大学学位才成为白领的人（可能是蓝领或白领，记作 BW）。表 6.1 中前两列描述了这些潜在职业，该表分别列出了每个组别中拥有或不拥有大学学位时获得的工作种类。

虽然大学教育是随机分配的，从而简单地比较大学毕业和未能大学毕业的工人之间存在的差异就能揭示出因果效应，但是在职业内部进行的比较则会产生误导。

表 6.1　不好的控制变量如何造成选择偏误

工人类别	潜在职业		潜在收入		根据职业划分的平均收入	
	大学未毕业（1）	大学毕业（2）	大学未毕业（3）	大学毕业（4）	大学未毕业（5）	大学毕业（6）
始终是蓝领（AB）	蓝领	蓝领	1 000	1 500	蓝领 1 500	蓝领 1 500
可能是蓝领或白领（BW）	蓝领	白领	2 000	2 500		白领 3 000
始终是白领（AW）	白领	白领	3 000	3 500	白领 3 000	

为便于讨论，假设对三个组别而言，大学学位的价值都等于每周 500 美元。虽然这三种类型的工人从大学教育中得到的收益是相同的，但是他们的潜在收入（也即是他们的 Y_{0i}）不同。具体来说，假设 AW 组在没有大学学位时每周赚取 3 000 美元，AB 组在没有大学学位时每周赚取 1 000 美元，BW 组赚取的收入处于二者之间，比如说，没有大学学位时每周赚取 2 000 美元。表 6.1 中的列（3）和列（4）对此进行了总结。

将获得/未获得大学学位之间的比较限制在白领工人中，AW 组别中的大学毕业生和 BW 组别中的大学毕业生得到的平均收入分别是 3 500 美元和 2 500 美元，而大学未毕业的工人都来自 AW 组别，平均可赚得 3 000 美元收入。因为 3 500 美元和 2 500 美元的平均值是 3 000 美元，所以在白领工人中进行比较时，大学毕业带来的效应为零，对于大学教育回报而言，这是一个具有误导性的结论，实际上大学教育可以为每个人带来 500 美元收入。按照大学是否毕业，在蓝领工人中的比较也给出存在误导性的零效应。虽然对大学教育的随机分配确保了大学毕业和大学未毕业这两类人中来自各个组别的比例相同，但是控制是否获得白领工作会扭曲这种平衡性，因为获得白领工作与否是由大学是否毕业部分决定的。

不好的控制变量带来的教训是，变量生成的时机很重要。在处理变量被决定之前就被测度到的变量，一般而言都是好的控制变量，因为它们无法被处理所改变。相比之下，在处理变量被决定后才被测度到的控制变量，可能会部分地被处理所决定，在这种情况下，这些变量其实并不是控制变量，而是处理产生的结果。在研究教育水平的因果效应的回归模型中，职业就是这样一类变量。能力控制变量

（例如智商测试分数）也可能存在这个问题，特别是如果测试时人们已经完成了大部分教育。（教育水平很可能提高智商测试分数。）这是对依赖智商测试分数来消除教育回报估计中的能力偏误这一实证策略提出质疑的另一个理由。[1]

6.2 双胞胎带来双倍乐趣

俄亥俄州的特温斯堡（Twinsburg）靠近克利夫兰市（Cleveland），在 19 世纪初这个地方被发现时，它的名字叫米尔斯维尔（Millsville）。在米尔斯维尔有两位富有的同卵双胞胎商人兄弟摩西·威尔科克斯（Moses Wilcox）和阿伦·威尔科克斯（Aaron Wilcox），很少有人能准确分清楚这两个人。在取得成功之后，摩西和阿伦都对米尔斯维尔给予慷慨资助，因此在 19 世纪初，人们将米尔斯维尔重新命名为特温斯堡（Twinsburg，有双胞胎之意——译者注）。自 1976 年以来，特温斯堡一直为双胞胎举行夏季庆祝节日，以此纪念这个地方的双胞胎历史文化。在米尔斯维尔举行的年度双胞胎日，不仅吸引了大量双胞胎来展示其相似之处，还吸引了旨在寻找得到很好控制的比较的研究者们。

双胞胎的确有很多共同点：大多数都同时在同一个家庭长大，而且，同卵双胞胎还具有相同的基因。因此，可以说双胞胎具有相同的能力。也许，双胞胎中某人教育水平高于另外一人的事实，大部分都可归结为第 2 章中讨论的那类偶然因素。双胞胎中的一个人可为另一人提供很好的控制，这个想法激发计量大师奥利·阿申费尔特（Orley Ashenfelter）、艾伦·克鲁格（Alan Krueger）和塞西莉亚·劳斯（Cecilia Rouse）进行了一系列研究。[2]类似于其他很多使用双胞胎数据进行的研究，他们的研究的关键想法是，如果一对双胞胎的能力是相同的，那么我们用双胞胎中一个人的数据减去另外一个人的数据，便能移除能力因素，然后只针对两人的差异进行研究。

引发人们使用双胞胎数据分析教育回报的长回归可以写为

$$\ln Y_{if} = \alpha^l + \rho^l S_{if} + \lambda A_{if} + e_{if}^l \tag{6.4}$$

在这里，下标 f 代表家庭，下标 $i = 1, 2$ 表示两个孪生兄弟姐妹，例如卡伦和莎伦，或者罗纳德和唐纳德。当罗纳德和唐纳德拥有相同能力时，我们可将 A_{if} 简写为

---

[1] 细心的读者会注意到，潜在经验本身是教育水平的一个后果，也属于不好的控制变量。理论上，使用年龄及其二次项作为潜在经验及其二次项的工具变量，可以消除这种偏误。正如我们在本章余下部分所提到的那些研究，我们也可以简单地用年龄代替工作经验作为控制变量，从而旨在估计未根据潜在工作经验差异进行调整的净教育水平效应。

[2] 可见 Orley Ashenfelter and Alan B. Krueger, "Estimates of the Economic Returns to Schooling from a New Sample of Twins," *American Economic Review*, vol. 84, no. 5, December 1994: 1157—1173, 以及 Orley Ashenfelterand Cecilia Rouse, "Income, Schooling, and Ability: Evidence from a New Sample of Identical Twins," *Quarterly Journal of Economics*, vol. 113, no. 1, February 1998: 253—284。

A_f。这意味着我们可以为他们的收入建立模型

$$\ln Y_{1,f} = \alpha^l + \rho^l S_{1,f} + \lambda A_f + e^l_{1,f}$$
$$\ln Y_{2,f} = \alpha^l + \rho^l S_{2,f} + \lambda A_f + e^l_{2,f}$$

用唐纳德的方程减去罗纳德的方程，可得

$$\ln Y_{1,f} - \ln Y_{2,f} = \rho^l (S_{1,f} - S_{2,f}) + e^l_{1,f} - e^l_{2,f} \qquad (6.5)$$

在这个方程中，能力变量消失了。[①]从中我们了解到，当双胞胎之间能力相同时，用教育水平之差对双胞胎收入差距进行短回归，就能得到长回归系数 ρ^l。

表 6.2　特温斯堡双胞胎的教育回报

	因　变　量			
	对数工资 (1)	对数工资的差异 (2)	对数工资 (3)	对数工资的差异 (4)
受教育年限	0.110 (0.010)		0.116 (0.011)	
受教育年限的差异		0.062 (0.020)		0.108 (0.034)
年龄	0.104 (0.012)		0.104 (0.012)	
年龄的平方/100	−0.106 (0.015)		−0.106 (0.015)	
女性虚拟变量	−0.318 (0.040)		−0.316 (0.040)	
白人虚拟变量	−0.100 (0.068)		−0.098 (0.068)	
用对方报告的教育 水平做工具变量	否	否	是	是
样本容量	680	340	680	340

注：本表报告了特温斯堡双胞胎的教育回报估计结果。列(1)给出的是用水平值模型得到的最小二乘估计结果。用双胞胎之间的差分值模型得到的最小二乘估计值出现在列(2)。列(3)给出了使用双胞胎中另一方报告的教育水平做工具变量后，水平值回归得到的两阶段最小二乘回归估计值。列(4)给出了使用双胞胎中另一方报告的差分做双胞胎间受教育年限差分的工具变量后，得到的两阶段最小二乘回归估计值。括号中报告的是标准误。

　　没有在双胞胎样本中使用差分法的回归方程估计出教育回报是 11% 左右，与

[①]　也可以在非差分模型中为每个家庭设置一个虚拟变量，然后用同时包含双胞胎两人的数据进行回归，由此也能得到差分模型的估计值。家庭虚拟变量类似于第 2 章中方程(2.2)里的表示选拔性水平组的虚拟变量，也类似于第 5.2 节方程(5.5)中表示州的虚拟变量。由于每个家庭仅有两个观测值，在对家庭内部双胞胎进行差分后就能为每个家庭给出一个观测值，这种差分模型给出的教育回报估计值，与同时包含双胞胎两人的数据，并为每个家庭设置一个虚拟变量的模型得到的估计值完全一致。

明瑟得到的结果十分接近。这个结果可在表 6.2 列（1）看到。给出列（1）估计值的模型包含了年龄、年龄的平方、女性虚拟变量和白人虚拟变量。白人双胞胎赚得的收入要少于黑人双胞胎，在按照种族比较收入时，这个结论是不常见的，不过这种差距并不显著异于零。

差分方程（6.5）给出的教育回报是 6%，这个结果出现在表 6.2 的列（2）。这个估计值远低于列（1）中短回归得到的估计值。这种下降可能反映出短回归模型中存在的能力偏误。然而，我们将再次看到，更多微妙力量也在发挥作用。

特温斯堡的双胞胎报告

从许多方面看双胞胎都是相似的，其中包括他们的教育水平。在特温斯堡教育研究中接受采访的 340 对双胞胎里，约有一半报告他们取得了相同的教育水平。教育水平差异 $S_{1,f} - S_{2,f}$ 的变化远小于教育水平 S_{if}。如果大多数双胞胎真的拥有相同的教育水平，那么在报告的教育水平中存在的许多不为零的差异，可能反映出至少其中一人错误地报告了教育水平。错误报告被称为测量误差（measurementerror），倾向于降低方程（6.5）中的估计值 ρ^l。也许这个事实能够解释差分后教育回报估计值出现的下降。一些人错误报告其教育水平的问题听上去不严重，但是这种测量误差产生的后果可能相当严重。

若要看看为什么测量误差很重要，想象来自同一家庭的双胞胎总是有着相同的教育水平。在这种情况下，不是所有人的 $S_{1,f} - S_{2,f}$ 都等于零的唯一原因是教育水平有时被错误报告。假设这种错误报告源自随机出现的健忘或注意力不集中，而不是源自某种系统性因素。在用教育水平差距对收入差距进行回归的模型中，如果教育水平的差距完全来自随机发生的错误，那么回归系数应该是零，因为这种随机发生的错误与工资无关。作为一种中间情形，如果观察到的教育水平的变化中有一些（但不是全部）来自于错误报告，方程（6.5）得到的系数会小于正确报告教育水平时得到的估计值。这种由回归元的测量误差产生的偏误被称为趋零偏误（attenuation bias）。趋零偏误的数学公式推导可见本章附录。

错误报告的教育水平会导致表 6.2 中列（1）给出的回归估计值偏向零，但其偏误程度小于列（2）中针对教育水平差分得到的估计值。在所有双胞胎的教育水平都相同，但是不同家庭的教育水平不同这个假设下，我们可以来说明这两种趋零偏误程度的差异。当同一家庭的双胞胎确实获得相同教育水平时，家庭内部出现的任何教育水平差异都源自错误报告。相比之下，报告的教育水平在不同家庭之间的差异，大部分都反映出教育水平差异的真实情况。教育水平的真实变化与收入相联系，这个事实使得方程（6.4）中估计值出现的趋零偏误不那么严重。这反映出在回归元包含测量误差的模型中加入协变量所导致后果的一般性结论——增加控制变量，只会使趋零偏误变得更糟——在本章附录中我们会详细说明。

测量误差成为特温斯堡分析面临的一个重要挑战，因为单独用测量误差便可解释表 6.2 中列（1）和列（2）的结果。从水平值回归到差分值回归，趋零偏误进一步加重，可能加重程度还不止一点点。因此，在这两列中，教育水平系数出现的降低可能与能力偏误没什么关系。幸运的是，经验丰富的计量大师阿申费尔特、克鲁格和劳斯预见到了趋零偏误问题。他们要求每对双胞胎不仅报告自己的教育水平，还要报告对方的教育水平。因此，在特温斯堡数据集中，每个双胞胎都有两个教育水平度量值，一个是自己报告的，一个是双胞胎中另一位报告的。这种双胞胎相互报告教育水平的做法，为降低甚至是消除趋零偏误提供了可能。

与我们已经遇到的许多其他问题类似，在这种情况下，关键的工具是工具变量。与报告自己的教育水平时类似，卡伦和莎伦在报告对方的教育水平时也可能会出错。只要卡伦报告其妹妹的教育水平时犯的错误，与她妹妹报告自己的教育水平时所犯的错误不相关，或者反过来，那么卡伦给出的莎伦的教育水平，便可用作莎伦的教育水平的工具变量，反过来也成立。工具变量可以在水平回归中消除趋零偏误，也能在差分回归模型中消除估计值的趋零偏误（虽然相比于差分回归，水平回归更可能受到能力偏误的影响）。

如前所述，工具变量估计值是简约式估计值与第一阶段估计值之比。当针对水平方程使用工具变量时，简约式估计值就是卡伦给出的莎伦的教育水平对莎伦收入产生的影响。相应的第一阶段估计值就是卡伦给出的莎伦的教育水平对莎伦自己报告的教育水平产生的影响。简约式估计值和第一阶段估计值仍然受到趋零偏误影响。但是，当我们将二者相除后，这种影响便消失了，我们得到一个不存在趋零偏误的工具变量估计值。

在一阶差分模型中，工具变量也发挥着类似作用。家庭内部教育水平差异的工具变量，就是双胞胎各自报告的对方教育水平的差异。假设在自己报告和对方报告的教育水平中出现的测量误差互不相关，工具变量就能为长回归中的教育回报 ρ^l 给出一个不存在遗漏变量偏误和趋零偏误的估计值，这是我们希望得到的结果。报告错误在双胞胎之间不相关，这是个很强的假设，但在针对测量误差产生的偏误进行的任何讨论中，这都是一个合适的起点。

水平回归中使用工具变量得到的估计值展示在表 6.2 中的列（3）（与往常一样，我们通过两阶段最小二乘回归执行这个工具变量估计程序，当工具变量不是虚拟变量时，这种方法的效果很好）。将对方报告的教育水平作为自己报告的教育水平的工具变量，只能将教育回报的估计值提高一点点，从 0.110 提高到0.116。这个结果与教育水平中几乎不存在测量误差的看法一致。相比之下，对差分回归使用工具变量后，估计出的教育回报从 0.062 提高到 0.108。这一结果报告在表 6.2 列（4）中，这个结果指出，差分数据中存在很大的测量误差。同时，使用工具变量得到的差分回归估计值 0.108，没比横截面估计值 0.116 小多少，说明我们一开始致力于解决的问题——教育回报估计中的能力偏误——不是个大问题。

6.3 计量经济学家因其使用的工具变量而知名

法律的力量

经济学家认为人们会通过比较预期成本和预期收益做出选择,例如,做出接受何种程度教育的决策。留在中学接受教育的成本中,一部分是由义务教育法律决定的,过早离开学校的人会受到惩罚。由于你决定留在学校以避免惩罚,那么相较于辍学这个可选方案,义务教育法律使得接受额外教育变得更加便宜。这将生成一个从义务教育法律到教育水平选择再到收入水平的因果反应链条,可以揭示教育水平的经济回报。这种想法背后的计量方法是第3章和第5章讨论的方法:工具变量和双重差分。

工具变量一如既往始于第一阶段。在一百多年前,美国几乎还不存在什么强制要求接受教育的法律,不过在今天,美国的大多数州都要求至少在16岁以前学生都应该在学校接受教育。许多州还禁止学龄儿童参加工作,或者要求由校方提供孩子们参加工作的许可。假设如果不存在此类法律,一些孩子便会辍学,那么强制性入学要求越严格,就越能提高平均受教育水平。假设各州的强制性入学法规发生的变化,与该州居民潜在收入水平无关(潜在收入水平由家庭背景、州产业结构或是其他一些政策变化等因素决定),这些法律就为类似方程(6.1)那种模型中的教育水平提供了一个有效的工具变量。

但是,强制性入学法规很可能与潜在收入有关。例如,在20世纪初,位于南方的各农业州几乎不存在强制性入学法规,但是在更加工业化的北方各州,义务教育法律更为严格。简单比较美国各地区的收入,往往就能揭示出收入方面存在的巨大差异,但是这些差异大都与北方各州更加严格的教育要求无关。随着时间推移,针对义务教育提出的要求变得越来越严格,但在这里,简单比较仍然会产生误导。在20世纪,美国经济的许多特征都发生了改变;义务教育法律只是不断演化的经济故事中的一小部分。

在这个背景下,将双重差分和工具变量创造性地结合在一起,为解决遗漏变量偏误问题提供了一种可能的方法。义务教育法规的大范围推行并且变得严格主要发生在20世纪上半叶。计量大师乔舒亚和达伦·阿西莫格鲁(Daron Acemoglu)收集了各州各年的信息,这些法案适用于当时正在就读的人群。[1]这些义务教育法案包括童工规定以及强制入学要求。童工法要求在工作之前儿童必须完成一定量的教育,看上去这个规定对教育水平的提高作用要大于强制入学要求。在这

---

[1] 可见 Daron Acemoglu and Joshua D. Angrist, "How Large Are Human-Capital Externalities? Evidence from Compulsory-Schooling Laws," in Ben S. Bernankeand Kenneth Rogoff (editors), *NBER Macroeconomics Annual 2000*, vol.15, MIT Press, 2001:9—59。

方面，一个有用的简化就是基于州人口普查的出生信息，使用在这些州出生的受访者在 14 岁时仍然生效的法律来识别必须完成 7、8、9 年或更长时间教育后才能参加工作的州和年份。由此得到的工具变量集合包括这三种类型的虚拟变量；省略的虚拟变量表示只要完成 6 年或低于 6 年教育就可以工作的那些州和年份。

因为童工的工具变量会依照州和出生年份的变化而变化，所以，使用它们估计第一阶段方程时，这个第一阶段方程需要加入出生年份虚拟变量来控制可能的时间效应，同时还要加入表征出生地所在州的虚拟变量，以便控制州的特征。对州效应的控制应该可以减轻因地区差异导致的偏误，这些地区差异与义务教育法有关，对出生年份效应的控制应该可以减轻不同出生队列存在收入差异这个事实，而这种差异可能源于很多与义务教育法无关的原因。由此得到的第一阶段方程，类似于第 5 章中的双重差分回归模型（可见方程(5.5)），这个模型被用来估计同时随着州和年份变化的最低法定饮酒年龄对死亡率产生的影响。不过，这里用出生年份虚拟变量替代了日历时间的虚拟变量。

阿西莫格鲁和安格里斯特使用年龄在四十多岁的男性估计义务教育的第一阶段方程，这些数据来自美国每十年一次的人口普查样本，时间跨度是 1950 年到 1990 年。将这五次人口普查数据放在一起，可以得到一个大型数据库，其中不同的人口普查带来不同的出生队列。例如，在 1950 年人口普查中观测到的年龄在四十多岁的男性，他们都在 1900 年至 1909 年之间出生，受到在 20 世纪 10 年代至 20 年代生效的法律的影响，在 1960 年人口普查中观测到的年龄在四十多岁的男性，都出生于 1910 年至 1919 年，受到在 20 世纪 20 年代到 30 年代生效的法律的影响。

表 6.3 列(1)报告的第一阶段估计值指出，要求儿童在工作之前必须接受 7 年或 8 年教育的童工法将教育水平（按照完成学业的最高年级度量）提高了 0.2 年。要求在工作之前必须接受 9 年或更长时间教育的法律则会产生两倍效果。相应的简约式估计值出现在该表列(3)。这些估计值来自与得出列(1)的第一阶段估计值相似的回归模型，只是将因变量从受教育年限换成了周工资的对数值。要求在工作之前必须接受 7 年或 8 年教育的法律，似乎将工资水平提高了 1%，要求在工作之前必须接受 9 年或更长时间教育的法律，将工资水平提高了 5%，不过，只有后一个估计值是显著的。上述估计值得到的两阶段最小二乘估计结果是 0.124（相应估计出的标准误是 0.036）。

每多接受一年学校教育，可使工资水平提高 12%，这个结果令人印象深刻，尤其当考虑到在我们的问题中，教育水平的提高是强制性的。更加严格的义务教育法倾向于提高教育水平，这反过来又使受该法律制约的人（在这个例子中就是遵守义务教育法律的人）的工资水平得到提高。特别有趣的是，用义务教育作为工具变量，通过两阶段最小二乘法得到的教育回报估计值，要大于相应最小二乘法得到的估计值 0.075。这个发现不支持最小二乘估计中存在向上的能力偏误。

表 6.3　使用童工法做工具变量得到的教育回报估计结果

	被解释变量			
	受教育年限		周工资的对数	
	(1)	(2)	(3)	(4)
	A. 第一阶段和简约式估计值			
童工法要求至少接受 7 年教育	0.166 (0.067)	−0.024 (0.048)	0.010 (0.011)	−0.013 (0.011)
童工法要求至少接受 8 年教育	0.191 (0.062)	0.024 (0.051)	0.013 (0.010)	0.005 (0.010)
童工法要求接受 9 年 或更长时间教育	0.400 (0.098)	0.016 (0.053)	0.046 (0.017)	0.008 (0.014)
	B. 第二阶段估计值			
受教育年限			0.124 (0.036)	0.399 (0.360)
出生所在州的虚拟变量 ×出生年份的线性趋势	否	是	否	是

注:本表给出了三个虚拟变量做工具变量后得到的教育回报的两阶段最小二乘估计值,这三个虚拟变量表示童工法所要求的儿童就业之前必须接受的教育年限。表中 A 部分是控制了出生年份效应、出生州效应和人口普查年份效应后得到的第一阶段估计值和简约式估计值。列(2)和列(4)给出了将州特定线性趋势项作为控制变量的估计结果。表中 B 部分运用 A 部分第一阶段估计值和简约式估计值,给出了两阶段最小二乘法下的教育回报估计值。样本容量是722 343。括号中报告的是标准误。

在宣布完成研究使命之前,计量大师还要考察威胁估计结果有效性的那些因素。由义务教育法产生的教育水平变化,为我们带来一个具有双重差分特征的第一阶段回归和简约式回归。我们在第 5 章中讨论过,在这种情况下,威胁估计结果有效性的主要因素是遗漏州特定趋势。具体来说,我们必须担心的事情是在义务教育法变得更加严格的那些州,它们可能同时也经历了不同出生队列工资的异常大幅增长,其原因可能与教育水平无关。也许,工资增长和教育法的变化,都是由第三个变量引起的,例如产业结构的变动。

一旦我们认识到在义务教育研究设计中进行的绝大部分工作都是在比较北部各州和南部各州的情况,那么遗漏变量偏误导致的问题会变得更加严重。在 20 世纪,南方各州出现了强劲的经济增长,同一时期,这些州的社会立法数量也出现激增。南方各州收入的相对增长,有可能部分源自更严格的义务教育法律,也有可能不是。

第 5 章解释到,检查州特定趋势的一种简单方式是为模型中的每个州加入一个线性时间趋势。在本例中对应的时间维度就是出生年份,所以,具有州特定趋势的模型为样本中每个州都设置了一个单独的线性出生年份变量(具有出生年份趋势的回归模型类似于方程(5.6))。

表 6.3 中列(2)和列(4)报告了模型中加入出生年份趋势后的估计结果。这些列中的估计值几乎没有提供可以说明义务教育法律对教育水平或工资水平产生影响的证据。在模型中加入这种趋势后，第一阶段估计值和简约式估计值都出现急剧下降，且均不显著异于零。重要的是，列(2)中给出的第一阶段估计值，要比不存在州特定趋势时的估计值更加精确(也就是说，标准误更低)。因此，缺乏统计显著性的原因在于加入趋势项后得到的估计值过小，而不是因为估计精度的降低。列(4)中简约式估计值也几乎未能提供证据表明义务教育法律与收入之间存在联系。由列(2)和列(4)中得到的两阶段最小二乘回归估计值是 0.399，大到令人难以置信，但是这个估计值的标准误也同样很大。对计量大师乔舒亚来说，表 6.3 很遗憾地表明这是个失败的实验设计。

万物皆有(出生)季

> 乌龟大师：昨天已成历史，明天是个谜团，只有今天才是天赐的礼物。所以，这就是把今天称为礼物 * 的原因。

《功夫熊猫》

你在生日那天会收到礼物，但是某些出生日期会比其他好。如果生日与圣诞节靠得很近，而送生日礼物的人想用一份礼物送去两份祝福，那你发横财的机会就少了。在另一方面，许多在下半年出生的美国人都能收到一份令人惊喜的礼物，这份礼物就是更高学历和更高收入。

从幼儿园开始，让下半年出生的人获得更高学历和更高收入的机制就开始发挥作用了。在美国的大多数州中，儿童可以在满五岁那年的九月初进入幼儿园，无论幼儿园开学那天是否已经度过五岁生日。比如，在 1 月 1 日出生的杰，他上幼儿园时已经快要过六周岁生日了。相比之下，在 12 月 1 日出生的丹蒂，他上幼儿园时还未满五周岁。这种因生日差异产生的入学年龄差异，对某些人产生了改变一生的效果。

入学年龄差异会改变一生，这个特点是美国的强制性入学法规产生的一个意想不到的后果。到 20 世纪中叶，美国的大多数州都要求学生在年满 16 岁(一些州要求到 17 岁或 18 岁)后才能离开学校(也就是从高中辍学)。一旦达到可以辍学的年龄，即便尚未完成整个学年的学习，大多数强制性入学法规都允许学生离开学校。杰在 5 岁 8 个月时作为大龄学生入学，在 10 年后的 1 月份满 16 岁，在这个时点上他还处于 10 年级的前半段。丹蒂在 4 岁 9 个月时开始上学，在 11 年后的 12 月份满 16 周岁，当时他已经完成 10 年级的学习任务，开始 11 年级的学习。他们两人都急着尽快获得许可离开学校，在满 16 周岁时选择立刻辍学。但是，相比于杰，由于丹蒂上学较早，他因为自己生日的原因被迫多读了

---

* 在英文中，present 既有当下的意思，也有礼物的意思，这里是一句双关语。——译者注

一个年级。

你无法选择自己的生日,甚至你的父母可能也很难确定你的生日。最终,出生时间带有很大随机性,从而模拟出一个实验性的随机分配。由于出生日期存在的部分随机性,像杰和丹蒂这些出生在一年不同时点的人,他们在家庭背景和才智方面的特征可能比较类似,但是可能接受不同程度的教育。这听起来像是一个很有希望的工具变量,事实也确实如此。

计量大师乔舒亚和艾伦·克鲁格使用因出生季度(QOB)不同造成的教育水平差异,构造出一个可用于估计义务教育的经济回报的工具变量。[1]安格里斯特和克鲁格分析了来自 1970 年和 1980 年美国人口普查中公开的大规模样本,这些样本与阿西莫格鲁和安格里斯特使用的样本类似。与一般公开数据集不同的是,这些人口普查数据包含了受访人的出生季度信息。

针对 1980 年人口普查数据给出的第一阶段出生季度数据可见图 6.1。这幅图按照年份和出生季度,绘出了 20 世纪 30 年代出生的男性的平均受教育水平。这个年龄段的大多数男性都完成了高中教育,因此他们平均的最高受教育水平在 12 年到 13 年之间。图 6.1 展示出一种令人惊讶的锯齿模式:出生于上半年的男性,其教育水平平均而言要低于出生于下半年的男性。这个锯齿的振幅大约是 0.15。这个振幅看起来不多,但是它与杰和丹蒂的故事一致。在 30 年代出生的这批男性中,大约有 20% 的人在 10 年级或更早阶段就离开了学校。对于这 20% 的人而言,下半年出生会额外提高约 0.75 年的教育水平。于是,$0.2 \times 0.75 = 0.15$,这就解释了图 6.1 中出现的锯齿形振幅。

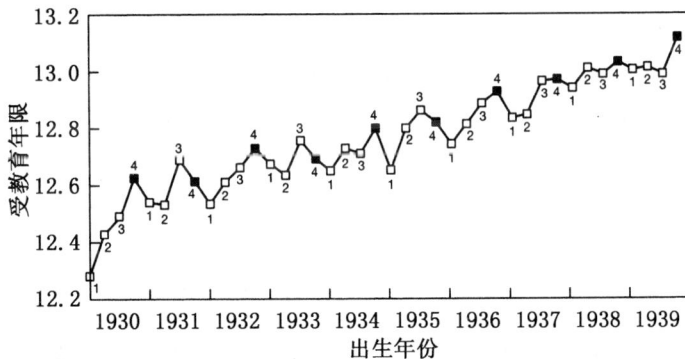

注:针对 1980 年美国人口普查中出生于 1930—1939 年的男性,本图按照出生季度绘出了他们的平均教育水平。这里用 1—4 表示四个季度,表示第四季度的方块是实心的。

图 6.1　出生季度工具变量的第一阶段

工具变量估计量仍是简约式与对应的第一阶段之比。图 6.2 绘出了针对出生

① 可见 Joshua D. Angrist and Alan B. Krueger, "Does Compulsory School Attendance Affect Schooling and Earnings?" *Quarterly Journal of Economics*, vol.106, no.4, November 1991:979—1014。

季度的简约式估计。在这幅图中，不同年份之间收入出现的平坦性并不令人惊讶。随着年龄上升，收入在一开始会急剧增加，但是随着男性年龄达到40岁左右，年龄—收入关系倾向于变得比较平坦。然而，重要的是出生季度致使教育水平出现锯齿形，与按照出生季度计算的平均收入走势类似。在下半年出生的男性，不但比上半年出生的男性多接受了一些教育，他们还有更高的收入水平。工具变量的逻辑在于，出生季度通过引起平均教育水平出现锯齿形进而引起平均收入出现锯齿形。

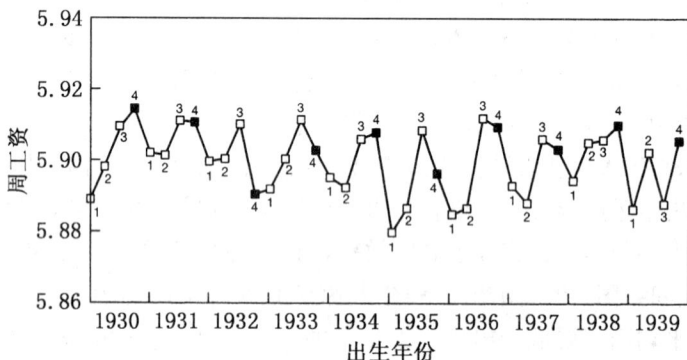

注：此图根据1980年美国人口普查，针对出生于1930—1939年的男性，按照出生季度绘出了周工资的对数平均值。这里用1—4表示四个季度，表示第四季度的方块是实心的。

图6.2　出生季度工具变量的简约式

使用基于出生季度的简单工具变量估计，比较了第四季度出生的男性和更早季度出生的男性在教育水平和收入水平上的差异。使用我们在构造图6.1时的那个样本，表6.4给出了这个工具变量估计的各个要素。在第四季度出生的男性，要比更早出生的男性赚得更多一些，这个差异是0.7%。第四季度出生的人也拥有较高的平均教育程度这个差异大约是0.09年。将第一个差异除以第二个差异，我们得到

$$教育水平对收入的影响 = \frac{\{出生季度对收入的影响\}}{\{出生季度对教育水平的影响\}} = \frac{0.006\,8}{0.009\,2} = 0.074$$

表6.4　使用单一出生季度工具变量得到的教育回报估计值

	出生于第一至第三季度	出生于第四季度	差　值
周工资对数值	5.898 3	5.905 1	0.006 8
			(0.002 7)
受教育年限	12.747 3	12.839 4	0.092 1
			(0.013 2)
教育回报的工具变量估计值			0.074
			(0.028)

注：样本容量为329 509。括号中报告的是标准误。

相比较而言,用教育水平对周工资对数进行二元回归后得到的估计值与此十分接近,是 0.071。简单的最小二乘估计值和工具变量估计值展示在表 6.5 的前两列。包含工具变量估计值的那一列标记为"两阶段最小二乘",这正是我们进行工具变量估计的方式。

表 **6.5** 使用其他出生季度做工具变量后得到的教育回报

	最小二乘估计 (1)	两阶段最小二乘估计 (2)	最小二乘估计 (3)	两阶段最小二乘估计 (4)	两阶段最小二乘估计 (5)
受教育年限	0.071 (0.000 4)	0.074 (0.028)	0.071 (0.000 4)	0.075 (0.028)	0.105 (0.020)
第一阶段的 F 值		48		47	33
工具变量	无	四季度	无	四季度	三个表示季度的虚拟变量
出生年份控制变量	否	否	是	是	是

注:本表报告了教育回报的最小二乘估计值和使用出生季度做工具变量后的两阶段最小二乘估计值。列(3)至列(5)中的估计值来自控制了出生年份的模型。列(1)和列(3)给出的是最小二乘估计值。列(2)、列(4)和列(5)给出的是使用表中第三行所示工具变量得到的两阶段最小二乘估计值。在对应的第一阶段回归中,针对工具变量的联合显著性给出的 F 值报告在第二行。样本容量是 329 509。括号中报告的是标准误。

类似第 3 章中运用工具变量估计家庭规模产生的影响,通过使用两阶段最小二乘法,我们可以在使用出生季度做工具变量的估计中加入协变量和额外的工具变量。最小二乘估计和两阶段最小二乘估计的模型中包含出生年份虚拟变量(用来在 1980 年人口普查样本中控制年龄因素)时的相关估计值展示在表 6.5 的列(3)和列(4)。这些结果与列(1)和列(2)给出的结果几乎没有区别。然而,加入第一季度和第二季度出生的虚拟变量后,估计值的精确性得到相当大幅的提升。列(5)报告了具有三个工具变量的估计值,这个估计值大于列(2)和列(4)报告的单一工具变量估计值,标准误也从 0.028 下降到 0.020。

使用出生季度作为工具变量研究教育对收入产生的因果效应时,两阶段最小二乘估计需要满足什么条件?首先,工具变量必须能够预测我们感兴趣的回归元(在这个例子中就是教育水平)。其次,工具变量应该和随机分配的一样好,也就是它独立于遗漏变量(在这个例子中就是家庭背景和个人能力等因素)。最后,出生季度应该只能通过我们选定的、受工具变量影响的那个变量(在这个例子中是教育水平)去影响最终结果,其他影响渠道必须被排除。因此有必要分析,出生季度工具变量如何满足在第一阶段产生影响、独立于遗漏变量以及排他性约束这三个条件。

我们已经看到,出生季度使最高学历产生一个清晰的锯齿模式。这是该工具变量在第一阶段产生强大影响的一个令人信服的可视化展示，在表 6.5 中，较大的 F-统计量也能证实这个效应。正如我们在第 3 章附录中讨论的，较大的第一阶段 F-统计量表明，在本例中弱工具变量产生的偏误可能不是一个问题。

出生季度工具变量是否独立于母亲的特征？当然，生日不是真正随机分配的。研究人员对具有不同社会经济背景的母亲的生育季节模式早有发现。最近，由凯西·巴克尔斯（Kasey Buckles）和丹尼尔·亨格曼（Daniel Hungerman）完成的研究进一步探索了这些模式。[1]巴克尔斯和亨格曼发现，第二季度分娩的母亲，其教育水平——度量家庭背景的一个好指标——最高。这表明家庭背景无法解释图 6.1 和图 6.2 中看到的教育水平和工资水平出现的季度性变化，因为在两幅图中教育水平和工资水平都是在三和第四季度达到最高。事实上，按照出生季度划分的母亲平均受教育水平，与按照出生季度划分的后代受教育水平呈略微负相关关系。因此，不出意料，对母亲平均特征的控制会使出生季度工具变量估计出的教育回报出现小幅上升。家庭背景尽管会随着出生季度而变化，但是这种变化模式并不会让出生季度工具变量估计出的两阶段最小二乘值发生显著改变。

最后，如何说明排他性约束条件？出生季度在第一阶段产生的影响源于这样一个事实，即相比于前半年出生的学生，后半年出生的学生入学年龄较低，因此，他们在达到法定辍学年龄时教育水平也更高。但是，如果入学年龄本身就起作用的话，会产生什么后果？人们针对入学年龄提出的最常见看法是，小孩太早上一年级不好，比同班同学年龄大点的孩子会表现得更好些。同样地，关于出生季度工具变量的相关证据对我们是有利的。数据显示，在出生季度—义务教育法律这个故事中，反而是年龄更小的入学者最终脱颖而出。[2]

经验研究策略永远不会是完美的。虽然总会存在漏洞，但是计量经济学的大厦难以撼动。我们无法证明某个特定的工具变量策略满足给出因果解释所必需的各个假设。计量经济学持有的立场是保持必要的防御性。然而，正如我们所见，我们可以通过各种方式对关键假设做一系列探究和检查，而且我们必须这么做。计量大师们会一如既往地检查自己的工作和假设，并仔细评估别人报告

---

[1] 可见 Kasey Buckles and Daniel M. Hungerman, "Season of Birth and Later Outcomes: Old Questions, New Answers," NBER Working Paper 14573, National Bureau of Economic Research, December 2008。也可见 John Bound, David A. Jaeger, and Regina M. Baker，他是第一个注意到使用出生季度工具变量得到的估计值可能无法给出因果解释，可见 "Problems with Instrumental Variables Estimation When the Correlation between the Instruments and the Endogeneous Explanatory Variable Is Weak," *Journal of the American Statistical Association*, vol. 90, no. 430, June 1995: 443—450。

[2] 欲知更多这方面的内容，可见 Joshua D. Angrist and Alan B. Krueger, "The Effect of Age at School Entry on Educational Attainment: An Application of Instrumental Variables with Moments from Two Samples," *Journal of the American Statistical Association*, vol. 87, no. 418, June 1992: 328—336。

的结果。

从数值的角度看,使用出生季度做工具变量得到的估计值,接近或大于使用最小二乘回归得到的相应教育回报估计值。在教育水平变量中存在的微小测量误差,有可能解释两阶段最小二乘估计值和最小二乘估计值之间存在的差异,这和使用双胞胎数据进行回归时出现的问题类似。这些结果意味着,被错误测量的教育水平会产生一个向下的偏误,这个偏误产生的影响大于等于能力偏误产生的对教育的经济回报的高估。多接受一年教育,能够将收入提高大约7%到10%。如果伯蒂·格拉德温能更早地完成学校教育,或许他会赚得更多。

6.4 得克萨斯州的羊皮证书

教育水平意味着很多东西,而且每个人的教育经历都不同。但是,经济学家把各类不同的教育经历都看作对人力资本的创造:一种为提高技能做出的昂贵投资,我们希望从这个投资中获得回报。出于个人原因,像伯蒂·格拉德温这样的学生会很享受教育过程,对其中的经济回报并不那么感兴趣。但是更多人认为学校教育充满压力、辛劳且昂贵。除了学费之外,在学校花去的时间本可用于工作。很多大学生在学费上的支出相对较小,但是所有的全日制学生都付出了一个机会成本。获取教育的成本大部分源于放弃的收入,因此我们预期每额外接受一年教育,无论多接受的一年教育是 10 年级、11 年级或是 12 年级学业,它们都能产生大致相同的经济回报。将教育简单视为人力资本的看法,就体现出这种思想。

当然,没有经过经济学训练的人大概不会从这个角度去理解教育。很多人用他们的学位而不是受教育年限度量教育水平。不会有求职者用完成了"17 年学校教育"这种方式描述自己。相反,这些申请人会列出他们毕业的学校以及获得学位的日期。然而,对经济学家来说,学位是只是一张很少或没有真正价值的纸。计量大师 Stevefu 就是这样的一个典型例子:虽然他在大学读了很多年书,但他并没有从本科就读的宾夕法尼亚州中部的萨斯奎哈纳大学(Susquehanna University)获得学士学位。能够反映这种对证书价值消极观点的是,经济学家把学位会产生影响的假设称为"羊皮效应"(sheepskin effect),因为文凭最初就是记录在羊皮上。

对羊皮效应的探索让计量大师达蒙·克拉克(Damon Clark)和帕科·马托雷尔(Paco Martorell)想到了一个巧妙的模糊回归断点研究设计。[1]

他们利用的事实是,与其他许多州类似,在得克萨斯州,除了该州要求的课程作业之外,获得高中毕业文凭的前提条件是完成一个毕业考试。学生们会在 10 年级或 11 年级第一次参加这个考试,对于考试不合格的人,他们还可以再去参加阶

---

[1]　可见 Damon Clark and Paco Martorell, "The Signaling Value of a High School Diploma," *Journal of Political Economy*, vol.122, no.2, April 2014:282—318。

段性的定期重考。对于那些考试始终不及格的人,最后一次毕业考试机会出现在12年级结束之时。事实上,这并不是得克萨斯州高中生获取毕业文凭的最后一次机会;在此之后,他们可能还可以再试一次。不过,对许多参加最后一次毕业考试的人而言,这次考试确实是决定性的。

对于得克萨斯州的许多中学高年级学生而言,图 6.3 绘出了最后一次考试成绩具有决定性影响这个特点,这幅图以通过分数线为中心绘出获得高中文凭的概率与最后一次考试分数间关系。图中给出了每个考试分数对应的平均毕业水平,并在截断点左右两侧分别用四次多项式方程进行拟合,结果指出,未能通过考试的学生获取高中文凭的概率接近 0.5。然而,对于那些通过考试的学生,获得高中文凭的概率提高到 90% 以上。这个变化是不连续的,也是明确的。图 6.3 为考试通过与否对获取高中文凭的效应给出了接近 0.5 的第一阶段模糊回归断点估计值。

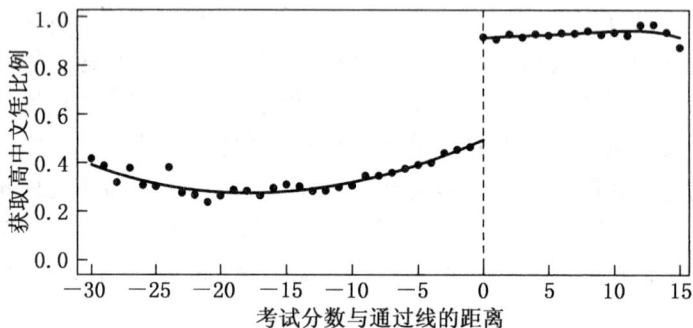

注:根据通过考试的分数线,对最后一次考试的成绩进行了标准化。圆点显示每个考试分数对应的平均毕业水平。实线是用四次多项式方程回归得到的拟合值,在临界点左右两侧分别对方程进行了估计(垂直虚线表示临界点)。

图 6.3　最后一次考试分数与得克萨斯州的羊皮证书

很多获得高中文凭的人都会上大学,除非这些人大学也毕业,否则他们的收入还是会保持在较低水平。因此,收入的羊皮效应必须经过较长时间才会显现。使用来自得克萨斯州失业保险制度的数据(包含了该州大多数工人的长期收入信息),克拉克和马托雷尔考察了参加最后一次考试的那些学生在后来 11 年中的收入情况。

在学生参加完最后一次考试后的 7 至 11 年时间里,收入数据并未显示出存在任何羊皮效应的证据。这可以从图 6.4 中看到,这幅图绘出了平均年收入与考试分数之间关系,绘制方式与图 6.3 类似(在这里,收入水平按美元计算,没有取对数,平均值中无业人员的收入记为零)。图 6.4 是模糊回归断点设计中简约式回归的情况,这个回归使用虚拟变量表示通过最后一次考试,以此作为研究文凭对收入影响的工具变量。与往常一样,当简约式估计值为零时——在这种情况下,图 6.4 中不会出现跳跃——我们知道由此得到的两阶段最小二乘回归估计值也是零。

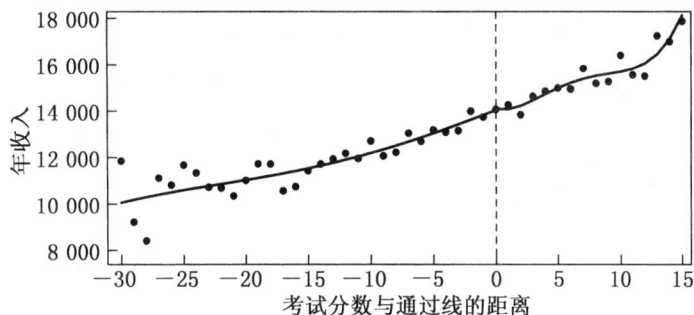

注：根据通过考试的分数线，对最后一次考试的分数进行了标准化。圆点显示每个考试分数对应的平均收入，其中包含了无业人员的零收入。实线是用四次多项式方程回归得到的拟合值，在临界点左右两侧分别对方程进行了估计（垂直虚线表示临界点）。

图 6.4　最后一次考试中获得的成绩对收入产生的影响

通过用第一阶段回归估计值除以简约式回归断点估计值，就可以得到两阶段最小二乘回归估计值，图 6.3 和图 6.4 显示的估计值表明，一张文凭的价值是 52 美元（标准误是 630 美元）。这大约相当于不到 0.5% 的平均收入，平均收入大约为 13 000 美元。估计出的效应很小，不支持羊皮效应。另一方面，相应的置信区间中也包含了接近 10% 的收入效应。

较大的标准误为我们保留了存在羊皮效应的某种可能性，因此，在这方面的探索一定会继续下去。计量大师们知道，对计量真相的追求永远不会结束，也知道现

在好的东西在未来会更好。我们的学生教给了我们这一点。

Stevefu 大师：小蚱蜢，到该离开的时候了。你必须独自完成你的旅程。记住，当你沿着计量经济学之路走下去时，一切皆有可能。

Joshway 大师：小蚱蜢，一切皆有可能，尽管如此，记得永远要用证据说话。

附录：测量误差偏误

你做梦都希望回归是这样的

$$Y_i = \alpha + \beta S_i^* + e_i \tag{6.6}$$

但是，你希望在回归中出现的回归元 S_i^* 存在数据不可得的问题。你只能观测到一个存在测量误差的版本 S_i。记观测到的回归元和希望得到的回归元之间存在如下关系

$$S_i = S_i^* + m_i \tag{6.7}$$

这里，m_i 是 S_i 的测量误差。简单起见，假设这个误差的平均值为零，且与 S_i^* 和残差 e_i 无关。那么，我们就有

$$E[m_i] = 0$$
$$C(S_i^*, m_i) = C(e_i, m_i) = 0$$

这个假设描述了经典测量误差（classical measurement error）（更复杂的测量误差形式会更加动摇回归系数的估计）。

在方程（6.6）中，你希望得到的回归系数 β 是

$$\beta = \frac{C(Y_i, S_i^*)}{V(S_i^*)}$$

使用存在测量误差的 S_i 而不是 S_i^*，你得到的是

$$\beta_b = \frac{C(Y_i, S_i)}{V(S_i)} \tag{6.8}$$

在这里，β_b 有个下标 b，目的在于提醒我们这个系数是有偏的。

为了看看为什么 β_b 是你想要的系数的一个有偏估计，使用方程（6.6）和（6.7）替换方程（6.8）的分子中的 Y_i 和 S_i：

$$\beta_b = \frac{C(Y_i, S_i)}{V(S_i)} = \frac{C(\alpha + \beta S_i^* + e_i, S_i^* + m_i)}{V(S_i)}$$
$$= \frac{C(\alpha + \beta S_i^* + e_i, S_i^*)}{V(S_i)} = \beta \frac{V(S_i^*)}{V(S_i)}$$

倒数第二个等号使用了对测量误差 m_i 给出的假设，即它与 S_i^* 和 e_i 都无关，最后一个等式使用的事实是，因为 e_i 是 S_i^* 对 Y_i 进行回归后得到的残差，所以 S_i^*

与常数项以及 e_i 都无关。此外，S_i^* 与自己的协方差就是方差(可见第 2 章附录中对方差和协方差的相关性质所做的解释)。

我们已经假设 m_i 与 S_i^* 不相关。因为不相关变量之和的方差就是各变量方差之和，所以这意味着

$$V(S_i) = V(S_i^*) + V(m_i)$$

因此

$$\beta_b = r\beta \qquad (6.9)$$

其中

$$r = \frac{V(S_i^*)}{V(S_i)} = \frac{V(S_i^*)}{V(S_i) + V(m_i)}$$

是一个介于 0 和 1 之间的数字。

分数 r 描述了与测量误差无关的变动在 S_i 的变动中所占比例，被称为 S_i 的可靠性(reliability)。可靠性决定了测量误差会在何种程度上导致 β_b 产生趋零偏误。β_b 的趋零偏误就是

$$\beta_b - \beta = -(1-r)\beta$$

因此，除非 $r=1$，否则 β_b 就比(正的)β 小，当 $r=1$ 时，则不存在测量误差。

加入协变量

在 6.1 节我们指出，在回归元存在测量误差的模型中加入协变量，可能会加大趋零偏误。在 6.2 节提及的特温斯堡案例就是这种情况的一个特例，其中，协变量是双胞胎样本中的家庭虚拟变量。为了看看为什么协变量会提高趋零偏误，假设我们感兴趣的回归是

$$Y_i = \alpha + \beta S_i^* + \gamma X_i + e_i \qquad (6.10)$$

这里 X_i 是控制变量，也许是智商或其他测试分数。我们从回归解构那一节中知道，模型中 S_i^* 前的系数由下面方程给出

$$\beta = \frac{C(Y_i, \tilde{S}_i^*)}{V(\tilde{S}_i^*)}$$

其中 $\tilde{S}_i^*$ 是用 X_i 对 S_i^* 做回归后得到的残差。类似地，用 S_i 代替 S_i^* 后，S_i 的系数变为

$$\beta_b = \frac{C(Y_i, \tilde{S}_i)}{V(\tilde{S}_i)}$$

其中 $\tilde{S}_i$ 是用 X_i 对 S_i 做回归后得到的残差。

加入测量误差 m_i 与协变量 X_i 无关这一（经典）假设。用 X_i 对存在测量误差的 S_i 进行回归后得到的系数，就等于用 X_i 对 S_i^* 进行回归后得到的系数（使用协方差的性质以及对回归系数的定义，我们就能得到这个结论）。这反过来意味着

$$\widetilde{S}_i = \widetilde{S}_i^* + m_i$$

这里 m_i 和 $\widetilde{S}_i^*$ 是不相关的。因此我们得到

$$V(\widetilde{S}_i) = V(\widetilde{S}_i^*) + V(m_i)$$

与方程（6.9）同理，我们有

$$\beta_b = \frac{C(Y_i,\ \widetilde{S}_i)}{V(\widetilde{S}_i)} = \frac{V(\widetilde{S}_i^*)}{V(\widetilde{S}_i^*) + V(m_i)} \beta = \widetilde{r}\beta \tag{6.11}$$

其中

$$\widetilde{r} = \frac{V(\widetilde{S}_i^*)}{V(\widetilde{S}_i^*) + V(m_i)}$$

类似于 r，这个值也介于 0 和 1 之间。

我们能得到什么新的结论？相比于 S_i^* 的方差，$\widetilde{S}_i^*$ 的方差必然有所降低，因为 $\widetilde{S}_i^*$ 的方差是 S_i^* 作为被解释变量的回归模型得到的残差的方差。既然 $V(\widetilde{S}_i^*)$ $< V(S_i^*)$，则

$$\widetilde{r} = \frac{V(\widetilde{S}_i^*)}{V(\widetilde{S}_i^*) + V(m_i)} < \frac{V(S_i^*)}{V(S_i^*) + V(m_i)} = r$$

这就解释了为什么在估计教育回报时，为教育水平存在测量误差的模型中加入协变量，会进一步加重趋零偏误。直观地说，这种恶化源于一个事实，即协变量与精确度量的教育水平有关，但是与测量误差无关。因此，由于回归解构运算能够将协变量产生的相关影响移除，这就减少了存在测量误差的回归元的信息含量，但却把噪声部分留了下来，也就是说测量误差保持不变（通过推导方程（6.11）来检验一下你是否理解了这一论点）。对于在方程（6.4）中用来消除能力影响的差分运算而言，这个论点也是成立的：在双胞胎之间进行差分，会消除教育水平的部分信息含量，但是噪声的方差并未发生改变。

工具变量为我们扫清了障碍

不使用协变量，在二元回归中，S_i 的系数的工具变量估计式是

$$\beta_{IV} = \frac{C(Y_i,\ Z_i)}{C(S_i,\ Z_i)} \tag{6.12}$$

这里，Z_i 表示工具变量。例如在 6.2 节，我们使用双胞胎相互报告的教育水平作为工具变量，以此解决自己报告教育水平时可能存在的测量误差。假设这个工具变

量与测量误差和残差 e_i 都无关,类似于方程(6.6),工具变量就能够消除因 S_i 的测量误差而产生的偏误。

为了看看为什么在这个例子中工具变量能够发挥作用,使用方程(6.6)和(6.7)替换方程(6.12)中的 Y_i 和 S_i：

$$\beta_{IV} = \frac{C(Y_i, Z_i)}{C(S_i, Z_i)} = \frac{C(\alpha + \beta S_i^* + e_i, Z_i)}{C(S_i^* + m_i, Z_i)} = \frac{\beta C(S_i^*, Z_i) + C(e_i, Z_i)}{C(S_i^*, Z_i) + C(m_i, Z_i)}$$

在讨论卡伦和莎伦各自报告对方教育水平时存在的误差时,我们假设 $C(e_i, Z_i) = C(m_i, Z_i) = 0$。这就意味着

$$\beta_{IV} = \beta \frac{C(S_i^*, Z_i)}{C(S_i^*, Z_i)} = \beta$$

这个令人满意的结论来自我们做出的假设,即 Z_i 与工资相关的唯一原因在于它和 S_i^* 相关。既然 $S_i = S_i^* + m_i$,而且 m_i 与 Z_i 不相关,那么传统的工具变量仍然发挥着作用。

宝师傅:这简直太酷了。

《功夫熊猫 2》

名 词 缩 写

2SLS: 两阶段最小二乘法是一种工具变量估计方法，它用第一阶段回归得到的拟合值代替工具变量所对应的回归元。

ALS: 是乔舒亚·D.安格里斯特，维克托·拉维以及阿纳莉亚·施洛瑟完成的一项针对以色列家庭中子女数量和质量间因果关系的研究。

BLS: 波士顿拉丁学校，是波士顿一所顶尖的考试学校。

C&B: 大学内外调研，它是个数据集。

CEF: 条件期望函数，在 X_i 给定时 Y_i 的总体均值。

CLT: 中心极限定理，这个定理指出，几乎所有的样本均值都近似于正态分布，随着样本规模的增加，这种近似的精确性也会得到提高。

DD: 双重差分法，它是一种计量经济学工具，用来对处理组和控制组中随时间变化的趋势进行比较。

HIE: 医疗保险实验，它是由兰德公司实施的一项大型随机实验，这个实验为处理组家庭提供不同类型的保险计划。

ITT: 意向处理效应，提供处理机会的平均因果效应。

IV: 工具变量，它是一种计量经济学工具，可以用来消除遗漏变量偏误，也可以用来消除因测量误差导致的趋零偏误。

JTPA: 岗位培训伙伴关系法案，它是在美国进行的一个包含了随机评价的培训项目。

KIPP: 知识就是力量项目，它是美国的特许学校形成的网络。

LATE: 局部平均处理效应，依从者接受处理的平均因果效应。

LIML: 有限信息极大似然估计，可替代两阶段最小二乘法，能减少偏误。

LLN: 大数定律，它是一种统计学规律，指出随着样本规模的增加，样本均值会不断接近相应的总体均值。

MDVE: 明尼阿波利斯家庭暴力实验，这是关于应对家庭暴力时采取的执法策略的一个随机评估。

MLDA: 最低法定饮酒年龄。

MVA: 机动车辆事故。

NHIS: 国家健康访谈调查，它是个数据集。

OHP: 俄勒冈州医疗计划，它是俄勒冈州版本的公共医疗补助（Medicaid）计划，进入这个医疗计划的资格部分由抽签决定。

OLS: 普通最小二乘法，是总体回归系数的样本估计值；我们使用普通最小二乘法估计回归模型。

OVB:遗漏变量偏误,模型中回归系数与不同协变量集合之间的关系。

QOB:出生季度。

RD:回归断点设计,是一种计量经济学工具,当处理、被处理的概率、平均处理强度已知并且是协变量的不连续函数时使用。

RSS:残差平方和,它是回归分析中残差平方的预期值(即残差平方的总体均值)。

TOT:处理组的处理效应,即总体中受到处理的那部分人的平均因果效应。

WLS:加权最小二乘法,这是一个在残差平方和中对观测值进行加权的回归估计方法。

经验研究注释

表注释

表 1.1 在国家健康访谈调查中，拥有和没有医疗保险的夫妻的健康状况和人口统计学特征

数据来源：2009 年国家健康访谈调查数据来自综合健康访谈系列（Integrated Health Interview Series，IHIS），可见：www.ihis.us/ihis/。

样本：用来构造本表的样本是年龄在 26—59 岁的丈夫和妻子，并且夫妻中必须至少有一方在工作。

变量定义：保险状态由 IHIS 数据集中的变量 UNINSURED 决定。健康指数是一个由五个取值构成的量表，其中，1＝健康水平差，2＝健康水平一般，3＝健康水平好，4＝健康水平很好，5＝健康水平优秀；这个指标的取值来自变量 HEALTH。教育水平来自变量 EDUC，由已完成的教育年限度量。高中毕业以及 GED 持有人的教育年限取值 12 年。上过几年大学但是没有拿到学位的人，以及有大专学位的人，其教育年限取值 14 年。本科学位持有人的教育年限取值 16 年，更高学位持有人的教育年限取值 18 年。受雇佣的个体是指那些"有偿工作"或"有职业但未在工作"的人，这两种状态都由变量 EMPSTAT 表示。

家庭收入的构造办法是为每个家庭的 IHIS 收入变量（INCFAM07ON）赋值，这个变量是根据 2010 年当前人口调查（Current Population Survey，CPS）的三月附录计算的家庭平均收入（使用了 CPS 数据集中的变量 FTOTVAL）。出于我们研究的目的，在使用时删除了 CPS 数据集中家庭收入不是正数的那些样本，以及权重为负值的那些样本。CPS 数据集中的收入是删失数据（censored），它只能给出第 98 百分位及以下的收入水平；对于超过第 98 百分位的那些收入，我们将其赋值为第 98 百分位对应收入的 1.5 倍。

补充注释：这里的计算都用变量 PERWEIGHT 进行了加权。括号中给出的是稳健标准误。

表 1.3 兰德医疗保险实验中的人口统计学特征与基准健康水平

数据来源：兰德医疗保险实验数据来自 Joseph P. Newhouse，"RAND Health Insurance Experiment [in Metropolitan and Non-Metropolitan Areas of the United States]，1974—1982，" ICPSR06439-v1，Inter-University Consortium for Political and Social Research，1999。这个数据集可见 http://doi.org/10.3886/ICPSR06439.v1。

样本:用来构造这个表的样本包含了进入、支出、退出数据未缺失的成年参与人(年龄在 14 岁及以上)。

变量定义:A 部分的人口统计学变量和 B 部分的健康特征变量是实验开始之初的数据。总体健康指数度量了参与人在参与实验之初对自己总体健康状况的评价。取值较高表明对自己健康状况的评价更高,较少担忧自己的健康状况,认为自己对疾病有较强抵抗力。心理健康指数评价的是参与人的心理健康水平,这个指标是对焦虑、沮丧和心理良好程度的一个综合评价。该指标取值越高,则象征着越好的心理健康程度。教育变量度量的是完成教育的年限,只针对 16 岁及以上的个体定义了这个变量。家庭收入按照 1991 年的不变美元价格进行调整。

补充注释:括号中给出的标准误在家庭层面聚类。

表 1.4 兰德医疗保险实验中的医疗支出和健康水平

数据来源:可见表 1.3 的注释。

样本:可见表 1.3 的注释。A 部分的样本包含了同一个人在之后不同年份的多次观测值。

变量定义:可见表 1.3 的注释。A 部分的变量根据每年的客户索赔和管理数据计算得出,B 部分的变量根据实验退出情况计算得出。当面就医计算的是与保险能够提供的医疗专家(不包括牙医、心理治疗,也不包括单独进行的放射治疗/麻醉治疗/病理学分析)进行面对面交谈的次数。收治入院表示获得保险的参与人的住院总次数,其中包括因心理健康问题的住院治疗。支出数据都按 1991 年的不变美元价格进行了调整。

补充注释:括号中给出的标准误在家庭层面聚类。

表 1.5 俄勒冈州医疗计划对保险覆盖和医疗使用情况产生的影响

数据来源:列(1)和列(2)的数据来自 Amy N.Finkelstein et al.,"The Oregon Health Insurance Experiment:Evidence from the First Year," *Quarterly Journal of Economics*,vol.127,no.3,August 2012:1057—1106。我们的数据来自以下原始数据:

● A 部分中的行(1)来自表 III 的行(1)、列(1)和列(2);
● A 部分中的行(2)来自表 IV 的行(1)、列(1)和列(2);
● B 部分中的行(1)来自表 V 的行(2)、列(5)和列(6);
● B 部分中的行(2)来自表 V 的行(1)、列(1)和列(2)。

列(3)和列(4)中报告的数据来自 Sarah L. Taubman et al.,"Medicaid Increases Emergency-Department Use:Evidence from Oregon's Health Insurance Experiment," *Science*,vol.343,no.6168,January 17,2014:263—268。我们的数据来自以下原始数据:

171

- 列(1)来自表 S7 的行(1)、列(1)和列(2);
- 列(3)来自表 S2 的行(1)、列(3)和列(4);
- 列(4)来自表 S2 的行(1)、列(7)和列(8)。

样本：A 部分的列(1)和列(2)使用了 Finkelstein 等(2012)在分析出院情况和死亡数据时使用的所有样本。A 部分的列(3)和列(4)来自于在 2008 年 3 月 10 日至 2009 年 9 月 30 日之间，波特兰的 12 个地区性急诊科的急诊治疗情况。B 部分使用了 Finkelstein 等(2012)对跟进调查得到的数据进行的分析。

变量定义：A 部分的行(1)中变量是表示在所研究的时间段里是否参加公共医疗补助的虚拟变量(在 2009 年 9 月底进行的抽签)，这个情况来自于公共医疗补助的管理数据。A 部分的行(2)中变量也是虚拟变量，如果截至 2009 年 8 月底，参与人曾有非生育导致的住院经历，那么这个虚拟变量取值为 1。A 部分的行(3)和行(4)中变量表示急诊室治疗，是对急诊室治疗次数的统计。B 部分的行(1)中变量度量的是在过去 6 个月中与生育无关的门诊治疗次数。B 部分的行(2)是个虚拟变量，度量的是调查期间病人是否使用了处方药。

补充注释：括号中给出的标准误在家庭层面聚类。

表 1.6　俄勒冈州医疗计划对健康指标和财务健康水平的影响

数据来源：可见表 1.5 的注释。在这个表里，A 部分的行(1)中数字来自于 Finkelstein et al.(2012)中表 IX 的行(2)、列(1)和列(2)。在列(3)和列(4)中的数据来自于 Katherine Baickeret al.，"The Oregon Experiment—Effects of Medicaid on Clinical Outcomes," *New England Journal of Medicine*，vol. 368，no. 18，May 2，2013:1713—1722。

列(3)和列(4)中数据来自于如下原始数据中的列(1)和列(2):
- A 部分的行(2)来自表 S2 的行(3);
- A 部分的行(3)来自表 S2 的行(2);
- A 部分的行(4)来自表 S1 的行(6);
- A 部分的行(5)来自表 S1 的行(1);
- B 部分的行(1)来自表 S3 的行(3);以及
- B 部分的行(2)来自表 S3 的行(4)。

我们感谢艾米·芬可斯坦(Amy Finkelstein)和阿莉森·巴尼特(Allyson Barnett)为我们提供未发表的来自拜克尔等(Baicker et al.，2013)的估计值标准误。

样本：列(1)和列(2)使用了 Finkelstein 等(2012)中分析的(第一次)跟进调查的样本。列(3)和列(4)使用的样本来自 Baicker 等(2013)分析的(第二次)跟进调查。

变量定义：A 部分行(1)的变量是个虚拟变量，表示受试者是否将自身健康状况评价为好、很好或优秀(相对于健康水平一般或差而言)。A 部分行(2)和行(3)

包含了 SF-8 生理和心理状况的组合评分。较高的 SF-8 得分意味着更好的健康水平。这个取值经过了标准化，以使得美国总体的均值为 50，标准差为 10；取值范围是 0 到 100。可见 Baicker 等（2013）附录的 14—16 页对健康状况主观和临床测量指标的描述，在行（2）至行（5）使用了这些数据。B 部分的行（1）的变量是个虚拟变量，表示在过去 12 个月里，医疗支出是否超过了总收入的 30％。B 部分的行（2）的变量是个虚拟变量，表示在调查期间受试者是否承担了医疗债务。

补充注释：括号中给出的标准误在家庭层面聚类。

表 2.2　私立学校效应：Barron 匹配

数据来源：用来构造表中结果的数据可见 Stacy Berg Dale and Alan B. Krueger，"Estimating the Payoff to Attending a More Selective College：An Application of Selection on Observables and Unobservables，" *Quarterly Journal of Economics*，vol.117，no.4，November 2002：1491—1527。

这些数据来自大学内外（College and Beyond，C&B）调查得到的数据，这个调查与 1995 年至 1997 年期间由 Mathematica Policy Research，Inc 指导完成的一个调查有关，同时与加利福尼亚大学洛杉矶分校的大学录取考察委员会和高等教育研究所（Higher Education Research Institute，HERI）提供的材料存在联系。对大学的选拔性水平的分类来自于 *Barron's Profiles of American Colleges 1978*，Barron's Educational Series，1978。

样本：样本包含了在 1976 年入学、出现在 C&B 调研中，而且在 1995 年仍在工作的那群人。这个分析排除了就读于传统的黑人大学（如 Howard University、Morehouse College、Spellman College 以及 Xavier University；可见 Dale 和 Krueger（2002：1500—1501）对这个问题的详细说明）的学生。这个样本还进一步缩小了范围，将研究个体限制在既有进入公立大学的学生也有进入私立大学的学生的那些申请人—选拔性组别。

变量定义：被解释变量是 1995 年税前年收入的对数值。C&B 调研中的问题设置了十档收入水平；可见 Dale and Krueger（2002：1501—1502，注脚 8），这部分内容详细说明了收入变量的构造方式。申请人组别变量是根据学生申请的、被录取的以及被拒的学校（来自 C&B 调研数据）种类对学生进行匹配后得到的，在这里，我们基于 Barron 排名的选拔性分类（可见 Dale and Krueger（2002：1502—1503）对这些问题的详细说明）。"本人的 SAT 分数/100"这个变量度量的是受访者的 SAT 分数除以 100。对父母收入的定义（这与父母的职业和教育程度有关）可见 Dale 和 Krueger（2002：1508）。表示女性、黑人、拉美裔、亚裔、其他族裔/族裔缺失、高中排名位于前 10％、高中排名缺失、体育特长生的变量都是虚拟变量。

补充注释：对回归进行了加权分析，从而使样本结果更能代表 C&B 调研涉及的机构中的学生总体（可见 Dale and Krueger（2002：1501）中给出的细节）。括号中计算的标准误根据学生就读的学校进行了聚类。

表 2.3 私立学校效应：将平均 SAT 分数作为控制变量

数据来源：可见表 2.2 的注释。

样本：可见表 2.2 的注释。用来构造本表数据的样本中不仅包括与 Barron 排名选拔性组别匹配的学生，还包含了所有出现在 C&B 数据集中的学生。

变量定义：可见表 2.2 的注释。"所申请大学的平均 SAT 分数/100"这个变量是以如下方式构造的：使用 HERI 数据计算出了每所大学的平均 SAT 分数（除以100），然后对每个申请人申请的大学对应的平均 SAT 分数进行平均。

补充注释：对回归进行了加权分析，从而使样本结果更能代表 C&B 调研涉及的机构中的学生总体。括号中计算的标准误根据学生进入的学校进行了聚类。

表 2.4 学校选拔水平效应：将平均 SAT 分数作为控制变量

数据来源：可见表 2.2 的注释。

样本：可见表 2.3 的注释。

变量定义：可见表 2.3 的注释。"所申请的大学的平均 SAT 分数/100"这个变量是每位申请人就读的大学中学生的平均 SAT 分数。

补充注释：可见表 2.3 的注释。

表 2.5 私立学校效应：遗漏变量偏误

数据来源：可见表 2.2 的注释。

样本、变量定义、补充注释：可见表 2.3 的注释。

表 3.1 对 KIPP 抽签结果的分析

数据来源：林恩镇公立学校里学生的人口特征来自马萨诸塞州学生信息管理系统。KIPP 申请人的人口特征和抽签信息来自于林恩镇 KIPP 学校的记录。分数来自马萨诸塞州综合评估系统（Massachusetts Comprehensive Assessment System，MCAS）中的数学和英语语言艺术测试分数。具体细节可见 Joshua D. Angrist et al.，"Who Benefits from KIPP?" *Journal of Policy Analysis and Management*，vol.31，no.4，Fall 2012：837—860。

样本：列(1)中的样本包含了在 2005 年秋季到 2008 年春季进入林恩镇公立学校五年级就读的学生。列(2)至列(5)中的样本来自于同一时期向林恩镇 KIPP 学校提出就读五年级和六年级申请的申请人。这里排除了已经有兄弟姐妹在林恩镇 KIPP 学校就读的申请人，以及直接进入候补名单的申请人（可见 Angrist et al.(2012)的注脚 14）。这里针对存在跟进数据的 371 位申请人比较了中签结果产生的影响。

变量定义：拉美裔、黑人、女性、免费/减价午餐以及进入 KIPP 学校等变量都是虚拟变量。用马萨诸塞州对应年级的所有学生作为参照组，对某个年级学生的数学成绩和阅读成绩进行了标准化。基准成绩来自于四年级考试。被解释变量对应的成绩来自于申请入学之后的那个年级的考试成绩,具体而言,五年级成绩是指在四年级时向 KIPP 学校提出申请的申请人在五年级取得的成绩,六年级成绩是指在五年级时向 KIPP 学校提出申请的申请人在六年级取得的成绩。

表补充注释:括号中给出的是稳健标准误。

表 3.3　在 MDVE 实验中分配和执行的处理

数据来源:这个表中报告的数字来自于 Lawrence W. Sherman and Richard A. Berk, "The Specific Deterrent Effects of Arrest for Domestic Assault," *American Sociological Review*, vol.49, no.2, April 1984:261—272 的表 1。

表 3.4　数量与质量间权衡问题中的第一阶段

数据来源:用来构造本表的数据来自于 1983 年和 1995 年以色列人口普查中可供公开使用的微观数据样本的 20%,并将这个数据集与人口登记中获得的父母和兄妹数据等非公开数据联系起来。欲知详情,可见 Joshua D. Angrist, Victor Lavy, and Analia Schlosser, "Multiple Experiments for the Causal Link between the Quantity and Quality of Children," *Journal of Labor Economics*, vol.28, no.4, October 2010:773—824。

样本:样本包括年龄处于 18—60 岁,头胎非双胞胎的犹太人。样本限制在满足如下条件的个体:其母亲在 1930 年之后生育,而且在她 15—45 岁时生育了头胎子女。

变量定义:双胞胎工具变量(第二胎双胞胎)是个虚拟变量,当第二胎是双胞胎时取值为 1。子女性别组成工具变量(同性别)也是个虚拟变量,在头胎和二胎性别相同时取值为 1。

补充注释:除了男性虚拟变量之外,额外的协变量还包括表示人口普查年份的虚拟变量,表示父母种族渊源的虚拟变量(祖先来自亚洲或非洲,来自苏联、欧洲或美国),表示出生月份缺失的虚拟变量;以及年龄、母亲年龄、母亲生育头胎年龄和母亲移民时的年龄(若适用)。这个表中的第一阶段,与表 3.5 中前两行表示的第二阶段估计值对应。括号中报告了稳健标准误。

表 3.5　数量与质量间权衡问题的最小二乘估计值和两阶段最小二乘估计值

数据来源:可见表 3.4 的注释。

样本:可见表 3.4 的注释。表中第三行和第四行的估计值只针对人口普查时期年龄在 24 岁至 60 岁的人计算。大学毕业变量存在一些额外的数据缺失问题。

变量定义:可见表 3.4 的注释。第二、三、四行的被解释变量都是虚拟变量。

补充注释:协变量列在表 3.4 的注释中。

表 4.1　最低合法饮酒年龄对死亡率产生影响的精确回归断点估计值

数据来源:死亡率数据来自于美国健康统计中心(National Center for Health Statistics, NCHS)1997—2004 年死亡率的详细保密文件。这些数据源自死亡证明,包含了所研究时期美国的所有死亡案例。分母中对人口的估计来自于 1970—1990 年的美国人口普查数据。欲知细节,可见 Christopher Carpenter and Carlos Dobkin, "The Effect of Alcohol Consumption on Mortality: Regression Disconti-nuity Evidence from the Minimum Drinking Age," *American Economic Journal—Applied Economics*, vol.1, no.1, January 2009:164—182。

样本:样本是在 19—22 岁死亡的年轻人。这里使用的数据包含了根据 30 天一个年龄区间定义的 48 个年龄区间里的平均死亡率。

变量定义:死亡原因数据报告在 NCHS 数据的死亡证明中。我们将死亡原因划分为内部原因和外部原因,然后将外部原因划分为互斥的几类:自杀、他杀、机动车辆事故致死,以及其他外部原因。数据中还为酒精致死单独设置了一个分类,这个分类包含在死亡证明上提及酒精的所有死亡。因变量是每十万人中的死亡数量,分母来自于人口普查估计值。

补充注释:括号中给出的是稳健标准误。

表 5.1　在 1929 年和 1933 年间批发商的破产状况和销售状况

来源:表中数据来自 Gary Richardson and William Troost, "Monetary Inter-vention Mitigated Banking Panics during the Great Depression: Quasi-Experi-mental Evidence from a Federal Reserve District Border, 1929—1933," *Journal of Political Economy*, vol.117, no.6, December 2009:1031—1073 的表 8(第1066 页)。

数据来源:数据来自 1935 年美国商业活动普查(Census of American Busi-ness),由理查森和特鲁斯特(Richardson and Troost,2009)搜集。

表 5.2　最低法定饮酒年龄对死亡率产生影响的双重差分回归估计

数据来源:按照所在州和所处年份收集的最低法定饮酒年龄数据来自"Mini-mum Purchase Age by State and Beverage, 1933-Present," DISCUS(Distilled Spirits Council of the US), 1996; Alexander C. Wagenaar, "Legal Minimum Drinking Age Changes in the United States:1970—1981," *Alcohol Health and Research World*, vol.6, no.2, Winter 1981—1982:21—26;以及 William Du Mouchel, Allan F. Williams, and Paul Zador, "Raising the Alcohol Purchase Age: Its Effects on Fatal Motor Vehicle Crashes in Twenty-Six States," *Journal of Legal Studies*, vol.16, no.1, January 1987:249—266。对这些法律进行赋值的方法沿用了 Karen E.Norberg, Laura J.Bierut, and Richard A.Grucza, "Long-Term Effects of Minimum Drinking Age Laws on Past-Year Alcohol and Drug Use Disorders," *Alcoholism: Clinical and Experimental Research*, vol.33, no.

12，September 2009：2180—2190 给出的办法，同时修正了一些赋值错误。

死亡率信息来自美国健康统计中心下属的美国生命统计系统（National Vital Statistics System）提供的多元死因死亡数据（Multiple Cause-of-Death Mortality Data），这个数据可以从下面网站中获取：www. nber. org/data/mortality-data . html。人口数据来自美国人口普查局（U.S. Census Bureau）的两次人口普查间人口估计值，可见以下网址：

- http://www.census.gov/popest/data/state/asrh/pre-1980/tables/e7080sta.txt；
- http://www. census. gov/popest/data/state/asrh/1980s/80s_st_age_sex. html；以及
- http://www.census.gov/popest/data/state/asrh/1990s/st_age_sex. html。

样本：用来构造这些估计值的数据包含了 1970—1983 年各州和各年份中年龄在 18 至 20 岁的年轻人的死亡率。

变量定义：死亡率度量的是在给定州和给定年份里 18—20 岁的年轻人的死亡状况（每十万人的死亡人数），这个死亡率还按照死亡原因（所有死亡原因、机动车辆事故、自杀，以及所有内部原因）进行了划分。表示最低法定饮酒年龄的变量度量的是在给定州和给定年份里，18—20 岁的年轻人中可以合法饮酒的人数占比。这个比例根据每个州最低法定饮酒年龄的变动时点进行计算，并且考虑了祖父条款（grandfather clause）。这个计算假定了一年中的出生数量是均匀分布的。

补充注释：根据处在 18—20 岁的州人口数量，对列（3）和列（4）中的回归进行了加权。括号中给出的是标准误，这些标准误都在州层面进行了聚类。

表5.3　控制啤酒税后，最低法定饮酒年龄对死亡率产生影响的双重差分回归估计

数据来源：可见表 5.2 的注释。啤酒税数据来自 Norberg et al.，"Long-Term Effects," *Alcoholism：Clinical and Experimental Research*，2009。

样本：可见表 5.2 的注释。

变量定义：可见表 5.2 的注释。这里按 1982 年不变美元计算了每加仑酒精对应的啤酒税。

补充注释：可见表 5.2 的注释。

表6.2　特温斯堡双胞胎的教育回报

数据来源：双胞胎的详细数据来自 Orley Ashenfelter and Cecilia Rouse，"Income，Schooling， and Ability：Evidence from a New Sample of Identical Twins," *Quarterly Journal of Economics*，vol.113，no.1，February 1998：253—284。他们使用的数据可见 http://dataspace. princeton. edu/jspui/handle/88435/

dsp01xg94hp567。其中包括 Orley Ashenfelter and Alan B. Krueger, "Estimates of the Economic Returns to Schooling from a New Sample of Twins," *American Economic Review*, vol.84, no.5, December 1994:1157—1173 使用的数据。

样本:样本包含 680 对双胞胎,他们在 1991 年、1992 年和 1993 年的特温斯堡双胞胎大会上接受研究人员的访谈。这里使用的样本局限于具有美国居民身份,而且在访谈之前两年有工作的双胞胎。

变量定义:研究人员使用受访者自己报告的教育年限和双胞胎中另一方报告的教育年限构造出这张表中的估计值,后一个指标的定义是,个人报告的自己双胞胎兄弟姐妹接受教育的年限。

补充注释:括号中报告的是稳健标准误。

表 6.3 使用童工法做工具变量得到的教育回报估计

数据来源:用来构造本表的详细数据来自 Daron Acemoglu and Joshua D. Angrist, "How Large Are Human-Capital Externalities? Evidence from Compulsory-Schooling Laws," in Ben S. Bernanke and Kenneth Rogoff(editors), *NBER Macroeconomics Annual 2000*, vol.15, MIT Press, 2001:9—59。

样本:样本包含了年龄在 40—49 岁、在美国出生的白人男性,这些人在 1950 年至 1990 年的人口普查中接受访谈。样本来自于这些人口普查的一体化可公开使用的微观数据样本(integrated public use micro data samples, IPUMS)。

变量定义:被解释变量是周工资的对数。表示教育水平的变量最高取值 17。在计算 1990 人口普查中的教育水平时,部分使用了来自其他数据源的分类均值。童工法工具变量是虚拟变量,表示根据受访者出生地所在的州在受访者 14 岁时的法律,即规定参加工作之前儿童必须接受的教育年限。欲知详细信息,可见 Acemoglu and Angrist(2001:22—28),以及附录 B。

补充注释:用 IPUMS 加权变量对所有回归进行了加权。括号中报告的标准误在州层面进行了聚类。

表 6.4 使用单一出生季度工具变量得到的教育回报估计

数据来源:用来构造本表的详细数据来自 Joshua D. Angrist and Alan B. Krueger, "Does Compulsory School Attendance Affect Schooling and Earnings?" *Quarterly Journal of Economics*, vol.106, no.4, November 1991:979—1014。

样本:样本中包含的是在 1980 年美国人口普查中可公开使用样本的 5% 中出生在 1930 年至 1939 年的男性。分析中删去了变量取值被编辑过的样本点,以及在 1979 年没有工资收入或没有工作的样本点。可见 Angrist 和 Krueger(1991:1011—1012)附录 1。

变量定义:将年收入除以工作周数,进而得到 1979 年的工资对数值。教育水平变量度量的是个人完成的最高学历。

补充注释:括号中报告的是稳健标准误。

表 6.5 使用其他出生季度做工具变量得到的教育回报估计
数据来源、样本、变量定义和补充注释:可见表 6.4 的注释。

图注释

图 2.1 条件期望函数与回归曲线
来源:这是 Joshua D. Angrist and Jörn-Steffen Pischke，*Mostly Harmless Econometrics：An Empiricist's Companion*，Princeton University Press，2009：39，图 3.1.2。
样本:可见表 6.4 的注释。
变量定义:因变量是周工资的对数。教育水平变量度量了个人完成的最高学历。

图 3.1 林恩镇 KIPP 学校抽签的申请与录取情况
来源:可见表 3.1 的注释。
样本:这里分析的 KIPP 数据集包含了 2005 年至 2008 年期间第一次申请进入 5 年级和 6 年级的申请者。这个样本包含 446 名申请人，并且包含一些没有跟进数据的申请人。

图 3.2 在教育回报问题中使用工具变量：KIPP 入学对数学成绩的影响
数据来源:可见表 3.1 的注释。
样本:这里的样本与表 3.1 的列(3)使用的样本匹配。

图 4.1 出生日和葬礼日
来源:这幅图来自于 Christopher Carpenter and Carlos Dobkin，"The Effect of Alcohol Consumption on Mortality：Regression Discontinuity Evidence from the Minimum Drinking Age," *American Economic Journal—Applied Economics*，vol.1，no.1，January 2009：164—182 的附录 A。
补充注释:根据死亡时距离生日的天数，这幅图绘出在 1997—2003 年间美国的死亡数量。

图 4.2 对最低法定饮酒年龄的死亡效应进行的一项精确回归断点估计
数据来源和样本:可见表 4.1 的注释。
变量定义:可见表 4.1 的注释。Y 轴度量了各种原因造成的死亡率(每十万人中死亡的人数)。这幅图中的平均值是指 48 个年龄区间中各自计算出的平均值，每个年龄区间代表 30 天。

图 4.4 在回归断点设计中使用二次项做控制变量

数据来源、样本和变量定义：可见表 4.1 的注释。

补充注释：可见图 4.2 的注释。

图 4.5 按照死亡原因对最低合法饮酒年龄效应进行的回归断点估计值

数据来源和样本：可见表 4.1 的注释。

变量定义：可见表 4.1 的注释。Y 轴根据死亡原因度量了每十万人口中的死亡率。这幅图中的平均值是指 48 个年龄区间中各自计算出的平均值，每个年龄区间代表 30 天。

图 4.6 BLS 的入学情况

数据来源：本图使用了波士顿公立学校（Boston Public Schools，简写为 BPS）关于考试型学校申请的数据，这些信息包括 ISEE 分数、1999—2008 年间学校的入学状况，以及从 1999/2000 学年到 2008/2009 学年的 MCAS 成绩。欲知详情，可见 Atila Abdulkadiroglu, Joshua D. Angrist, and Parag Pathak, "The Elite Illusion: Achievement Effects at Boston and New York Exam Schools," *Econometrica*, vol.81, no.1, January 2014:137—196 中的第 142—143 页，以及附录 C。相关补充材料也可见 http://www.econometricsociety.org/ecta/supmat/10266_data_description.pdf。

样本：样本包含了 1999—2008 年期间向 BLS 学校提交 7 年级入学申请并最终进入波士顿公立学校的学生。样本限制在以 BLS 为第一选择或剔除学生不够格的学校后，BLS 为最优选择的那些学生。

变量定义：这幅图中的分配变量被命名为"入学考试分数"，它是申请人的 ISEE 总分和 GPA 的一个加权平均值。用提交申请之后的那个学年的数据来度量考试型学校的入学状况。

补充注释：在这幅图中，通过减去 BLS 在给定年份的录取最低分数对分配变量的取值进行标准化，于是，每年的临界点都变成 0。图中平滑后的曲线是使用在每个点附近的数据进行估计的回归模型的拟合值。这些模型用临界点附近的一个非参数带宽中的观测值来对被解释变量进行回归。欲知详情，可见 Abdulkadiroglu et al.(2014)。

图 4.7 就读于波士顿任意一所考试型公立学校的状况

数据来源、样本和补充注释：可见图 4.6 的注释。

变量定义：可见图 4.6 的注释。在任意一所考试型学校入学，意味着申请人可能进入了 Boston Latin School、Boston Latin Academy，或是 John D. O'Bryant High School of Mathematics and Science。

图 4.8 在 BLS 录取分数线附近的同学学习水平

数据来源、样本以及补充注释：可见图 4.6 的注释。

变量定义：可见图 4.6 的注释。对于每位考试型学校的申请人，同学学习水平是指他在七年级时的同学在四年级取得的平均 MCAS 数学成绩。

图 4.9 在 BLS 录取分数线附近的数学考试成绩

数据来源、样本以及补充注释：可见图 4.6 的注释。

变量定义：可见图 4.6 的注释。这里，Y 轴表示的变量是七年级和八年级的平均 MCAS 数学成绩。

图 4.10 西斯尔斯威特和坎贝尔的可视化回归断点

来源：这是 Donald L. Thistlethwaite and Donald T. Campbell，"Regression-Discontinuity Analysis：An Alternative to the ex post facto Experiment," *Journal of Educational Psychology*，vol.51，no.6，December 1960：309—317 中的图 3。

样本：样本包含了在 1957 年美国优秀学生奖学金评选中获胜的 5 126 位学生和差点可以获胜的 2 848 位学生。分配变量是大学入学考试委员会的奖学金资格考试（College Entrance Examination Board's Scholarship Qualifying Test，现在被称为 PSAT）成绩。两个被解释变量来自于要求样本中所有学生参加的一个调研，这个调研考察了奖学金宣布六个月后他们的情况。

变量定义：两个被解释变量都是虚拟变量，表示学生是否计划完成三年或更长年限的研究生阶段（即曲线 I—I'），以及学生是否计划成为一名大学教师或科研人员（即曲线 J—J'）。

图 5.1 联邦储备银行第六地区和第八地区的倒闭银行数量

数据来源：有关密西西比州经营的银行数量的日数据由 Gary Richardson and William Troost，"Monetary Intervention Mitigated Banking Panics during the Great Depression：Quasi-Experimental Evidence from a Federal Reserve District Border，1929—1933," *Journal of Political Economy*，vol.117，no.6，December 2009：1031—1073 收集。

样本：经营的银行数量包含了 1930 年 7 月 1 日和 1931 年 7 月 1 日正在经营的密西西比州所有国家和州特许的银行，这个数据按联邦储备银行分区进行加总。

变量定义：Y 轴给出的是在特点年份和特点地区，在 7 月 1 日仍然开张的银行数量。

图 5.2 联邦储备银行第六地区和第八地区的银行破产趋势

数据来源：可见图 5.1 的注释。

样本：经营的银行数量包含了 1929 年 7 月至 1934 年 7 月间正在经营的密西西比州所有国家和州特许的银行，这个数据按联邦储备银行分区进行加总。

变量定义：可见图 5.1 的注释。

图 5.3 联邦储备银行第六地区和第八地区的银行破产趋势，以及第六区的双重差分反事实情况

数据来源和变量定义：可见图 5.1 的注释。

样本：可见图 5.2 的注释。

图 5.7 约翰·斯诺的双重差分结果

来源：这是 John Snow, *On the Mode of Communication of Cholera*, second edition, John Churchill, 1855 一书中的表 XII。

图 6.1 出生季度工具变量的第一阶段

数据来源、样本和变量定义：可见表 6.4 的注释。

图 6.2 出生季度工具变量的简约式

数据来源、样本和变量定义：可见表 6.4 的注释。

图 6.3 最后一次考试分数与得克萨斯州的羊皮证书

数据来源：通过使用将得克萨斯州的高中管理记录、大学教育管理记录，失业保险中的收入记录结合起来的数据集，我们绘出了这幅图。这些数据详细记录在 Damon Clark and Paco Martorell, "The Signaling Value of a High School Diploma," *Journal of Political Economy*, vol.122, no.2, April 2014:282—318 的第 288 至 289 页中。

样本：样本包含了 1993—1997 年期间参加最后一次高中毕业清考的五组高年级学生。收入数据一直到 2004 年，也就是说在最后一次考试结束后的 7 到 11 年中的收入水平。

变量定义：X 轴上的分配变量是最后一次考试分数与通过分数线之间的距离。因为毕业清考要测试多门功课，而且学生必须通过全部考试才能毕业，所以用及格线对成绩进行标准化，于是，分配变量是这些标准分的最小值。Y 轴绘出的是给定考试分数的情况下，获得毕业证书的可能性。

图 6.4 最后一次考试中获得的成绩对收入产生的影响

数据来源和样本：可见图 6.3 的注释。

变量定义：X 轴上的分配变量与图 6.3 的分配变量一致。Y 轴度量的是给定考试分数的平均年收入，其中包含了年收入为零的情况，即没有工作的情况。

致　谢

Georg Graetz、Kyle Greenberg、Christian Perez、Miikka Rokkanen、Daisy Sun、Chris Walters 和 Alicia Xiong 提供了专业的研究辅助。Noam Angrist、A.J. Bostian、Stephanie Cheng、Don Cox、Dan Fetter、Yi Jie Gwee、Samuel Huang、Ayrat Maksyutov、Thomas Pischke 和 Melvyn Weeks 仔细阅读了书稿并提供了书面意见。要对 Gabriel Kreindler 致以特别感谢，他不辞辛劳地整理和草拟了经验研究注释，还要对 Mayara Silva 提供的富有洞见的校对和极富价值的终稿组织致以特别感谢。书中涉及的计量方法应用是采用了以下计量经济学大师的协助，他们是 Kitt Carpenter、Damon Clark、Stacy Dale、Carlos Dobkin、Amy Finkelstein、Karen Norberg、Gary Richardson 和 Analia Schlosser，我们感谢他们的帮助和提供的数据。我们还要诚挚地感谢来自普林斯顿大学出版社的编辑 Seth Ditchik，他推动和指导了这个项目；感谢我们富有经验和原则的出版编辑们，以及在出版社的编辑助理们和 Terri O'Prey；感谢 Garrett Scafani 和 Yeti Technologies，他们提供了很棒的原创插图。本书的写作和其他事业一样，是我们深爱的人们照亮了我们的前进道路。

译后记

在翻译完《基本无害的计量经济学》后，承蒙格致出版社给予的厚爱，又将这本《精通计量：从原因到结果的探寻之旅》的翻译任务交给我。我感到十分荣幸，在翻译中也受益良多。

应该说，《精通计量：从原因到结果的探寻之旅》是《基本无害的计量经济学》的姊妹篇，对照阅读，可以再次感受两位作者的良苦用心和思想迭代，也可以较好把握这本书的特点。

从相似性看，《精通计量：从原因到结果的探寻之旅》和《基本无害的计量经济学》在写法上一脉相承。两书都用通俗读物或电影的不同篇章，把随机实验、回归、工具变量、回归断点、双重差分这五大微观计量经济学工具串珠成链。这种写法，仿佛是高僧再现，说的都是平常话，背后则是大智慧。我感到，这种智慧主要是指：利用真实世界中不完美的数据和事实，模拟出接近随机实验的思想过程，并由此得到具有硬科学特点的计量结论。这种做法，给经济学这门充满假设和数理推导，有时还略显沉闷的学科，同时带来实证方法和真实世界两股新风。

从不同处看，《精通计量：从原因到结果的探寻之旅》几乎没有使用什么高深的数学，为了增强趣味性，还别出心裁地加入了很多故事和历史轶事。如果说《基本无害的计量经济学》是深入深出，那么《精通计量：从原因到结果的探寻之旅》应该就是深入浅出，这种写法，特别适合对微观计量经济学感兴趣的新手，为他们从总体上和直觉上把握微观计量经济学提供了一个合适的起步。

在本书翻译过程中，格致出版社的钱敏编辑多次向我提供帮助，中国人民大学的江艇老师和上海交通大学的许永国老师还在百忙之中抽出时间，为本书进行校译。在此，我特别向上述几位专家表示感谢！我还要感谢浙江财经大学的李井奎教授，是他的关心和推荐，才使我和格致出版社以及这本书再续前缘。

本书是浙江省发展规划研究院（暨浙江省发改委宏观经济研究所）的郎金焕副研究员翻译完成的。作为一名以政策研究为业的人员，我对政策设计和制定中使用微观计量经济学充满了期望和信心，这也是我着手翻译这本书的初衷。不过，我也深知自己水平有限，难免产生不少错误，谨此请教各方专家，请不吝赐教！

郎金焕

2019 年 4 月

图书在版编目(CIP)数据

精通计量:从原因到结果的探寻之旅/(美)乔舒
亚·安格里斯特,(美)约恩-斯特芬·皮施克著;郎金
焕译.—上海:格致出版社:上海人民出版社,
2019.5(2022.2 重印)
(当代经济学系列丛书/陈昕主编.当代经济学教
学参考书系)
ISBN 978 - 7 - 5432 - 2764 - 4

Ⅰ.①精… Ⅱ.①乔… ②约… ③郎… Ⅲ.①计量经
济学 Ⅳ.①F224.0

中国版本图书馆 CIP 数据核字(2017)第 130460 号

责任编辑　程　倩　钱　敏
装帧设计　敬人设计工作室
　　　　　　　吕敬人

精通计量:从原因到结果的探寻之旅

[美]乔舒亚·安格里斯特　约恩-斯特芬·皮施克 著
郎金焕 译

出　　版　格致出版社
　　　　　上海三联书店
　　　　　上海人民出版社
　　　　　(201101　上海市闵行区号景路 159 弄 C 座)
发　　行　上海人民出版社发行中心
印　　刷　浙江临安曙光印务有限公司
开　　本　787×1092　1/16
印　　张　12.5
插　　页　3
字　　数　245,000
版　　次　2019 年 5 月第 1 版
印　　次　2022 年 2 月第 4 次印刷
ISBN 978 - 7 - 5432 - 2764 - 4/F·1040
定　　价　58.00 元

Mastering 'Metrics: The Path from Cause to Effect

by Joshua D. Angrist and Jörn-Steffen Pischke

Copyright © 2015 by Princeton University Press

Published by Princeton University Press, 41 William Street, Princeton,
New Jersey 08540

In the United Kingdom: Princeton University Press, 6 Oxford Street,
Woodstock, Oxfordshire OX20 1TW

press. princeton. edu

Chinese(simplified Characters only) © 2019

By Truth & Wisdom Press

上海市版权局著作权合同登记章:图字 09-2014-716 号